“十四五”职业教育国家规划教材
职业教育汽车类专业“互联网＋”创新教材

汽车转向悬架与制动安全技术（初级）

主　编　刘冬生　陈启优　金　荣
副主编　袁涛生　李选剑　陈衍茂
参　编　符策伟　刘　仁　张燕冲
　　　　莫豪锐　曾多子　陈小阳
　　　　谢善东　李虹瑾　卢运海
　　　　陈崇月　朱洪涛　马燕燕

机械工业出版社

本书是“十四五”职业教育国家规划教材。

本书按照汽车运用与维修职业技能等级标准的要求编写，由汽车悬架系统部件的检查与保养、汽车转向系统部件的检查与保养、汽车制动系统部件的检查与保养和汽车安全系统部件的检查4个任务模块组成，每个模块包含若干个任务，每个任务包括学习目标（知识目标、技能目标、素养目标）、任务描述、相关知识、学习任务单、实训任务、工作任务单和评分细则7部分组成。其中，实训任务、工作任务单和评分细则几乎涵盖了职业技能等级汽车转向悬架与制动安全系统技术初级证书考核标准所要求的技能点。

本书采用了大量的图片，彩色印刷，并整合了移动多媒体技术，在书中相关资料文本或图片附近设置了二维码，读者用智能手机进行扫描，便可在手机屏幕上显示和教学材料相关的多媒体内容，相关多媒体内容包含了重点、难点知识的原理动画、实操视频等，可以方便读者理解相关知识，以便更深入地学习。

本书内容新颖全面、图文并茂、通俗易懂、易学好教，可作为职业院校汽车类专业学生的教学用书，也可作为职业技能培训和相关专业人员的参考书。

为方便教学，本书配有电子课件、学习任务单答案、工作任务单答案等资源，同时还配有“示范教学包”，可在超星学习通上实现“一键建课”，方便混合式教学。凡选用本书作为授课教材的教师均可登录 www. cmpedu. com 注册后免费下载。也可来电咨询，咨询电话：010-88379201。

图书在版编目（CIP）数据

汽车转向悬架与制动安全技术：初级/刘冬生，陈启优，金荣主编. —北京：机械工业出版社，2020.8（2023.9 重印）
职业教育汽车类专业“互联网+”创新教材
ISBN 978-7-111-66197-9

Ⅰ.①汽… Ⅱ.①刘…②陈…③金… Ⅲ.①汽车-转向装置-安全技术-职业教育-教材②汽车-制动装置-安全技术-职业教育-教材 Ⅳ.①U463②U461.91

中国版本图书馆 CIP 数据核字（2020）第 134172 号

机械工业出版社（北京市百万庄大街22号 邮政编码100037）
策划编辑：师 哲 责任编辑：师 哲
责任校对：樊钟英 封面设计：张 静
责任印制：单爱军
北京虎彩文化传播有限公司印刷
2023年9月第1版第5次印刷
184mm×260mm · 11印张 · 265千字
标准书号：ISBN 978-7-111-66197-9
定价：44.80元

电话服务
客服电话：010-88361066
010-88379833
010-68326294

网络服务
机 工 官 网：www. cmpbook. com
机 工 官 博：weibo. com/cmp1952
金 书 网：www. golden-book. com
机工教育服务网：www. cmpedu. com

关于“十四五”职业教育
国家规划教材的出版说明

为贯彻落实《中共中央关于认真学习宣传贯彻党的二十大精神的决定》《习近平新时代中国特色社会主义思想进课程教材指南》《职业院校教材管理办法》等文件精神，机械工业出版社与教材编写团队一道，认真执行思政内容进教材、进课堂、进头脑要求，尊重教育规律，遵循学科特点，对教材内容进行了更新，着力落实以下要求：

1. 提升教材铸魂育人功能，培育、践行社会主义核心价值观，教育引导学生树立共产主义远大理想和中国特色社会主义共同理想，坚定“四个自信”，厚植爱国主义情怀，把爱国情、强国志、报国行自觉融入建设社会主义现代化强国、实现中华民族伟大复兴的奋斗之中。同时，弘扬中华优秀传统文化，深入开展宪法法治教育。

2. 注重科学思维方法训练和科学伦理教育，培养学生探索未知、追求真理、勇攀科学高峰的责任感和使命感；强化学生工程伦理教育，培养学生精益求精的大国工匠精神，激发学生科技报国的家国情怀和使命担当。加快构建中国特色哲学社会科学学科体系、学术体系、话语体系。帮助学生了解相关专业和行业领域的国家战略、法律法规和相关政策，引导学生深入社会实践、关注现实问题，培育学生经世济民、诚信服务、德法兼修的职业素养。

3. 教育引导学生深刻理解并自觉实践各行业的职业精神、职业规范，增强职业责任感，培养遵纪守法、爱岗敬业、无私奉献、诚实守信、公道办事、开拓创新的职业品格和行为习惯。

在此基础上，及时更新教材知识内容，体现产业发展的新技术、新工艺、新规范、新标准。加强教材数字化建设，丰富配套资源，形成可听、可视、可练、可互动的融媒体教材。

教材建设需要各方的共同努力，也欢迎相关教材使用院校的师生及时反馈意见和建议，我们将认真组织力量进行研究，在后续重印及再版时吸纳改进，不断推动高质量教材出版。

机械工业出版社

前 言

本书根据职业院校的教学特点，以提高学习者的职业能力和职业素养为宗旨，倡导以学生为本的教育理念，在进行广泛的企业、行业调研的基础上编写而成。

本书借鉴了德国职业教育的先进教学理念，把行业能力标准作为课程教学目标和鉴定标准，按照行业能力要求组织教学内容。在本书的开发中充分体现一体化的职业教育理解，贯穿“工作过程系统化”的项目课程开发思想，针对职业院校学生的学习特征设计教学活动，教学活动环境主要模拟企业真实的工作场所，学生通过完成任务描述布置的任务掌握必需的理论知识，再通过实训任务来解决任务描述中的问题，从而培养学生分析问题和解决问题的能力，使学生在做中学、在学中做，从而具备综合的职业能力。

本书根据汽车维修行业职业需求和岗位要求设置教学任务，联系实际，融入实践，将抽象深奥的知识简单化、形象化、感性化，使理论描述简易直观，可将直接认知、实践叙述与实际维修作业流程相吻合，做到易教、易学、易会、易用。

本书采用模块任务式编写模式，包括汽车悬架系统部件的检查与保养、汽车转向系统部件的检查与保养、汽车制动系统部件的检查与保养、汽车安全系统部件的检查 4 个模块。每个模块又包含若干个任务，每个任务按照学习目标（知识目标、技能目标、素养目标）、任务描述、相关知识、学习任务单、实训任务、工作任务单和评分细则进行系统的学习。本书按照汽车专业领域职业技能等级证书汽车运用与维修职业技能考核［初级］培训方案准则进行编写。本书以丰田卡罗拉车型为主，系统地介绍了汽车转向悬架与制动安全系统的结构、原理及检修、图文并茂、通俗易懂。

本书由刘冬生、陈启优、金荣任主编，袁涛生、李选剑、陈衍茂任副主编。其中刘冬生有 8 年的汽车企业工作经历，有丰富的汽车维修实践经验，陈启优也有多年汽车维修企业工作经历，均为双师型教师。参与本书编写工作的还有符策伟、刘仁、张燕冲、莫豪锐、曾多子、陈小阳、谢善东、李虹瑾、卢运海、陈崇月、朱洪涛、马燕燕。

本书在编写过程中进行了大量的汽车维修企业调研，掌握了大量的汽车维修方面的技术要求与行业最新动态，并较好地融入教材中，同时参考了大量的书籍并借鉴了汽车维修手册和相关培训资料，谨在此向其作者及资料提供者表示深切的谢意。

由于编者水平有限，书中不妥之处，恳请广大读者批评、指正。

编 者

二维码索引

（续）

二维码	名称	页码	二维码	名称	页码
	定位前车轮检查	88		定位后复位	91
	定位前复位与车身高度测量	88		检测制动液	107
	定位仪的操作与卡具的安装	89		鼓式制动器的拆卸	112
	轮胎偏位的检测	89		鼓式制动器的检查	112
	定位角度的检测	90		盘式制动器的拆卸	116
	前束的调整	90		盘式制动器的安装	117
	调整后的检测	91		鼓式驻车制动的工作原理	123

目　录

模块一

汽车悬架系统部件的检查与保养

任务一　汽车车轮的检查与保养

学习目标

知识目标

1）掌握车轮和轮胎的基本结构。

2）会辨别轮胎和车轮的分类和尺寸型号。

技能目标

1）能够对轮胎进行一般性检查。

2）能够对轮胎进行换位。

3）会使用扒胎机拆装轮胎并修补轮胎。

4）会使用轮胎动平衡机对轮胎进行动平衡检查。

素养目标

1）能够在工作过程中与小组其他成员合作、交流，养成团队合作意识，锻炼沟通能力。

2）养成 7S 的工作习惯。

随堂笔记

任务描述

一辆丰田卡罗拉轿车，行驶里程为 30000km，车主反映：左前轮胎气压低且存在不均匀磨损，需要补胎和进行轮胎换位。

相关知识

一、车轮的作用

扫一扫

车轮轮胎作用

车轮位于汽车车身与路面之间，起支承汽车和装载质量的作用；还能传递汽车与路面之间的驱动力、离心力和制动力；缓冲路面颠簸时所引起的振动；保持汽车的行驶方向等作用，如图 1-1 所示。

二、车轮的组成

汽车车轮主要由轮辋、轮胎和气门嘴等组成，如图 1-2 所示。轮胎安装在轮辋上，直接与路面接触。

图 1-1 车轮的作用

图 1-2 车轮的结构

1. 轮辋

轮辋俗称为钢圈，它介于轮胎和车桥之间，其作用是安装轮胎并传递和承受轮胎、车桥之间的各种力和力矩。

轮辋根据所用的材料不同，可分为钢板型和铝合金型，如图 1-3 所示，其中铝合金型轮辋由于不易变形且美观大方，因此在轿车上使用最广泛。

轮辋根据结构不同，可分为深槽轮辋、平底轮辋和对开式轮辋三种。如图 1-4 所示。

图 1-3 不同材料类型的轮辋

图 1-4 不同结构类型的轮辋

随堂笔记

2. 轮胎

（1）轮胎的作用

1）与汽车悬架共同缓和汽车行驶中所受到的冲击，并衰减由此产生的振动，以保证汽车有良好的乘坐舒适性和行驶平顺性。

2）保证车轮和路面有良好的附着性，以提高汽车的牵引性、制动性和通过性。

3）支承汽车的质量、承受路面的其他反作用力。

因此，轮胎内部通常充有气体，以具有一定的承受载荷的能力和适宜的弹性；轮胎的外部有较复杂的花纹，以提高与路面的附着性。

（2）轮胎的类型

1）按轮胎内空气压力的大小可分为高压轮胎（0.5 ~ 0.7MPa）、低压轮胎（0.15 ~ 0.45MPa）和超低压轮胎（0.15MPa 以下），如图 1-5 所示。低压轮胎弹性好、断面宽、接地面积大，胎壁薄散热好，从而提高了汽车行驶的平顺性、稳定性，同时提高了轮胎的使用寿命，所以轿车上几乎全部使用低压轮胎；载货汽车上普遍采用高压轮胎。

2）按轮胎内保持空气方法的不同，充气轮胎可分为有内胎轮胎和无内胎轮胎两种，如图 1-6 所示。有内胎轮胎应用在载货汽车上较多；无内胎轮胎也称为真空轮胎，由于散热性能好和扎钉后不会快速漏气等优点，在轿车上广泛采用。

图 1-5　轮胎按空气压力大小分类

图 1-6　按轮胎内保持空气方法不同分类

3）按轮胎胎体帘布层的结构不同，可分为斜交轮胎和子午线轮胎，如图 1-7 所示。子午线轮胎由于轮胎质量轻、轮胎弹性大、减振性能好，具有良好的附着性能，且滚动阻力小、承载能力大、行驶中胎温低、胎面耐穿刺，具有轮胎寿命长等优点，所以在汽车上应用的越来越多。

4）按轮胎花纹结构的不同，可分为普通花纹轮胎、越野花纹轮胎和混合花纹轮胎三种，如图 1-8 所示。

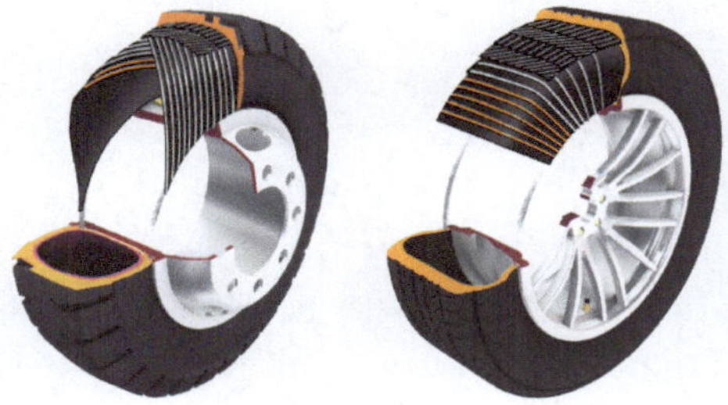

图 1-7　按轮胎胎体帘布层结构不同分类

图 1-8　按轮胎花纹结构不同分类

（3）轮胎的结构　子午线轮胎在汽车上应用越来越多，它是用钢丝或植物纤维制作的帘布层，其帘线与胎面中心的夹角接近 90°，并从一侧胎边穿过胎面到另一侧胎边，帘线在轮胎上的分布好像地球的子午线，所以称为子午线轮胎，其结构如图 1-9 所示，从外表看它主要包括胎冠、胎肩和胎侧三部分，内部有带束层和帘布层。

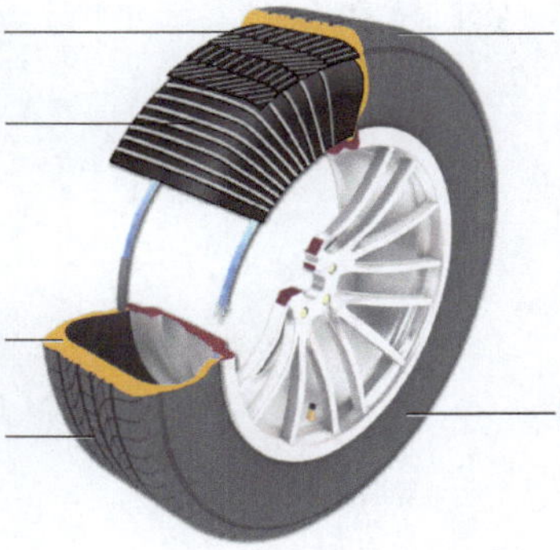

图 1-9　子午线轮胎的结构

小知识

1）胎冠是车辆与路面接触的重要部分，要求具有耐磨损、耐摩擦和耐热的功能。

2）胎侧的主要作用是保护轮胎免受路肩撞击，提高轮胎的强度。在胎侧上还可以找到各种标记，包含了有关轮胎型号和参数的重要信息。

（4）轮胎的规格　轮胎的规格可用外胎直径 D（单位：mm）、轮辋直径 d（单位：英寸）、断面宽度 B 和断面高度 H 的名义尺寸代号表示，如图 1-10 所示。

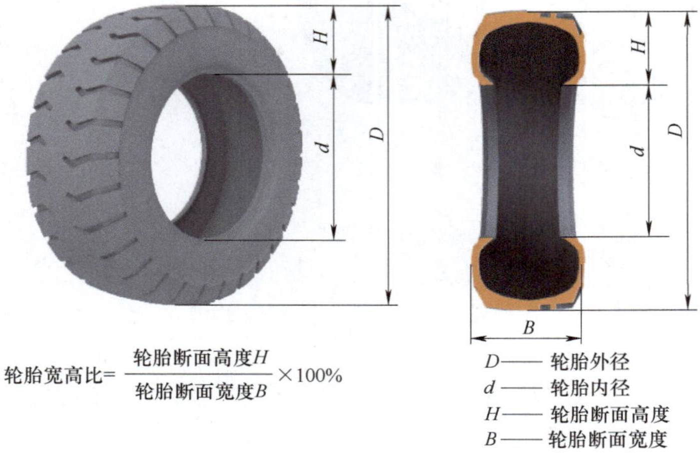

图 1-10　轮胎尺寸标记

随堂笔记

小知识

一般在轮胎的胎侧会标示轮胎的规格，如轿车轮胎胎侧标示 185/60R13 80H，表示轮胎的断面宽度为 185mm，扁平率（轮胎高宽比）为 60%，R 为子午线轮胎，轮辋直径为 13 英寸，轮胎负荷指数为 80，轮胎速度等级为 H 级，如图 1-11 所示。具体轮胎负荷和最高速度可查轮胎负荷与负荷指数对照表（表 1-1）和轮胎速度级别表（表 1-2）。

轿车轮胎规格表示方法示例：

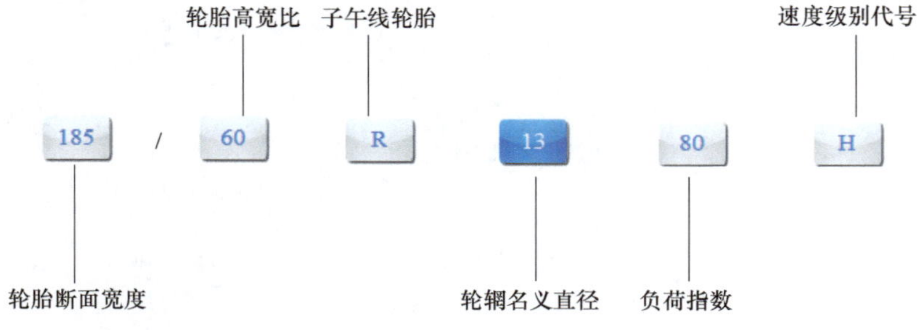

图 1-11　轿车轮胎的规格表示方法

表 1-1　轮胎负荷与负荷指数对照表

V	kg	V	kg	V	kg	V	kg
0	45	40	140	80	450	120	1400
1	46.5	41	145	81	462	121	1450
2	47.5	42	150	82	475	122	1500
3	48.7	43	155	83	487	123	1550
4	50	44	160	84	500	124	1600
5	51.5	45	165	85	515	125	1650
6	53	46	170	86	530	126	1700
7	54.5	47	175	87	545	127	1750
8	56	48	180	88	560	128	1800
9	58	49	185	89	580	129	1850
10	60	50	190	90	600	130	1900
11	61.5	51	195	91	615	131	1950

表 1-2　轮胎速度级别表

速度级别代号	速度/(km/h)	速度级别代号	最高速度/(km/h)
A1	5	K	110
A2	10	L	120
A3	15	M	130
A4	20	N	140
A5	25	P	150
A6	30	Q	160
A7	35	R	170
A8	40	S	180
B	50	T	190
C	60	U	200
D	65	H	210
E	70	V	240
F	80	W	270
G	90	Y	300
J	100	ZR 速度等级 240 以上	

随堂笔记

(5) 车轮的使用与维护

1) 保持轮胎气压正常。轮胎的气压是决定轮胎使用寿命和工作好坏的重要因素。当轮胎气压过低时，造成胎侧变形加大，胎冠部向内凸起，胎面接地面积增大，使胎肩部位磨损加剧，还会使轮胎滚动阻力增大，燃料消耗增加。如轮胎气压过高，轮胎内部压力增加，接地面积减小，使轮胎的胎冠部位向外凸起，造成胎冠磨损加剧，如图 1-12 所示。

图 1-12　轮胎气压不良造成轮胎的异常磨损

2）合理搭配轮胎。搭配轮胎的原则如下：装用新轮胎时，同一轴上配同一规格、结构、层级和花纹的轮胎；装用新旧不同的轮胎时，前轮尽量使用最好的轮胎。

3）轮胎的换位。按时正确的轮胎换位可使轮胎磨损均匀，可延长轮胎 20% 左右的使用寿命。常用的子午线轮胎一般采用如下的换位方法，如图 1-13 所示。

4）及时更换轮胎。轮胎花纹的凹槽内或胎侧都有磨损标记，如图 1-14 所示。当轮胎磨损到该标记时，必须更换。

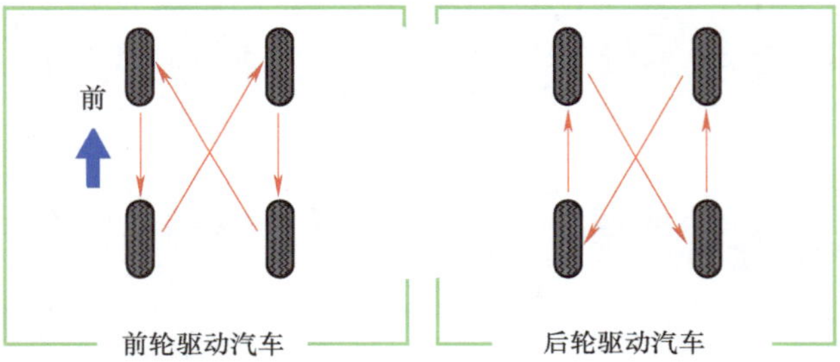

图 1-13　轮胎的换位方法

图 1-14　轮胎磨损极限标记

5）保持良好的底盘技术状况。轮胎的异常磨损（图 1-15）与底盘技术状况有关，如前轮定位中的前轮外倾与前轮前束配合不当、轮毂轴承松旷、转向传动机构间隙过大、车轮不平衡、轮辋变形、悬架与车架变形或制动技术状况不良等都会引起轮胎的不正常磨损。

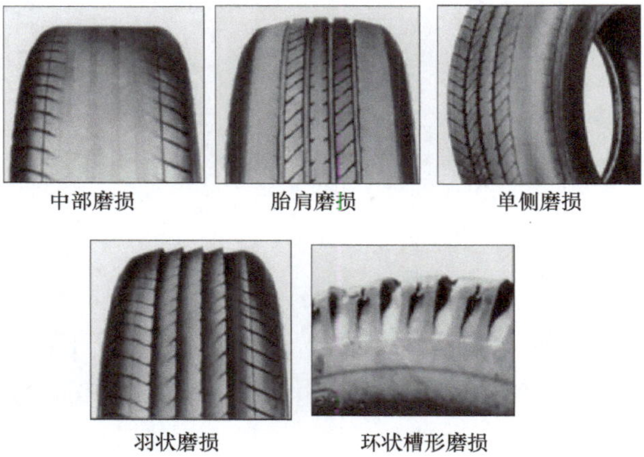

图 1-15　轮胎异常磨损

6）车轮的平衡。车轮是由轮胎、轮毂组成的一个整体，但是由于制造上的原因，使这个整体各部分的质量分布不能达到非常的均匀。当汽车车轮高速旋转起来后，就会形成动不平衡状态，造成车辆在行驶中车轮抖动、转向盘振动的现象。为了避免这种现象或消除已发生的这种现象，就要在车轮上增加配重，使车轮达到平衡。这个校正的过程就是动平衡检查。

车轮不平衡有两种，静态不平衡和动态不平衡。静态不平衡会引起车轮高速行驶时上下跳动，动态不平衡会引起车轮高速行驶时左右摆动，如图 1-16 所示。

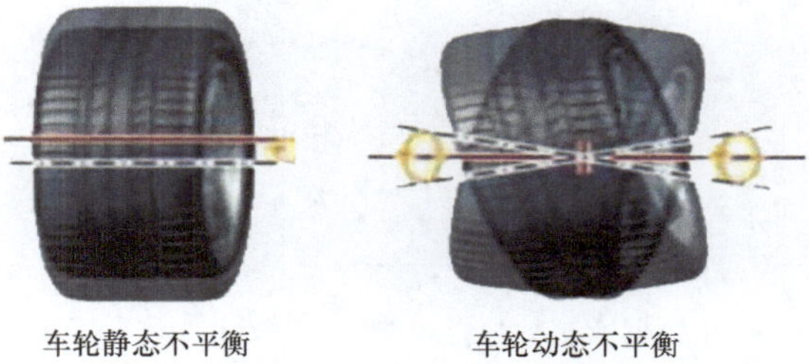

图 1-16　车轮不平衡引起的车轮振动

三、轮胎压力的监测

轮胎压力关系到轮胎的使用寿命和行驶的安全性，很多轮胎的爆胎都是由于轮胎气压过低造成的，所以在中级别以上轿车都有胎压监测系统，并在仪表内有胎压警告指示灯，如图 1-17 所示。当某个轮胎气压偏低时，该警告指示灯就会亮起。

轮胎压力监测系统主要有直接式和间接式两种。

1）直接式轮胎压力监测系统是利用安装在每一个轮胎里的胎压监测传感器（图 1-18）通过无线信号直接测量轮胎的气压，并对各轮胎气压进行监控，当轮胎气压太低或有渗漏时，仪表内的警告灯就会亮起。

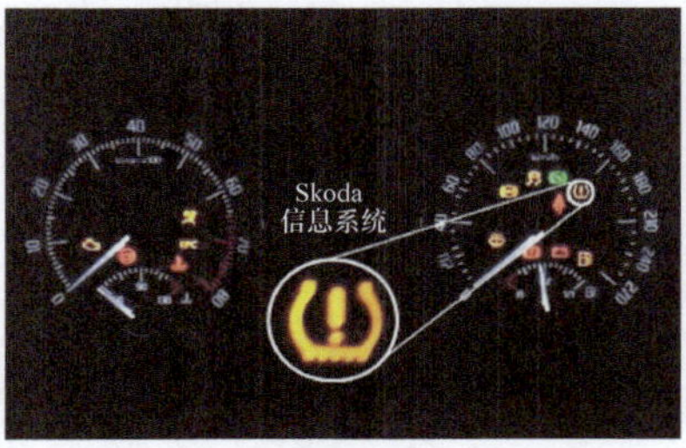

图 1-17　轮胎气压过低警告灯

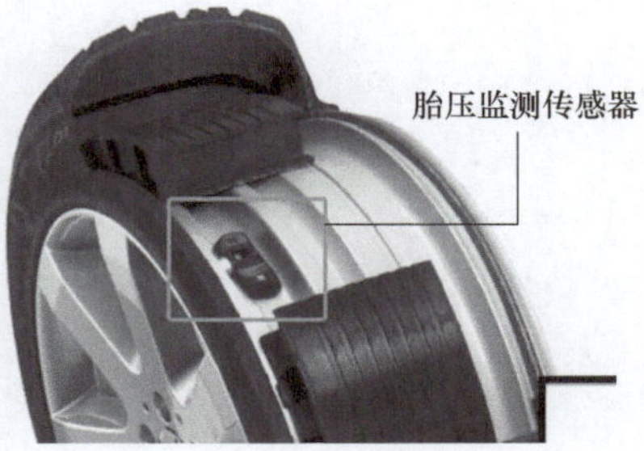

图 1-18　胎压监测传感器

2）间接式轮胎压力监测系统是通过 ABS 轮速传感器来比较轮胎之间的转速差（当某轮胎压力低时转速会变快），以达到监控胎压的目的。

随堂笔记

汽车车轮的检查与保养	学习任务单	班级： 姓名：

1. ________位于汽车车身与路面之间，起支承汽车和装载质量的作用，并承受各种作用力。

2. 根据图示写出各部件的名称：

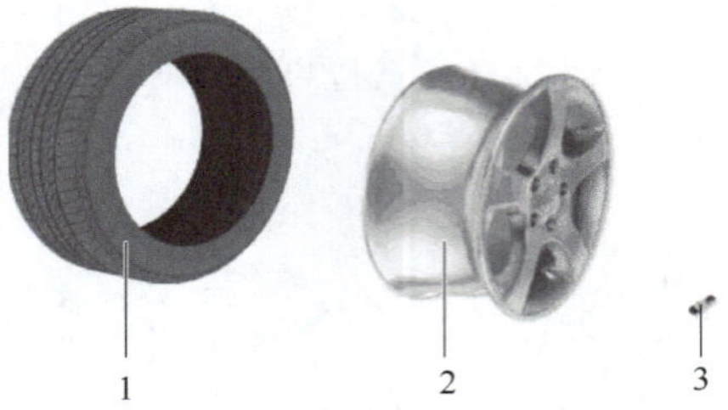

1）________ 2）________ 3）________

3. 轮辋俗称为________，它根据所用的材料不同，可分为________和________两种类型。

4. 按轮胎内空气压力的大小可分为高压轮胎、低压轮胎和超低压轮胎，其中低压轮胎的压力值为________。轿车一般采用________轮胎。

5. 写出该轮胎上标记的含义；并查询轮胎负荷指数对照表和轮胎速度级别表，写出该轮胎负荷与最高速度。

195 ________ 60 ________ R ________ 15 ________

88 ________ H ________ 负荷________ 最高速度________

6. 某车轮轮胎出现右图一磨损可能的原因是________
________。

某车轮轮胎出现右图二磨损可能的原因是________
________。

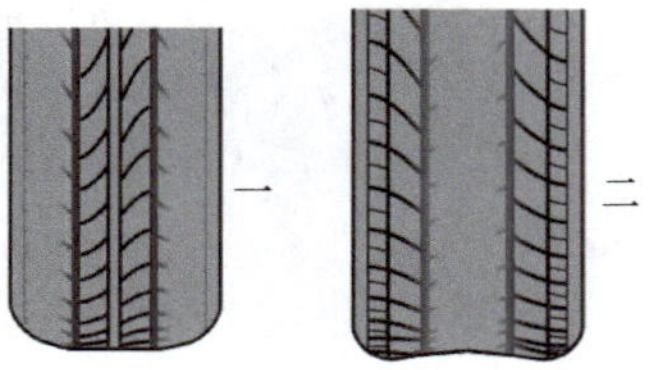

7. 某车行驶时仪表内的  灯突然亮起，可能的原因是________
________。

随堂笔记

实训任务　汽车车轮的检查与保养

实训器材

丰田卡罗拉轿车、扒胎机、轮胎动平衡机、轮胎风动扳手（风炮）、补胎工具、轮胎花纹深度尺和轮胎气压表等量具、常用工具。

扫一扫

轮胎的拆卸

作业准备

检查举升机，车辆在工位停放周正，铺好车内和车外护套。

操作步骤

1. 拆卸车轮

1）牢靠顶好车辆并将车辆举升到中位。

2）选用21mm风动套筒（一般为黑色，非风动套筒不能配合风炮使用）连接到风炮上，并连接好压缩空气管快速插头。

3）轻点风炮开关，检查风炮的旋转方向是否为拆松方向（逆时针方向）。

4）按对角交叉的顺序拆下5个车轮螺母。

> **小提示**
>
> 拆下第5个螺母后要用手顶住车轮，防止车轮掉落。

5）将车轮螺母和风炮整齐摆放到工作台上。

6）用双手环抱方式将车轮取下。

随堂笔记

2. 检查车轮

1）检查胎面和胎侧是否有异常磨损、裂纹、鼓包或嵌入金属异物等。

2）检查轮辋是否变形、裂纹或腐蚀等。

3）用轮胎花纹深度尺测量轮胎花纹深度。

扫一扫

轮胎的检查

检查胎面是否有异常磨损或裂纹

检查轮胎花纹深度

4）拆下气门嘴防尘帽。

5）用轮胎气压表测量轮胎气压。与维修手册的标准值对照，看是否需要调整气压。

6）用肥皂水检查气门嘴是否漏气。

7）用抹布清洁肥皂水，并拧好气门嘴防尘帽。

3. 拆卸轮胎

1）用气压表将轮胎内的气放干净。

2）用气门嘴拆卸专用工具拆下气门嘴芯。

释放轮胎压力

3）将轮胎放到下图所示位置，并踩下轮胎挤压臂踏板，使轮胎和轮辋分离。

随堂笔记

4）松开轮胎挤压臂踏板，再转动轮胎约 180°再次挤压，然后再翻转轮胎挤压另一面，直到轮胎与轮辋彻底分离。

5）将轮辋放在卡盘上，踩下张开盘的卡爪踏板，锁住轮辋。

拧好气门嘴防尘帽

6）用毛刷在轮胎内圈抹上润滑膏。

7）踩下摆动臂踏板，放下摆动臂，并压下拆装臂，使卡头内沿与轮辋边缘留有少许间隙。

8）用撬棍将轮胎挑到鸟头上。踩下转换踏板使卡盘旋转，将一侧轮胎扒出。

9）将轮胎稍许抬起，再用上一步的方法将轮胎另一侧扒出。

10）踩下摆动臂踏板，收起摆动臂，取下轮胎。

用撬棍撬起轮胎搭在爪上

4. 修补轮胎

1）先将轮胎被扎破的创口找到，并拔出刺破轮胎的异物。

2）用打磨机打磨轮胎的气密层，使气密层变得粗糙，冷补胶片更易黏合在上面。

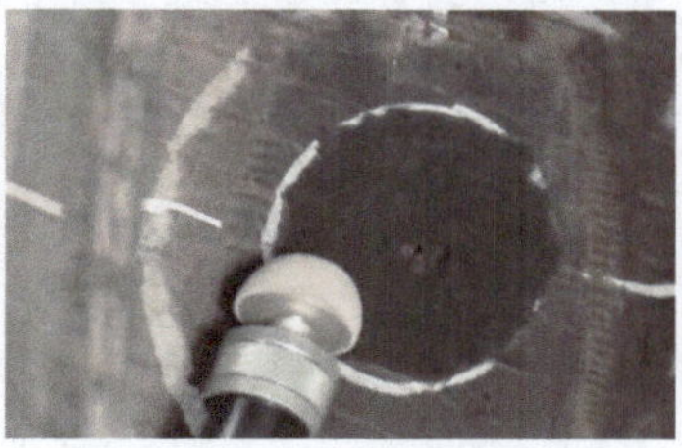

3）在打磨的区域涂上冷补胶水并稍微烘干一下。

4）贴上冷补胶片并用滚轮在胶片上来回滚压，使冷补胶片和气密层黏合得更紧密。

5. 安装轮胎

1）用毛刷在轮胎的密封面上涂一层润滑膏。

2）将轮胎放到轮辋上，踩下摆动臂踏板，放下摆动臂，并压下拆装臂，使卡头内沿与轮辋边缘留有少许间隙。

3）将轮胎下侧密封面搭到爪头上。踩下转换踏板使卡盘旋转，将一侧轮胎旋转装入。

4）将轮胎上侧密封面搭到爪头上。踩下转换踏板使卡盘旋转，将另一侧轮胎旋转装入。

随堂笔记

5）用气压表向车轮充入适量的压缩空气，充气完成后检查气门嘴是否漏气。

扫一扫

车轮动平衡的调整

6. 轮胎动平衡

1）检查轮胎气压，并加注到标准值。

2）拆下轮胎旧的平衡块。

3）选用合适轴套，将车轮安装在动平衡机上并固定。

选用合适轴套，安装车轮并锁装

4）打开轮胎动平衡机电源。

5）拉出测量尺，测量轮胎边距，读出数据并输入到动平衡机。

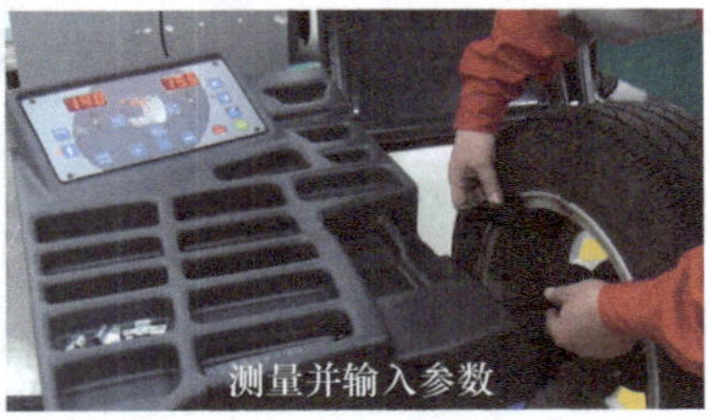
测量并输入参数

6）用轮胎宽度测量尺，测量车轮轮辋宽度，读出数据并输入到动平衡机。

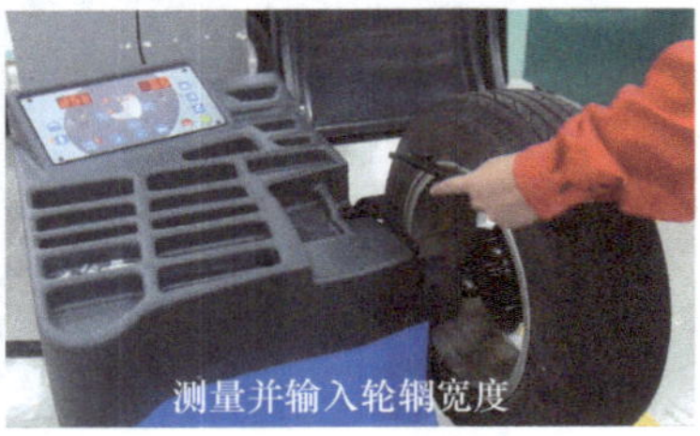
测量并输入轮辋宽度

7）查看轮胎胎侧的轮辋直径，并输入到动平衡机。

输入轮辋直径

随堂笔记

8）确认安全后，放下安全罩，轮胎在动平衡机上转动，停止转动后，查看车轮两侧的动不平衡量数据。

盖上护罩，开始检测车轮动不平衡

9）转动车轮到达外侧的动不平衡点，此时该动不平衡点指示灯亮。

10）在轮辋外侧12点位置，根据轮辋的材质和检测到的动不平衡量，选择安装合适材质和质量的配重块。

11）按相同方式安装车轮内侧配重块。

12）重新进行车轮动平衡检测，检查不平衡量是否达到要求。

13）如果仍存在不平衡，则需要去掉已安装好的配重块，重新进行检测和配重块的安装，直至动

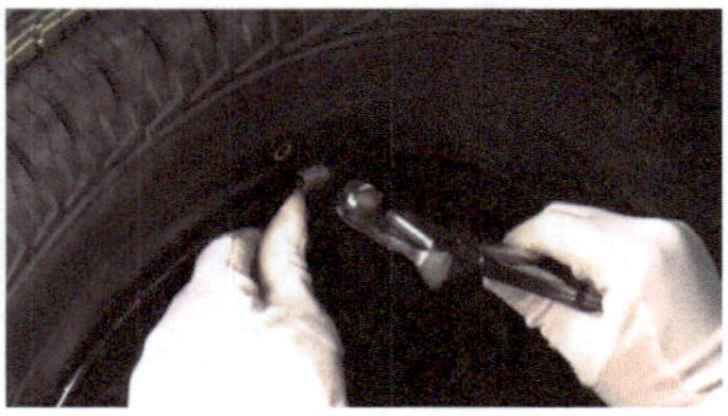

不平衡量为零，最后取下轮胎。

7. 轮胎换位

1）依次将另外三个车轮用风炮拆下。

2）查看车辆，该车采用发动机前置前轮驱动（FF）的形式，按下图所示调换各车轮位置。

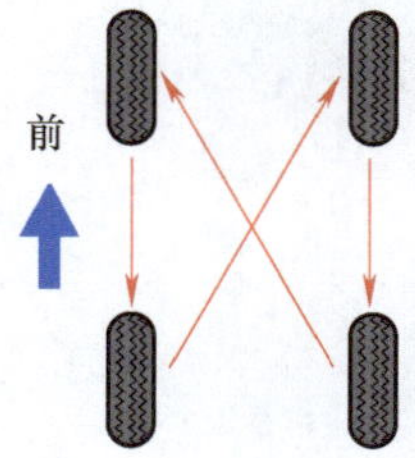

前轮驱动汽车

8. 安装车轮

1）按拆卸相反的顺序临时安装车轮。

2）下降举升机，将车辆落到地面。

3）查询该车型维修手册，找到轮胎螺栓标准转矩。

4）用预置式扭力扳手按标准转矩拧紧轮胎螺母。

实训任务总结：

随堂笔记

汽车车轮的检查与保养	工作任务单	班级：
		姓名：

1. 记录车辆信息

品牌		整车型号		生产年月	
发动机型号		发动机排量		行驶里程	
车辆识别代码					

2. 检查轮胎　　车辆标配轮胎型号：　　标准胎压：

检查项目		左前车轮	左后车轮	右前车轮	右后车轮
轮胎型号					
胎压值	数据				
	判定	正常□ 异常□	正常□ 异常□	正常□ 异常□	正常□ 异常□
	维修	调整□ 无□	调整□ 无□	调整□ 无□	调整□ 无□
花纹	深度				
	偏磨	左□ 中□ 右□	左□ 中□ 右□	左□ 中□ 右□	左□ 中□ 右□
	判定	正常□ 异常□	正常□ 异常□	正常□ 异常□	正常□ 异常□
	维修	更换□ 换位□ 无□	更换□ 换位□ 无□	更换□ 换位□ 无□	更换□ 换位□ 无□

3. 拆卸、修补轮胎

拆卸位置	□左前车轮	□左后车轮	□右前车轮	□右后车轮
轮胎修补方法				

4. 轮胎动平衡

平衡位置	□左前车轮	□左后车轮	□右前车轮	□右后车轮
动平衡检测值	内侧：		外侧：	
平衡后检测值	内侧：		外侧：	

随堂笔记

5. 轮胎换位

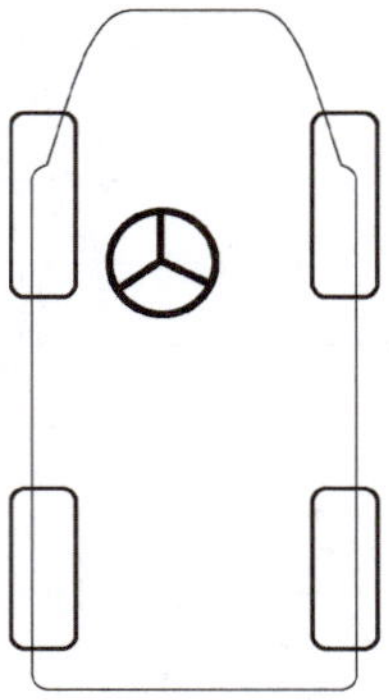

注：1. 查阅轮胎换位方法
2. 根据车轮检查情况进行轮胎换位
3. 轮胎换位用箭头画图标明

6. 查阅维修手册

序号	部件名称	章节及页码	规格（米制）
1	轮胎螺栓转矩	第　章　页	
2		第　章　页	
3		第　章　页	

汽车悬架系统部件的检查与保养		实习日期：	
姓名：	班级：	学号：	导师签名：
自评：□熟练 □不熟练	互评：□熟练 □不熟练	师评：□合格 □不合格	
日期：	日期：	日期：	

汽车车轮的检查与保养【评分细则】

序号	评分项	得分条件	分值	评分要求	自评	互评	师评
1	安全/7S/态度	□1. 能进行工位 7S 操作 □2. 能进行设备和工具安全检查 □3. 能进行车辆安全防护操作 □4. 能进行工具清洁、校准、存放操作 □5. 能进行三不落地操作	15	未完成 1 项扣 3 分	□熟练 □不熟练	□熟练 □不熟练	□合格 □不合格
2	专业技能能力	作业 1 □1. 能正确地举升车辆 □2. 能正确地拆卸车轮 □3. 能正确地安装车轮 作业 2 □1. 能正确地读取轮胎规格和型号 □2. 能正确、全面地检查轮胎 □3. 能正确地检查轮胎压力并调整 作业 3 □1. 能正确地拆卸轮胎 □2. 能正确地找到轮胎漏气点 □3. 能正确地使用方法修补轮胎 □4. 能正确地安装轮胎 作业 4 □1. 能正确地对轮胎进行动平衡检测 □2. 调整轮胎动平衡值在标准范围内 □3. 能正确地对轮胎进行换位 □4. 能正确地紧固车轮螺栓至标准转矩	50	未完成 1 项扣 5 分，扣分不得超过 50 分	□熟练 □不熟练	□熟练 □不熟练	□合格 □不合格
3	工具及设备的使用能力	□1. 能正确地使用维修工具 □2. 能正确地使用轮胎气压表 □3. 能正确地使用轮胎快速修补工具 □4. 能正确地使用轮胎动平衡机 □5. 能正确地使用扒胎机	10	未完成 1 项扣 2 分	□熟练 □不熟练	□熟练 □不熟练	□合格 □不合格
4	资料、信息查询能力	□1. 能正确地查询轮胎规格 □2. 能正确地查询轮胎的胎压标准 □3. 能正确地查询轮胎的拆装方法 □4. 能正确地查询轮胎的换位方法 □5. 能正确地识读维修手册并查询资料 □6. 能正确地记录所查询资料的章节及页码 □7. 能正确地记录所需维修信息	10	未完成 1 项扣 2 分，扣分不得超过 10 分	□熟练 □不熟练	□熟练 □不熟练	□合格 □不合格
5	数据判断和分析能力	□1. 能判断轮胎气压是否正常 □2. 能判断轮胎是否可以正常使用 □3. 能分析轮胎漏气的位置及原因 □4. 能分析车轮平衡失衡原因 □5. 能判断轮胎换位是否正常	10	未完成 1 项扣 5 分，扣分不得超过 10 分	□熟练 □不熟练	□熟练 □不熟练	□合格 □不合格
6	表单填写与报告的撰写能力	□1. 字迹清晰 □2. 语句通顺 □3. 无错别字 □4. 无涂改 □5. 无抄袭	5	未完成 1 项扣 1 分	□熟练 □不熟练	□熟练 □不熟练	□合格 □不合格
总分：							

随堂笔记

任务二　悬架系统的检查与保养

学习目标

知识目标

1）掌握悬架系统的作用、类型与组成。

2）掌握减振器的工作原理。

3）掌握减振器的拆卸和更换流程及安全措施。

技能目标

1）会检查与保养悬架系统各部件。

2）会对悬架部件进行实车拆装和分解。

素养目标

1）能够在工作过程中与小组其他成员合作、交流，养成团队合作意识，锻炼沟通能力。

2）养成 7S 的工作习惯。

3）养成服从管理、规范作业的良好工作习惯。

任务描述

一辆丰田卡罗拉轿车用户反映：行驶到颠簸路面时，车身下部出现“哐哐”的响声，需要对悬架进行检查，确定故障部位并进行修理。

相关知识

随堂笔记

一、悬架的作用

悬架系统是现代汽车上的重要总成，对汽车行驶平顺性和操纵稳定性有很大的影响，它的作用是弹性地连接车桥与车架或车身，如图 1-19 所示，可以用传力、缓冲、减振、导向几个字来概括，具体作用如下：

1）与轮胎一起吸收和减缓不平整路面所造成的各种摇摆和振动，从而保障乘客和货物的安全，并提高驾驶稳定性。

2）将路面与车轮之间的摩擦所产生的驱动力和制动力传输至车架或车身。

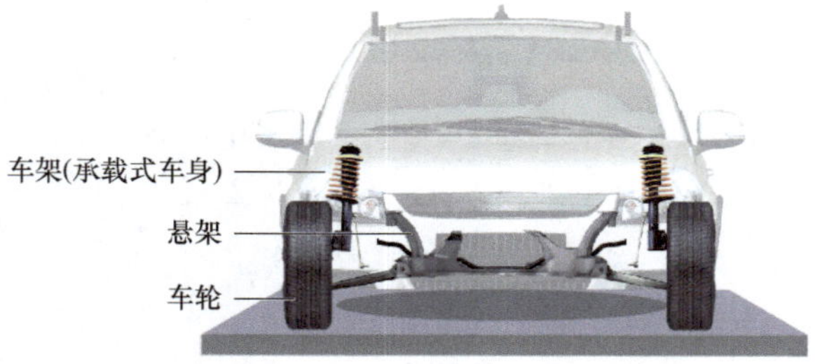

图 1-19　悬架的作用

3）支承车桥上的车身，并使车身与车轮之间保持适当的几何关系。

二、悬架的类型

汽车悬架可分为非独立悬架和独立悬架两大类，如图 1-20 所示。

扫一扫　非独立悬架

a) 非独立悬架　　b) 独立悬架

扫一扫　独立悬架

图 1-20　悬架的类型

非独立悬架的结构特点是两侧车轮安装在一根整体式车桥上，车轮和车桥一起通过弹性元件悬挂在车架（或车身）下面。当一侧车轮因路面不平的原因相对于车架（或车身）位置发生变化时，另一侧车轮的位置也随之发生变化，如图 1-21a 所示。

独立悬架则是两侧车轮各自独立地通过弹性元件悬挂在车架（或车身）下面，其配用的车桥都是断开式车桥。这样，当一侧车轮相对于车架（或车身）位置发生变化时，对另一侧车轮几乎不产生影响，如图 1-21b 所示。

由于独立悬架能提高乘坐的舒适性，目前在轿车上应用最广泛。

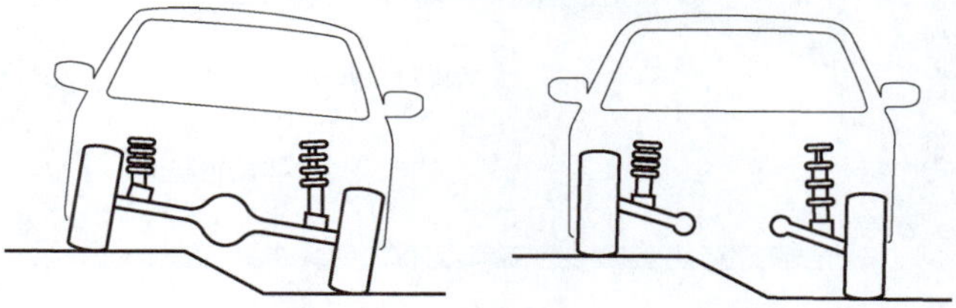

a) 非独立悬架　　b) 独立悬架

图 1-21　非独立悬架与独立悬架的特点

随堂笔记

三、悬架的组成

现代汽车的悬架虽有不同的结构形式，而且前悬架和后悬架的结构也稍有不同，但一般都由弹性元件（弹簧）、减振器、横向稳定杆（稳定器）和连接机构等组成。前、后悬架的组成如图 1-22 所示。

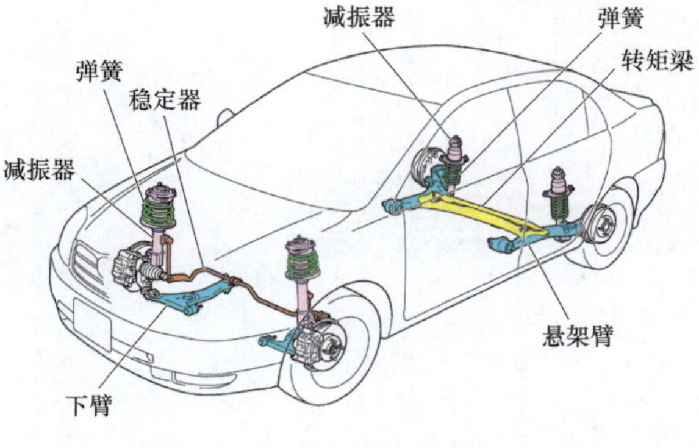

图 1-22　汽车前、后悬架的组成

1. 弹性元件

弹性元件的作用是承受并传递垂直载荷，缓和不平路面引起的冲击，使车架（或承载式车身）与车桥（或车轮）之间保持弹性连接，改善乘坐的舒适性能。常见的弹性元件主要有螺旋弹簧、钢板弹簧和扭杆弹簧等，如图 1-23 所示。

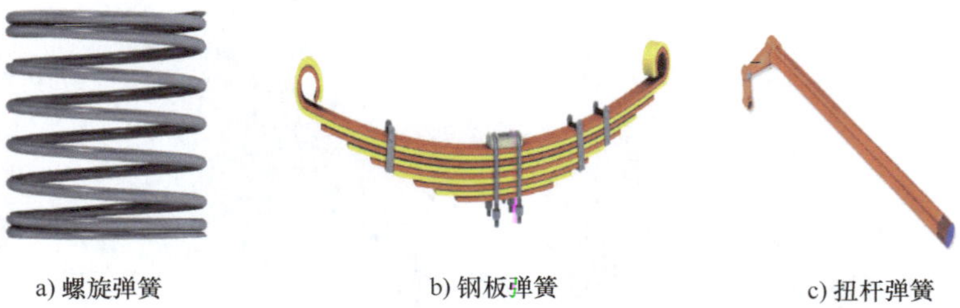

图 1-23 弹性元件的类型

（1）螺旋弹簧 螺旋弹簧由特殊的圆形钢材缠绕成螺旋结构，利用弹簧的抗扭强度来吸收振动和冲击，如图 1-24 所示。它具有体积小、重量轻、占用空间小、价格低廉；能高效吸收路面冲击产生的垂直力等优点，在轿车上广泛采用。但是螺旋弹簧不能吸收横向能量，因此还需要其他的辅助机构。

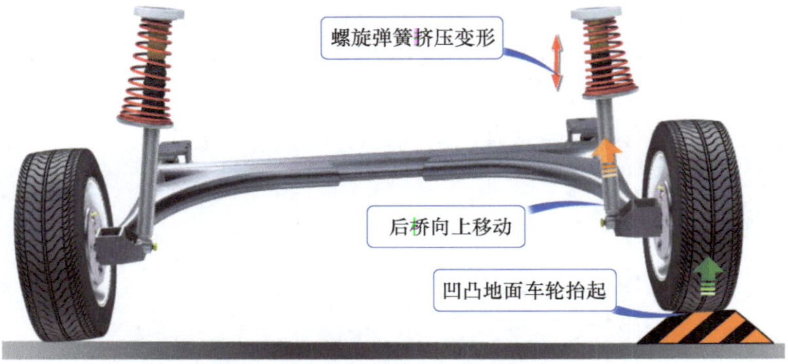

图 1-24 螺旋弹簧的工作过程

随堂笔记

（2）钢板弹簧 钢板弹簧是由若干不等长的合金弹簧片叠加在一起组合而成，其结构如图 1-25 所示。钢板弹簧除了弹簧功能外，还可看作支持车桥的臂。其优点在于持久耐用，但由于其质量大、结构厚实，故不利于行驶舒适性，因而在载货汽车上使用较多。安装位置如图 1-26 所示。

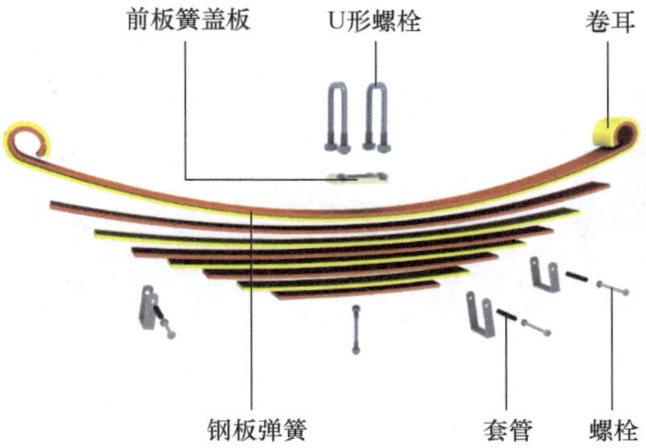

图 1-25 钢板弹簧的组成

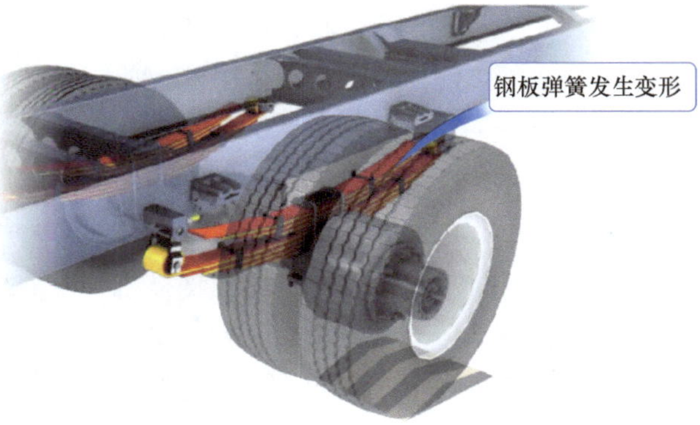

图 1-26 钢板弹簧的安装位置图

(3) 扭杆弹簧　扭杆弹簧是由高弹性的弹簧钢加工成的一条钢杆，利用扭杆产生扭转弹性变形，如图 1-27 所示，在车轮与车架之间起弹性连接的作用，较多得用在越野车型的前悬架。

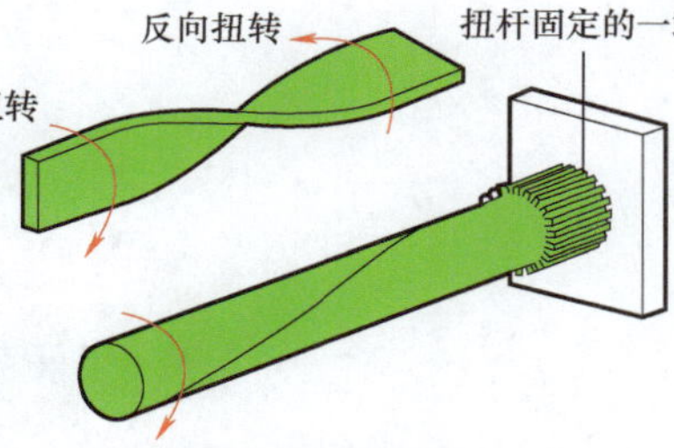

图 1-27　扭杆弹簧扭转弹性变形

2. 减振器

减振器的作用是快速消除弹簧的振动，改善汽车行驶的平顺性，它与弹性元件并联安装，如图 1-28 所示。汽车减振器有液力式、充气式和阻力可调式几种。这里主要讲述液力式减振器。

目前汽车上广泛采用筒式液力式减振器，如图 1-29 所示。它能在压缩和伸张两个行程内均起减振作用，称为双向作用式减振器，只在伸张行程起减振作用的减振器称为单向作用式减振器。目前，汽车上多采用双向作用式减振器。

扫一扫

减振器的作用

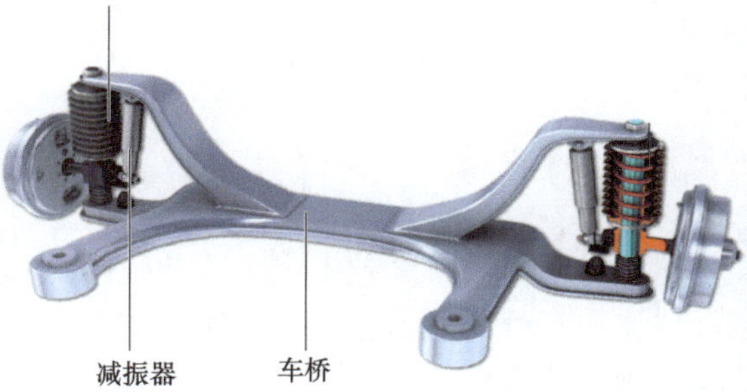

图 1-28　减振器的安装位置图

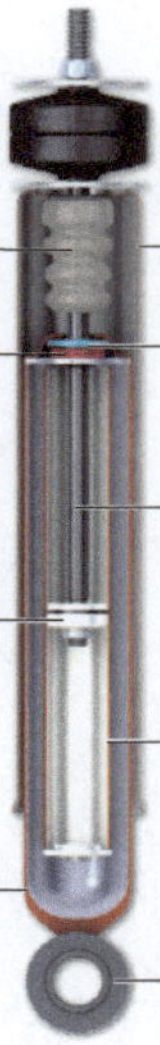

图 1-29　筒式液力式减振器的结构

双向作用式减振器的工作原理如图 1-30 所示。它内部一般具有四个阀：压缩阀、伸张阀、流通阀和补偿阀。流通阀和补偿阀是一般的单向阀，其弹簧很弱，当阀上的油压作用力与弹簧力同向时，阀处于关闭状态；而当油压作用力与弹簧力反向时，只要有很小的油压，阀便能开启。压缩阀和伸张阀是卸载阀，其弹簧较强，预紧力较大，只有当油压升高到一定程度时，阀才能开启。其工作过程及工作原理如下：

压缩行程中，车桥靠近车架（或车身），减振器压缩，活塞下移，活塞下方腔室容积减小，油压升高将流通阀顶开进入活塞上方腔室。因活塞杆占用部分容积，使上腔室增加的容积小于下腔室减小的容积，部分不能进入上腔的油液打开压缩阀流回储油缸。利用油液与孔之间的摩擦来衰减振动。

伸张行程中，车桥远离车架（或车身），减振器受拉活塞上移，活塞上方腔室油压升高，推开伸张阀流回活塞下方腔室。因活塞杆的存在，使上腔室减小的容积小于下腔室增加

随堂笔记

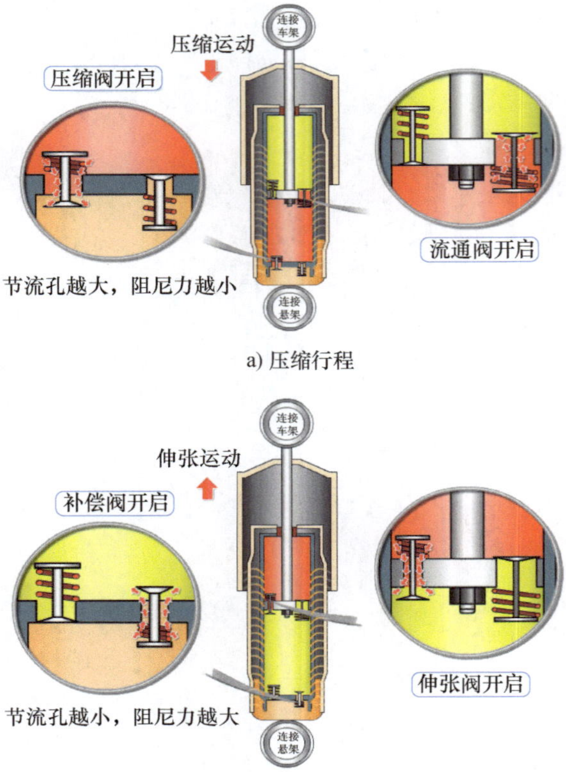

a) 压缩行程

b) 伸张行程

图 1-30　双向作用式减振器的工作原理图

随堂笔记

的容积，储油缸中的油液在真空度的作用下流经补偿阀进入下腔室来补偿。由于伸张阀的弹簧刚度和预紧力大于压缩阀且伸张行程的通道截面比压缩行程的通道截面小，所以伸张行程产生的阻尼力大于压缩行程时产生的阻尼力，从而达到迅速减振的要求。

3. 横向稳定杆

横向稳定杆可以防止车身在转向等情况下发生过大的横向倾斜，改善汽车的操纵稳定性和行驶平顺性。如图 1-31 所示。

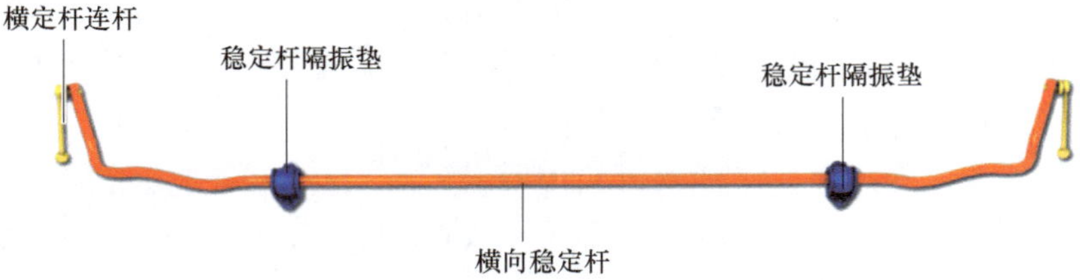

图 1-31　横向稳定杆

横向稳定杆在独立悬架上使用，非独立悬架无须使用。

4. 连接机构

连接机构包括下摆臂、横向导杆和纵向推力杆等，它们都是通过隔振胶套与车桥或车身相连，如图1-32所示，用来传递除垂直力以外的各种力和力矩，并确定车轮相对于车架（或车身）的运动关系。因此连接机构的隔振胶套容易磨损和产生裂纹，从而造成在颠簸路面行驶时异响。

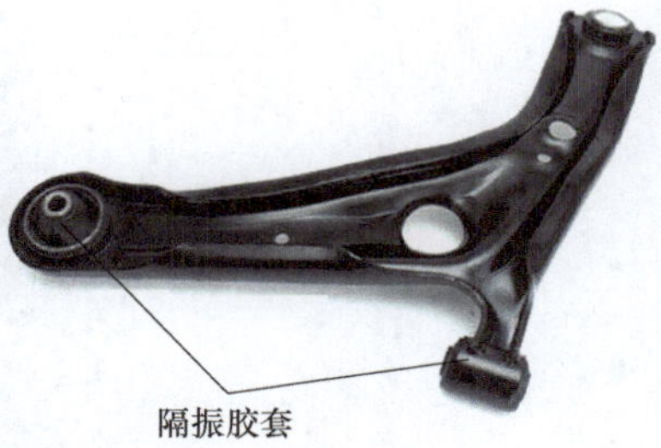

图1-32　下摆臂隔振胶套

5. 下臂球节

下摆臂与转向节的连接处由于转向需要，它们之间要能偏转，因此采用球节的连接形式。球节的结构如图1-33所示。该球节由于承受非常大的负荷，因此较容易磨损造成间隙过大而产生异响。

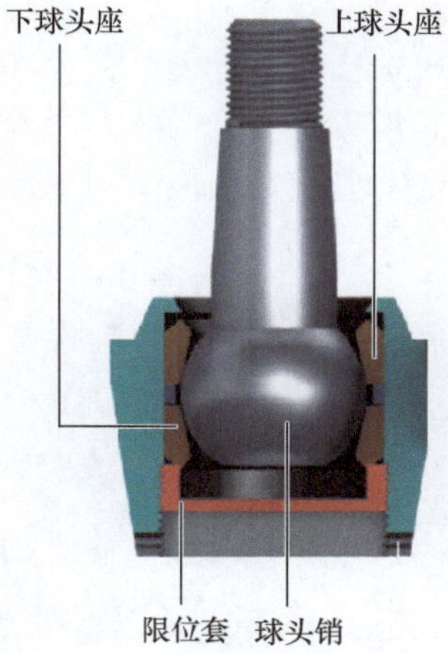

图1-33　下臂球节的结构

四、前悬架的结构

轿车为了发动机总成的位置可以降低和前移，使汽车重心下降，从而提高汽车行驶稳定性，前悬架都采用独立悬架，常见的有麦弗逊式独立悬架和双横臂式独立悬架等。

1. 麦弗逊式独立悬架

如图1-34所示，麦弗逊式独立悬架主要由车桥、下摆臂（左、右）、下臂球节（左、右）、减振器（左、右）和螺旋弹簧（左、右）、稳定杆、稳定杆连杆（左、右）、隔振垫（左、右）、转向节（左、右）、防尘套（左、右）、支承轴承（左、右）和支承支座（左、右）等组成。

麦弗逊式独立悬架结构相对简单；因为零件少，重量轻，悬架占用空间小，可增加发动机舱的可用空间；还因为悬架支承点之间距离大，因安装误差或零件制造误差对前轮定位的干扰小，除了车轮前束外，一般不需要定位调整。因此，在中小型车辆中得到广泛使用。

随堂笔记

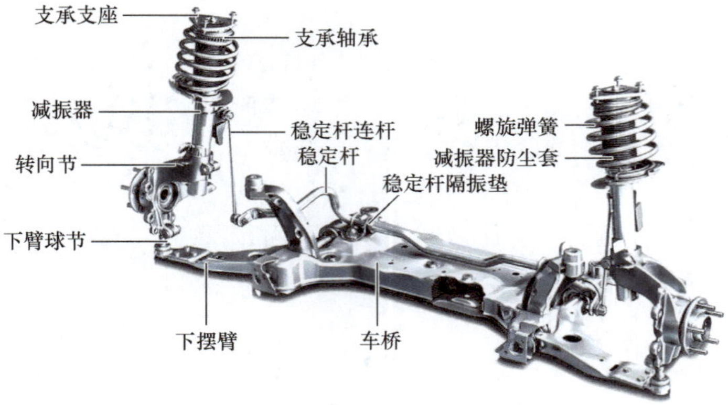

图 1-34　麦弗逊式独立悬架结构图

2. 双横臂式独立悬架

双横臂式独立悬架广泛用于较大车辆的前悬架。如图 1-35 所示，它主要由车桥、下摆臂、上摆臂、下臂球节、上臂球节、减振器、螺旋弹簧、横向稳定杆、稳定杆连杆、隔振垫、转向节、防尘套、支承轴承和支承支座等组成。

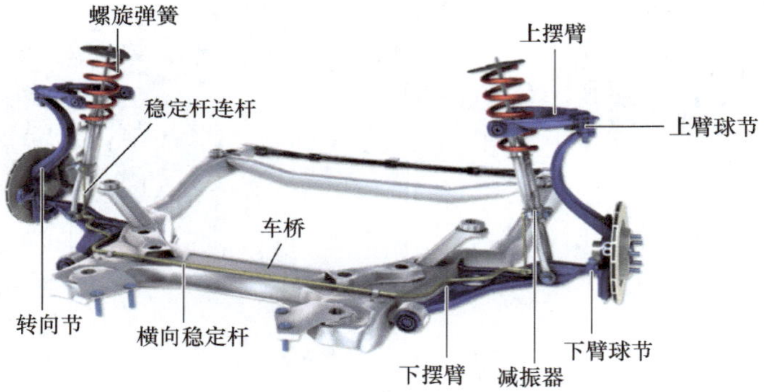

图 1-35　双横臂式独立悬架结构图

双横臂式独立悬架，车轮通过上下臂安装到车身上。悬架的几何形状可根据上下臂的长度及其安装角按需要进行设计。

五、后悬架的结构

经济型轿车为了节约成本，后悬架一般采用非独立悬架；中、高级轿车为了提高车辆的舒适性和稳定性，后悬架都采用独立悬架。

1. 纵臂型带转矩梁式非独立悬架

纵臂型带转矩梁式非独立悬架结构如图 1-36 所示，它主要由转矩梁与纵臂（扭力梁）、减振器（左、右）、螺旋弹簧（左、右）、橡胶护套（左、右）和弹簧座等组成。

由于简单结构和尺寸紧凑，还能保证大的行李舱空间。因此该类型悬架在经济型轿车中

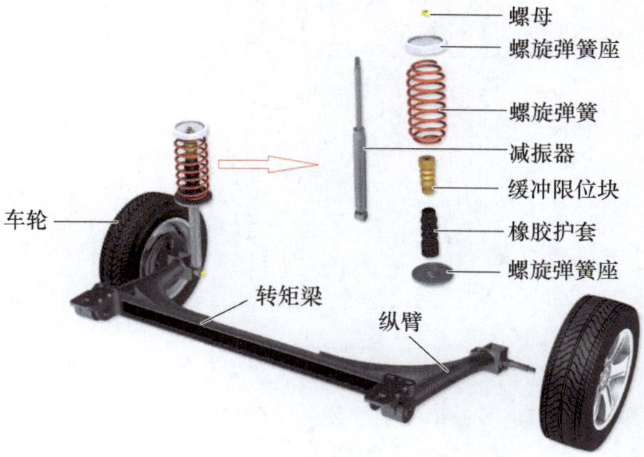

图 1-36　纵臂型带转矩梁式非独立悬架

应用最广泛。

当顶升汽车时，不能用千斤顶或类似的工具顶升转矩梁，防止变形。

2. 多连杆式独立悬架

多连杆式独立悬架由三根或三根以上连接拉杆构成，并且能提供多个方向的控制力，使轮胎具有更加可靠的行驶轨迹的悬架结构。由于三连杆结构已不能满足人们对于底盘操控性能的更高追求，只有结构更为精确、定位更加准确的四连杆式和五连杆式独立悬架才能称得上是真正的多连杆式独立悬架，如图 1-37 所示，它主要由车桥、减振器、螺旋弹簧、横向稳定杆和多条拉杆组成。

随堂笔记

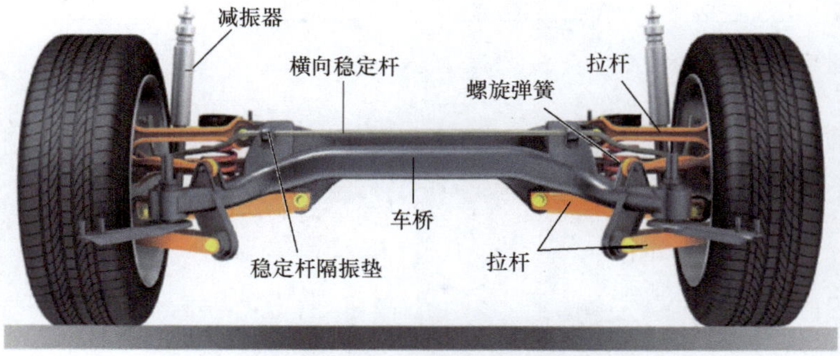

图 1-37　多连杆式独立悬架结构图

多连杆式独立悬挂结构相对复杂，材料成本、研发成本以及制造成本远高于其他类型的悬架而且其占用空间大，但由于舒适性和稳定性高，因此在中、高级轿车上应用较广泛。

悬架系统的检查与保养	学习任务单	班级：
		姓名：

1. 悬架的作用是__________地连接车桥与车架或车身，它的作用可以用__________、__________、__________、__________几个字来概括。

2. 汽车悬架可分为__________悬架和__________悬架两大类。其中当一侧车轮因路面不平位置发生变化时，另一侧车轮的位置也随之发生变化的悬架是__________悬架；当一侧车轮相对于车身位置发生变化时，对另一侧车轮几乎不产生影响的悬架是__________悬架。目前在轿车应用最广泛的是__________悬架。

3. 汽车前悬架和后悬架一般都由__________、__________、__________和连接机构等组成。

4. 汽车悬架的弹性元件主要有__________、__________和扭杆弹簧等。其中体质小、重量轻、占用空间小、能高效吸收冲击力，在轿车上广泛使用的是__________。

5. 汽车上能快速消除弹簧的振动，改善汽车行驶的平顺性的部件是__________；汽车悬架中行驶一段时间后可能会渗油的部件是__________；汽车上能防止车身在转向等情况下发生过大的横向倾斜，改善汽车的操纵稳定性和行驶平顺性的部件是__________。

6. 写出图中数字所指零件的名称：

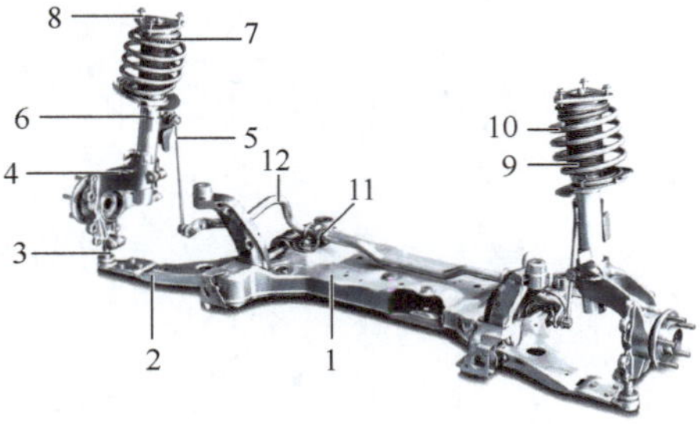

1. __________ 2. __________ 3. __________ 4. __________

5. __________ 6. __________ 7. __________ 8. __________

9. __________ 10. __________ 11. __________ 12. __________

随堂笔记

7. 写出图中数字所指零件的名称：

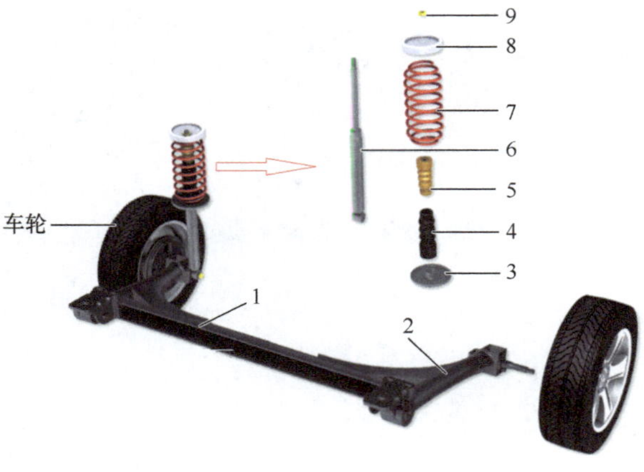

1. __________ 2. __________ 3. __________ 4. __________ 5. __________

6. __________ 7. __________ 8. __________ 9. __________

实训任务 1　悬架系统的检查与保养

实训器材

丰田卡罗拉轿车、预置式扭力扳手（20～100N·m、60～340N·m）、常用工具。

作业准备

检查举升机，车辆在工位停放周正，铺好车内和车外护套。

操作步骤

1. 检查悬架部件

1）检查并确保轮胎气压正常。

2）分别快速压下并放松减振器部位的翼子板，检查四个减振器的阻力感，可将测试的感觉与性能完好的车辆进行比较。如与性能完好车辆的感觉差距较大或四个减振器的感觉不一致，应对悬架进行检查。

检查左前减振器的阻尼状况

3）车辆处于水平地面，分别检查车辆的前面和后面左右两侧高度是否一致。如存在倾斜，说明悬架系统有故障。

检查前部左右车身高度是否一致

4）牢靠举升车辆到中间位置，并使举升机可靠落锁。

5）双手左右和上下晃动某个车轮，检查车轮轴承和悬架是否松动。如果存在松动，需进一步检查松动的部位。

6）双手转动车轮，检查车轮轴承在转动时是否存在异响。

7）依次晃动和转动另外三个车轮，检查车轮轴承和悬架是否松动，转动时车轮轴承是否存在异响。

8）再次举升车辆到较高位置，并使举升机可靠落锁。

随堂笔记

9）检查某个车轮侧的下摆臂和拉杆是否裂纹、变形；摇晃检查稳定杆连杆是否松动、变形；螺旋弹簧是否折断、松动；减振器是否漏油、变形；减振器防尘罩是否损坏等。

10）依次检查另外三个车轮，检查各车轮悬架部件是否存在松动、变形、裂纹和漏油等。

11）用撬棍用力撬下臂球节的下端，检查下臂球节是否松动。

12）用撬棍撬下臂或拉杆与车桥的连接处，检查隔振胶套（衬套）是否存在明显松旷或异响。如存在明显松旷或异响则需要更换隔振胶套或拉杆总成。

2. 紧固悬架部件螺栓

1）查询维修手册，并标注悬架部件各螺栓的转矩值。

2）选用预置式扭力扳手，对照维修手册标准值分别调整好需要紧固螺栓的转矩值，检查车桥与车身连接螺栓、下臂与车桥连接螺栓、下臂与球节连接螺栓、球节与转向节连接螺母、转向节与减振器连接螺栓、稳定杆连杆与减振器连接螺栓、稳定杆连杆与稳定杆连接螺栓、后桥纵臂与车身连接螺栓、减振器与纵臂连接螺栓等是否松动。如存在松动，则拧紧到标准值。

随堂笔记

3. 更换横向稳定杆隔振垫

1）选用合适工具拆下左、右稳定杆连杆与稳定杆固定螺母并分离。

2）选用合适工具拆下左、右稳定杆隔振垫固定座螺栓，并取下隔振胶套。

3）安装左、右新的隔振垫。

4）安装左、右稳定杆隔振垫固定座螺栓，并按规定转矩拧紧。

5）安装左、右稳定杆连杆与稳定杆固定螺母，并按规定转矩拧紧。

4. 更换前控制臂

1）牢靠地举升车辆到中间位置。

2）用风炮拆卸前轮（需更换控制臂的一侧）。

3）拆下控制臂与前车桥的 2 个连接螺栓（箭头所示）。

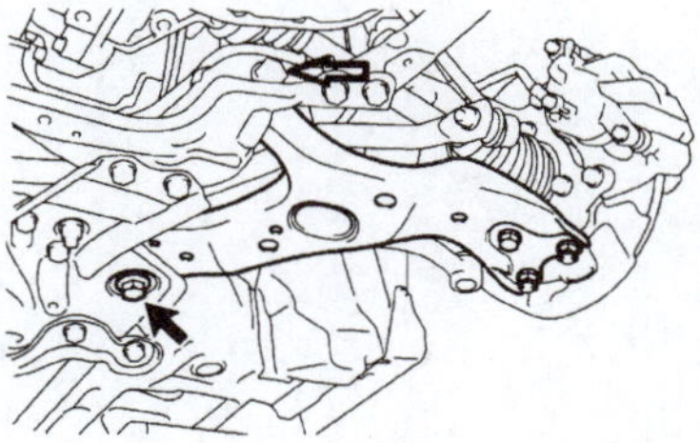

4）拆下控制臂与球节连接的 3 个螺栓，分离控制臂与球节（箭头所示）。

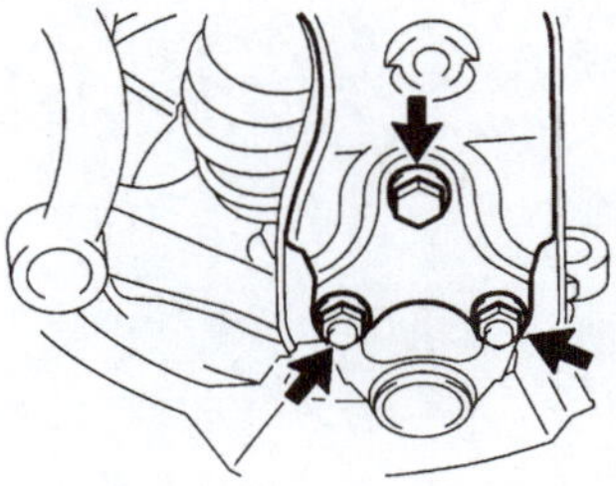

5）从车桥上取下控制臂。

6）对比新的控制臂规格是否正确。

7）将控制臂安放到前车桥上并对正螺栓孔。

8）安装控制臂与前车桥连接的 2 个固定螺栓，并按规定转矩拧紧。

9）安装控制臂与球节连接的 3 个固定螺栓，并按规定转矩拧紧。

10）安装前车轮，并按规定转矩拧紧轮胎螺栓。

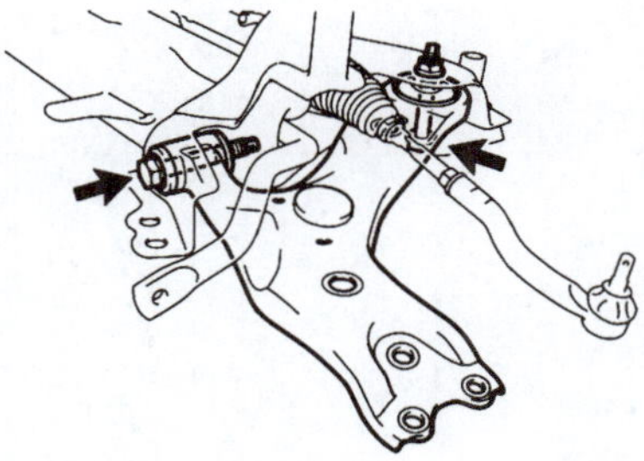

实训任务总结：

随堂笔记

悬架系统的检查与保养	工作任务单	班级：
		姓名：

1. 记录车辆信息

品牌		整车型号		生产年月	
发动机型号		发动机排量		行驶里程	
车辆识别代码					

2. 检查车身高度

检查项目		检查情况	判定
车身高度	前车身	□倾斜 □未倾斜	□异常 □正常
	后车身	□倾斜 □未倾斜	□异常 □正常

3. 基本检查

检查项目		左前车轮	左后车轮	右前车轮	右后车轮
胎压值	调整前				
	调整后				
减振器阻尼	判定	□过硬 □过软 □正常	□过硬 □过软 □正常	□过硬 □过软 □正常	□过硬 □过软 □正常
	维修	□更换 □调整	□更换 □调整	□更换 □调整	□更换 □调整
车轮轴承	判定	□异响 □松动 □正常	□异响 □松动 □正常	□异响 □松动 □正常	□异响 □松动 □正常
	维修	□维修 □调整 □更换	□维修 □调整 □更换	□维修 □调整 □更换	□维修 □调整 □更换

4. 检查悬架部件

序号	部件名称	检查情况	维修措施
1		破损□ 变形□ 老化□ 松动□ 泄漏□ 正常□	调整□ 维修□ 更换□
2		破损□ 变形□ 老化□ 松动□ 泄漏□ 正常□	调整□ 维修□ 更换□
3		破损□ 变形□ 老化□ 松动□ 泄漏□ 正常□	调整□ 维修□ 更换□
4		破损□ 变形□ 老化□ 松动□ 泄漏□ 正常□	调整□ 维修□ 更换□
5		破损□ 变形□ 老化□ 松动□ 泄漏□ 正常□	调整□ 维修□ 更换□

5. 更换横向稳定杆隔振垫及前控制臂

序号	部件名称	执行情况	判定
1	更换横向稳定杆隔振垫	已执行□ 否□	正常□ 异常□
2	更换前控制臂	已执行□ 否□	正常□ 异常□

6. 查询维修手册

序号	部件名称	章节及页码	规格（米制）
1		第 章 页	
2		第 章 页	
3		第 章 页	
4		第 章 页	
5		第 章 页	

随堂笔记

汽车悬架系统部件的检查与保养		实习日期：	
姓名：	班级：	学号：	导师签名：
自评：□熟练 □不熟练	互评：□熟练 □不熟练	师评：□合格 □不合格	
日期：	日期：	日期：	

悬架系统的检查与保养【评分细则】

序号	评分项	得分条件	分值	评分要求	自评	互评	师评
1	安全/7S/态度	□1. 能进行工位7S操作 □2. 能进行设备和工具安全检查 □3. 能进行车辆安全防护操作 □4. 能进行工具清洁、校准、存放操作 □5. 能进行三不落地操作	15	未完成1项扣5分，扣分不得超过15分	□熟练 □不熟练	□熟练 □不熟练	□合格 □不合格
2	专业技能能力	作业1 □1. 能正确地检查车身高度情况 □2. 能正确地检查轮胎气压 □3. 能正确地调整轮胎气压 □4. 能正确地检查减振器阻尼 □5. 能正确地检查车轮轴承 作业2 □1. 能正确地检查底盘悬架部件 □2. 能正确地检查完所有悬架部件 □3. 能正确地判断零件使用情况 □4. 能正确地使用维修工具检查 作业3 □1. 能正确地拆装车轮 □2. 能正确地更换稳定杆隔振垫 □3. 能正确地对比隔振垫型号 □4. 能正确地拆卸、更换前控制臂 □5. 能正确地对比控制臂零件号	50	未完成1项扣5分，扣分不得超过50分	□熟练 □不熟练	□熟练 □不熟练	□合格 □不合格
3	工具及设备的使用能力	□1. 能正确地使用举升机 □2. 能正确地使用气枪及气管 □3. 能正确地使用维修工具	10	未完成1项扣5分，扣分不得超过10分	□熟练 □不熟练	□熟练 □不熟练	□合格 □不合格
4	资料、信息查询能力	□1. 能正确地查询螺栓转矩规格 □2. 能正确地查询悬架部件检查方法 □3. 能正确地查询悬架部件拆卸步骤 □4. 能正确地识读维修手册查询资料 □5. 能正确地记录查询资料章节和页码	10	未完成1项扣2分	□熟练 □不熟练	□熟练 □不熟练	□合格 □不合格
5	数据判断和分析能力	□1. 能判断各悬架部件衬套是否正常 □2. 能判断各悬架部件球头是否正常 □3. 能判断各悬架部件间隙是否正常	10	未完成1项扣3分	□熟练 □不熟练	□熟练 □不熟练	□合格 □不合格
6	表单填写与报告的撰写能力	□1. 字迹清晰 □2. 语句通顺 □3. 无错别字 □4. 无涂改 □5. 无抄袭	5	未完成1项扣1分	□熟练 □不熟练	□熟练 □不熟练	□合格 □不合格
总分：							

随堂笔记

实训任务 2 前后减振器的拆装

实训器材

丰田卡罗拉轿车或悬架实训台架、预置式扭力扳手（20～100N·m、60～340N·m）、螺旋弹簧压缩器、常用工具。

作业准备

检查举升机，车辆在工位停放周正，铺好车内和车外护套，预先拆下车辆的刮水器臂和风窗玻璃下挡风罩。

操作步骤

1. 拆卸前减振器

1）牢靠地举升车辆，使轮胎离开地面。

2）用风炮拆卸前轮（需拆卸减振器的一侧）。

3）拆下稳定杆连杆与减振器连杆固定螺母，并分离稳定杆连杆。

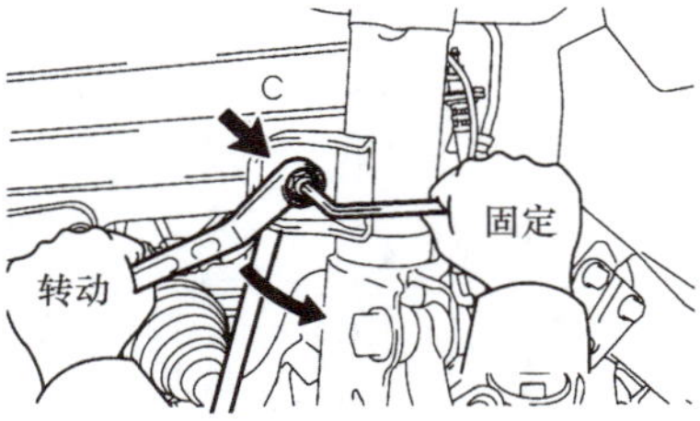

> **小提示**
>
> 如果球节随固定螺母一起转动，则使用六角扳手（6mm）固定双头螺栓。

4）拆下前轮转速传感器固定螺栓和卡夹，拆下前制动软管固定螺栓。

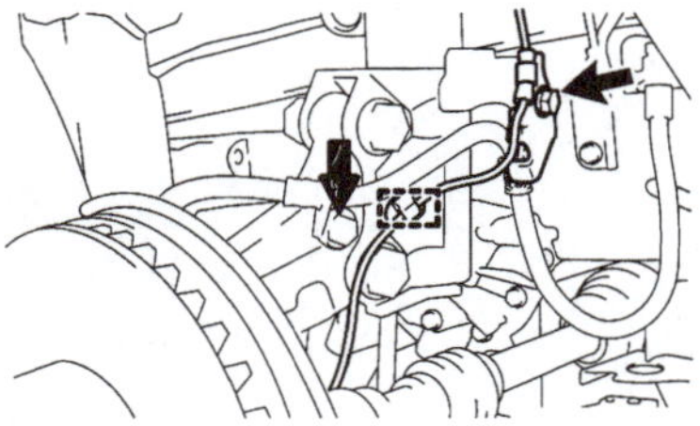

5）拆下前减振器与转向节连接的 2 个螺栓和螺母，并分离转向节与减振器。

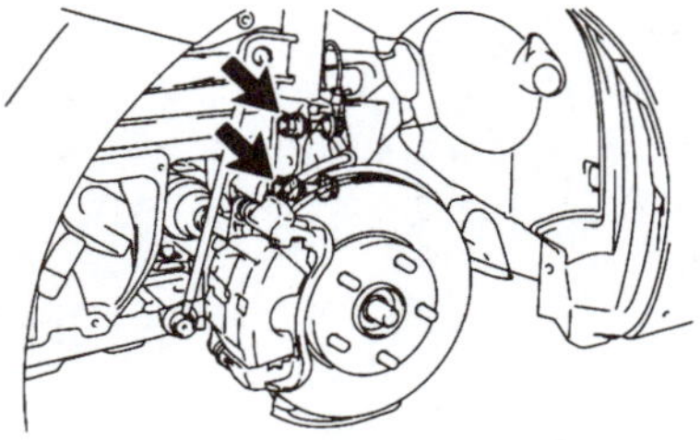

6）拆下减振器座的 3 个固定螺母。当拆下最后 1 个螺母时要防止减振器突然掉下。

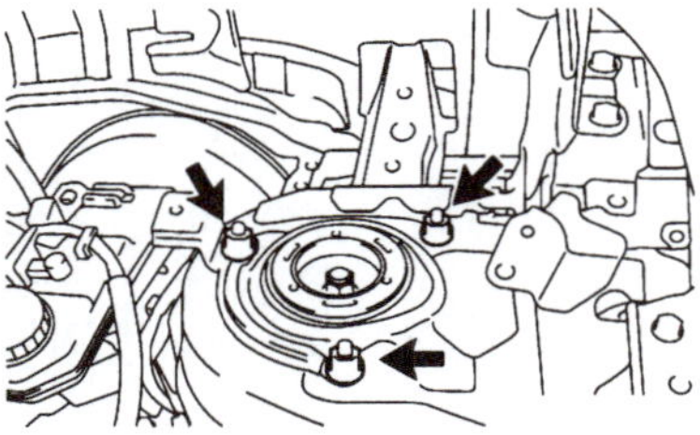

7）从车上取下带螺旋弹簧总成的减振器。

8）将螺旋弹簧压缩专用工具安装到螺旋弹簧上，并压缩螺旋弹簧。

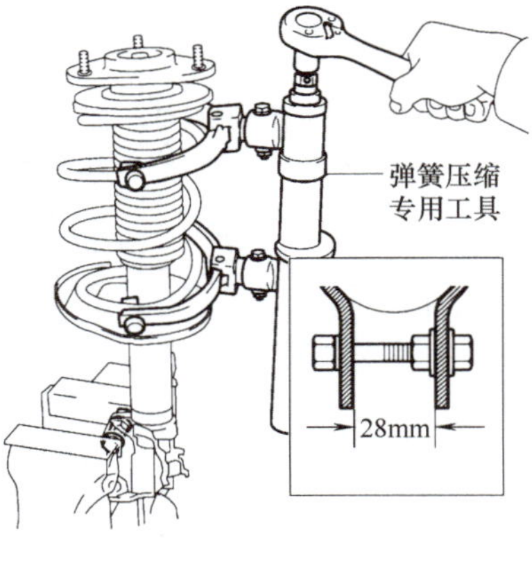

随堂笔记

9）拆下前减振器中心固定螺母。

10）顺序取下弹簧支承座、上隔振垫、螺旋弹簧与压缩工具、防尘罩和下隔振垫等。

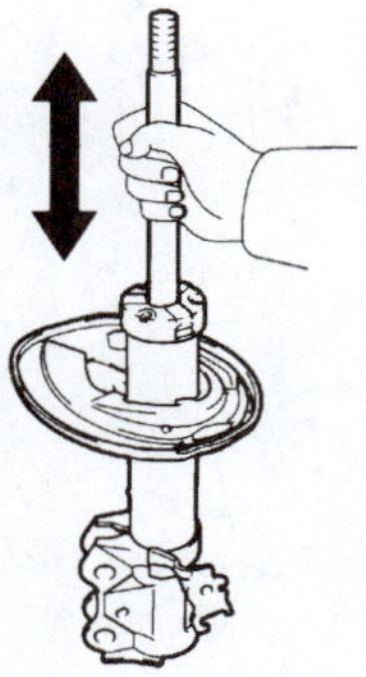

2. 检查前悬架部件

1）压缩并伸长减振器杆多次，应无异常阻力或声音且操作阻力正常，否则更换减振器。

2）检查弹簧支承座内的支承轴承，转动时应灵活，且无卡滞和异响。

3）检查弹簧上、下隔振垫应无破损。

3. 安装前减振器

1）安装下隔振垫到弹簧座上。

2）安装压缩后的螺旋弹簧到减振器座上，要求油漆标记朝下。

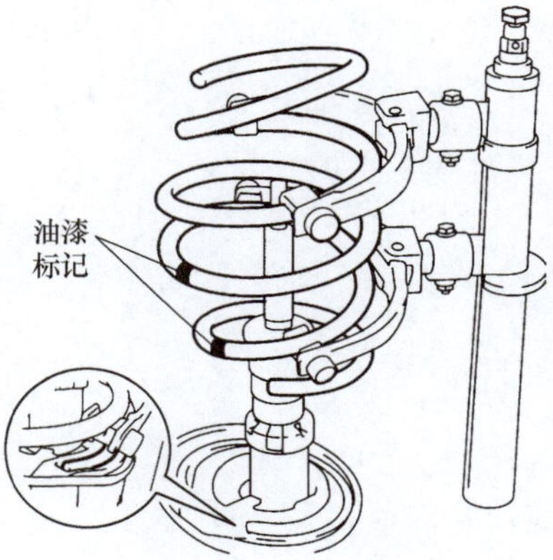

扫一扫

减振器的安装

3）再依次安装防尘罩、上隔振垫、弹簧上支承座。

4）暂时安装前减振器中心固定螺母。

5）松开螺旋弹簧压缩专用工具。

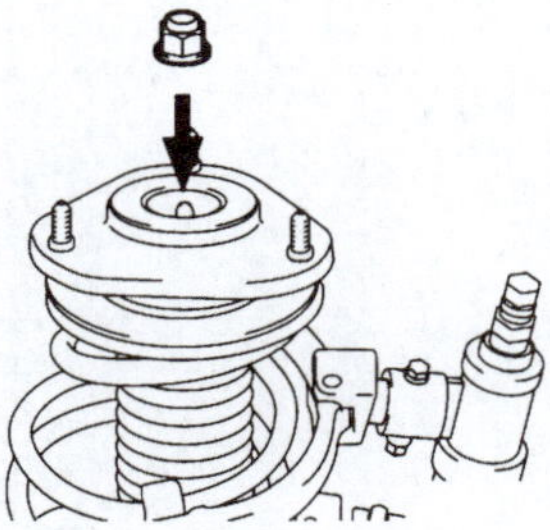

6）将减振器与螺旋弹簧总成安装到车身的减振器支座上，并按规定转矩拧紧 3 个固定螺母。

7）连接减振器与转向节，安装固定螺栓，并按规定转矩拧紧 2 个螺母。

8）再次完全紧固减振器中心固定螺母。

9）安装好前轮转速传感器固定螺栓和卡夹、前制动软管固定卡夹，并拧紧固定螺栓。

10）安装稳定杆连杆到减振器，并按规定转矩拧紧固定螺母。

11）安装前车轮，并按规定转矩拧紧轮胎螺栓。

随堂笔记

4. 拆卸后减振器

1）用举升机将车辆举升到轮胎离开地面。

2）拆下后车轮（左或右）。

3）用千斤顶和木块支撑后桥横梁总成的弹簧座，或者用较厚的木块垫到弹簧座的下端，操纵举升机稍许下降即可。

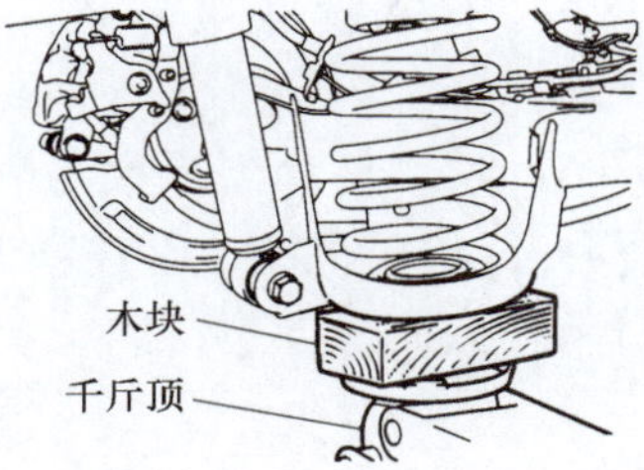

4）用六角套筒扳手（6mm）固定后减振器杆，再用梅花扳手拆下锁紧螺母。

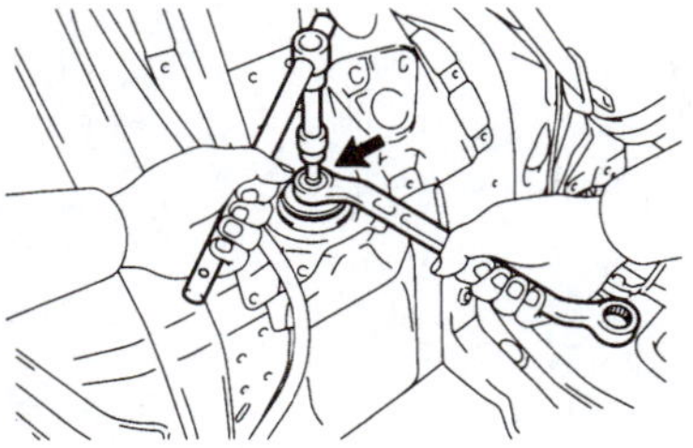

5）拆下后减振器缓冲垫挡片，并取下缓冲垫。

6）拆下后减振器下固定螺栓，取下减振器和减振器缓冲块。

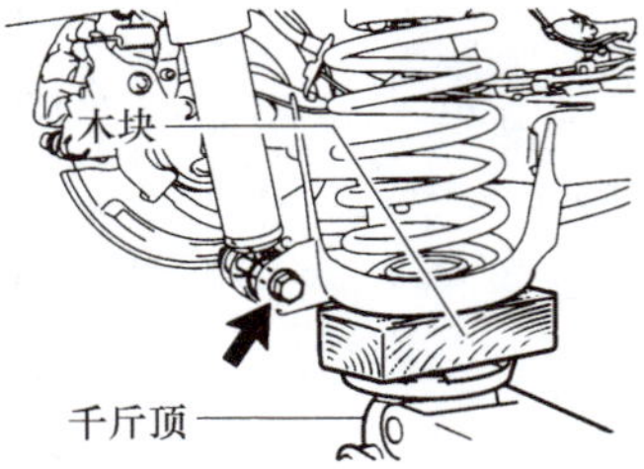

5. 检查后减振器

压缩和伸长减振器杆，检查并确认没有异常阻力或异常声音。否则，更换新的减振器。

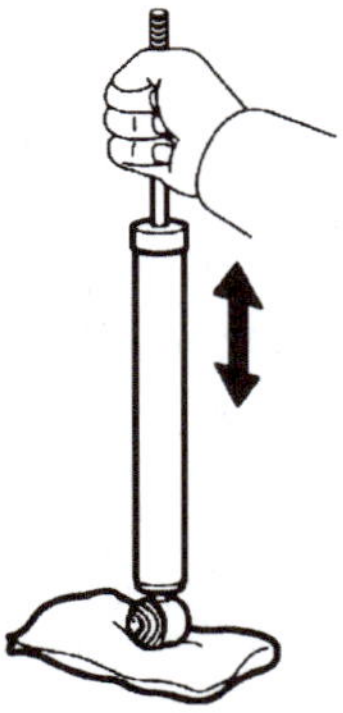

6. 安装后减振器

1）安装减振器缓冲块到减振器上。

2）用千斤顶和木块支撑后桥横梁总成的弹簧座，或者用较厚的木块垫到弹簧座的下端，操纵举升机稍许下降即可。

随堂笔记

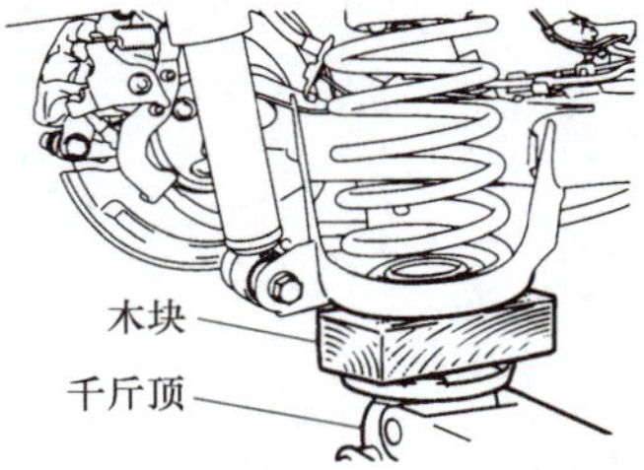

3）安装减振器到减振器下座上，并暂时安装固定螺栓。

4）拉伸减振器杆，并对正上安装孔。

5）安装缓冲块和垫片，并安装锁紧螺母。

6）用六角套筒扳手（6mm）固定后减振器杆，再用梅花扳手拧紧锁紧螺母。

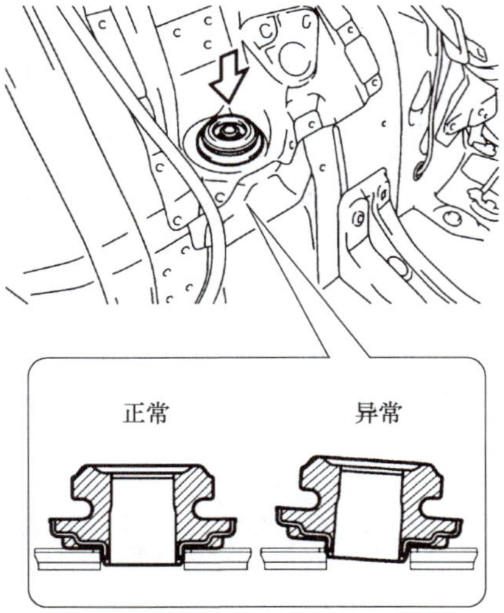

7）再按规定转矩拧紧减振器下座固定螺栓。

8）安装后车轮，并按规定转矩拧紧轮胎螺栓。

实训任务总结：

前后减振器的拆装	工作任务单	班级： 姓名：

1. 记录车辆信息

品牌		整车型号		生产年月	
发动机型号		发动机排量		行驶里程	
车辆识别代码					

2. 检查并拆装左前减振器

序号	部件名称	检查情况	判　定	维修措施
1	减振器	变形□　异响□　泄漏□　无□	正常□　异常□	更换□　无□
2	减振器座	破损□　硬化□　脱落□　无□	正常□　异常□	更换□　无□
3	支撑轴承	破损□　松动□　异响□　无□	正常□　异常□	更换□　无□
4	减振器防尘套	破损□　硬化□　脱落□　无□	正常□　异常□	更换□　无□
5	螺旋弹簧外观	变形□　腐蚀□　无弹性□　无□	正常□　异常□	更换□　无□
6	螺旋弹簧垫	破损□　硬化□　脱落□　无□	正常□　异常□	更换□　无□

3. 检查并拆装左后减振器

序号	部件名称	检查情况	判　定	维修措施
1	减振器	变形□　异响□　泄漏□　无□	正常□　异常□	更换□　无□
2	减振器缓冲块	破损□　硬化□　脱落□　无□	正常□　异常□	更换□　无□
3	螺旋弹簧外观	变形□　腐蚀□　无弹性□　无□	正常□　异常□	更换□　无□

4. 查阅维修手册

序号	部件名称	章节及页码	规格（米制）
1		第　章　页	
2		第　章　页	
3		第　章　页	
4		第　章　页	
5		第　章　页	
6		第　章　页	

随堂笔记

汽车悬架系统部件的检查与保养		实习日期：	
姓名：	班级：	学号：	导师签名：
自评：□熟练 □不熟练	互评：□熟练 □不熟练	师评：□合格 □不合格	
日期：	日期：	日期：	

前后减振器的拆装【评分细则】

序号	评分项	得分条件	分值	评分要求	自评	互评	师评
1	安全/7S/态度	□1. 能进行工位7S操作 □2. 能进行设备和工具安全检查 □3. 能进行车辆安全防护操作 □4. 能进行工具清洁、校准、存放操作 □5. 能进行三不落地操作	15	未完成1项扣3分	□熟练 □不熟练	□熟练 □不熟练	□合格 □不合格
2	专业技能能力	作业1 □1. 能正确地拆装左前车轮 □2. 能正确地拆装稳定杆连杆 □3. 能正确地拆装转向节与减振器螺栓 □4. 能正确地拆装减振器顶部螺栓 □5. 能正确地拆装减振器总成 □6. 能正确地检查减振器工作情况 □7. 能正确地检查防尘套老化情况 □8. 能正确地检查轴承磨损情况 □9. 能正确地检查减振垫 作业2 □1. 能正确地拆装后车轮 □2. 能正确地拆装减振器 □3. 能正确地检查减振器工作情况 □4. 能正确地检查减振垫	50	未完成1项扣5分，扣分不得超过50分	□熟练 □不熟练	□熟练 □不熟练	□合格 □不合格
3	工具及设备的使用能力	□1. 能正确地使用维修工具 □2. 能正确地使用减振器弹簧拆装工具	10	未完成1项扣5分	□熟练 □不熟练	□熟练 □不熟练	□合格 □不合格
4	资料、信息查询能力	□1. 能正确地查询减振器螺栓紧固力矩 □2. 能正确地查询减振器的拆装步骤 □3. 能正确地识读维修手册并查询资料 □4. 能正确地记录查询资料章节和页码 □5. 能正确地记录所需维修信息	10	未完成1项扣2分	□熟练 □不熟练	□熟练 □不熟练	□合格 □不合格
5	数据判断和分析能力	□1. 能判断减振器是否漏油 □2. 能判断防尘套、轴承是否正常 □3. 能判断各胶垫是否正常	10	未完成1项扣3分	□熟练 □不熟练	□熟练 □不熟练	□合格 □不合格
6	表单填写与报告的撰写能力	□1. 字迹清晰 □2. 语句通顺 □3. 无错别字 □4. 无涂改 □5. 无抄袭	5	未完成1项扣1分	□熟练 □不熟练	□熟练 □不熟练	□合格 □不合格
总分：							

随堂笔记

任务三 电控悬架的检查设定

学习目标

知识目标

1）掌握电控悬架系统的作用与组成。

2）能认知电控悬架系统各部件。

3）掌握电控悬架系统的工作过程。

技能目标

1）会对电控悬架系统进行基本设定与调整。

2）会使用诊断仪读取电控悬架系统故障码与数据流。

3）会检查电控悬架系统的泄漏。

素养目标

1）能够在工作过程中与小组其他成员合作、交流，养成团队合作意识，锻炼沟通能力。

2）养成 7S 的工作习惯。

3）养成服从管理、规范作业的良好工作习惯。

任务描述

一辆丰田雷克萨斯汽车用户反映：电控悬架指示灯常亮，且车身高度不能手动调节，需要对电控悬架系统进行检查，确定故障部位并进行修理。

随堂笔记

相关知识

一、电控悬架系统的作用

传统的悬架系统一般具有固定的弹簧刚度和减振器阻尼，不能同时满足汽车行驶平顺性和操纵稳定性的要求。降低弹簧刚度，平顺性会更好，使乘坐舒适，但由于悬架偏软，会使操纵稳定性变差；而增加弹簧刚度会提高操纵稳定性，但较硬的弹簧又使车辆对路面的不平度很敏感，使平顺性降低。因此，理想的悬架系统应在不同的使用条件下具有不同的弹簧刚度和减振器阻尼力，它能在起步和加速时防后坐；能在正常行驶时乘坐更平顺；转弯时抗侧倾；高速行驶时提高稳定性；制动时防俯冲等，如图 1-38 所示。电控悬架系统就是这种理想的悬架系统，装配电控悬架的汽车如图 1-39 所示。

二、电控悬架系统的类型

电控悬架系统主要有半主动悬架和主动悬架两种。半主动悬架是指悬架元件中的弹簧刚度和减振器阻尼力之一可以根据需要进行调节。而主动悬架能根据需要自动调节弹簧刚度和减振器的阻尼力，从而能够同时满足汽车行驶平顺性和操纵稳定性等各方面的要求。主动悬

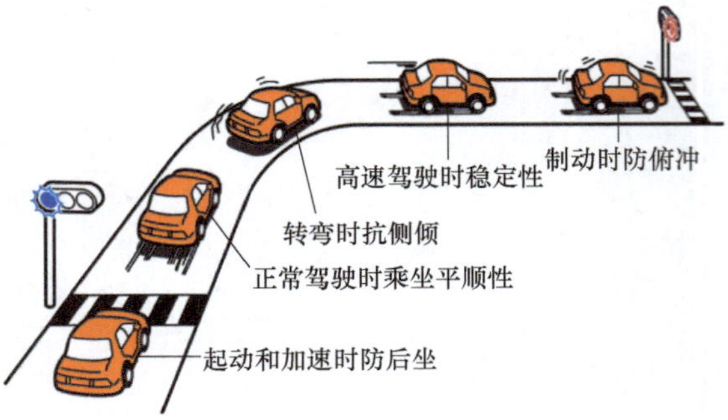

图 1-38　理想的汽车悬架系统

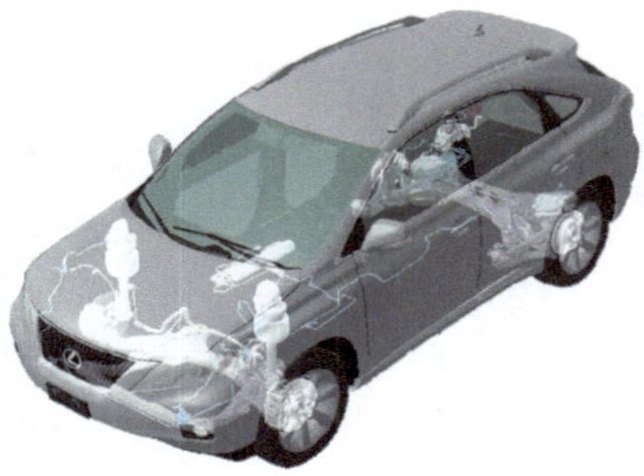

图 1-39　装配电控悬架的汽车

架按照弹簧的类型，又可以分为空气弹簧主动悬架和油气弹簧主动悬架。其中应用空气弹簧主动悬架的汽车较多。

三、电控悬架系统的组成

电控悬架系统主要由开关与指示灯、传感器、电子控制单元与执行机构等组成。图 1-40 为雷克萨斯汽车电控悬架系统的组成。

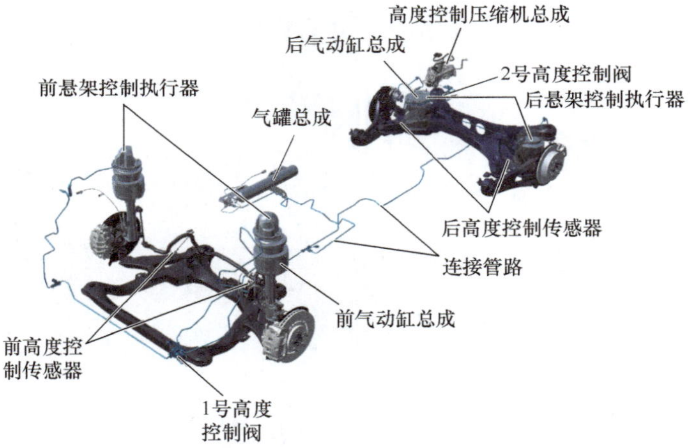

图 1-40　雷克萨斯汽车电控悬架系统的组成

1. 开关与指示灯

电控悬架系统开关主要有阻尼方式选择开关、高度控制开关、高度控制 OFF 开关、停车开关和车门开关等，如图 1-41 所示。

（1）阻尼方式选择开关　该开关可以改变减振器的阻尼力。开关上有 COMFORT（舒适）和 SPORT（运动）两个标识，从 COMFORT（舒适）转换到 SPORT（运动）可将阻尼力从软变成硬，如图 1-42 所示。

（2）高度控制开关　该开关可以改变车高设定值。从 NORM（正常）或 LOW（低位）转换到 HIGH（高位），就会将车高从低位变化到高位，如图 1-43 所示。

随堂笔记

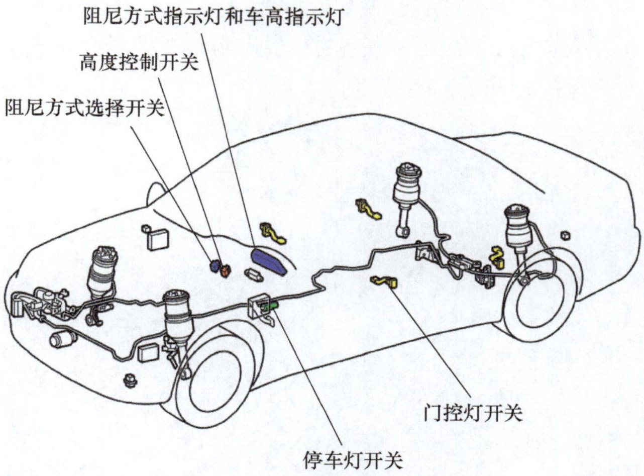

图 1-41　雷克萨斯汽车电控悬架系统开关与指示灯位置图

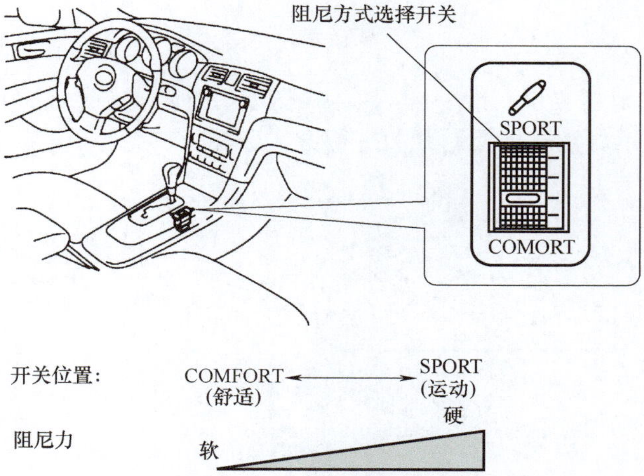

图 1-42　阻尼方式选择开关

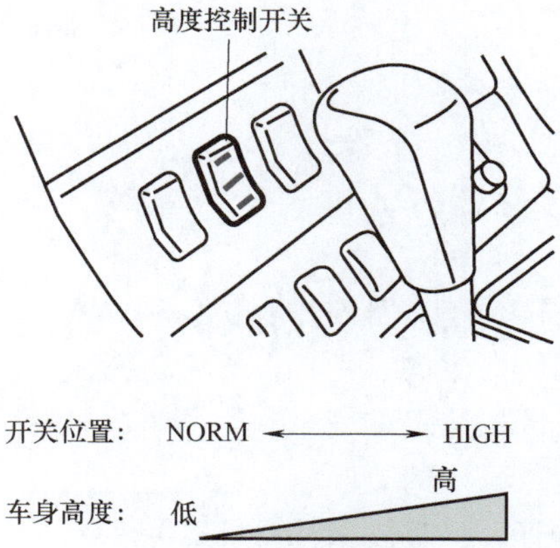

图 1-43　高度控制开关

随堂笔记

(3) 高度控制 OFF 开关　高度控制 OFF 开关位于仪表板的左下位置，如图 1-44 所示。当把此开关打到“ON”位置时，系统可按选择方式自动控制车身高度；当把此开关置于“OFF”位置时，系统不能执行车身高度控制。

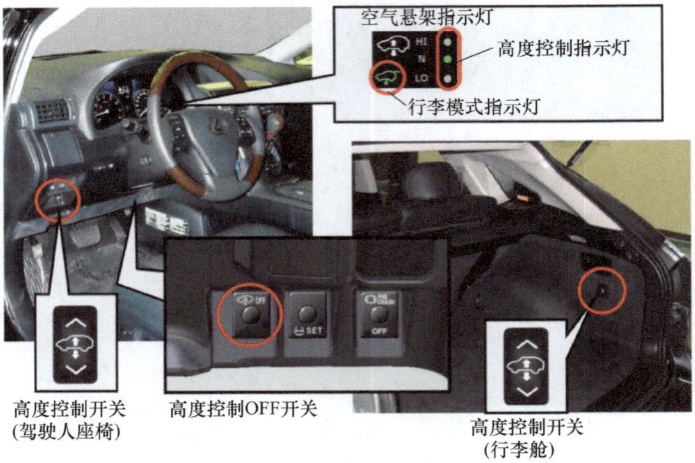

图 1-44　高度控制 OFF 开关

(4) 阻尼方式指示灯和车高指示灯　该阻尼方式指示灯用阻尼方式选择开关进行方式选择时点亮。车高指示灯用高度控制开关进行方式选择时点亮，同时，这些指示灯在系统故障过程中会闪烁，如图 1-45 所示。

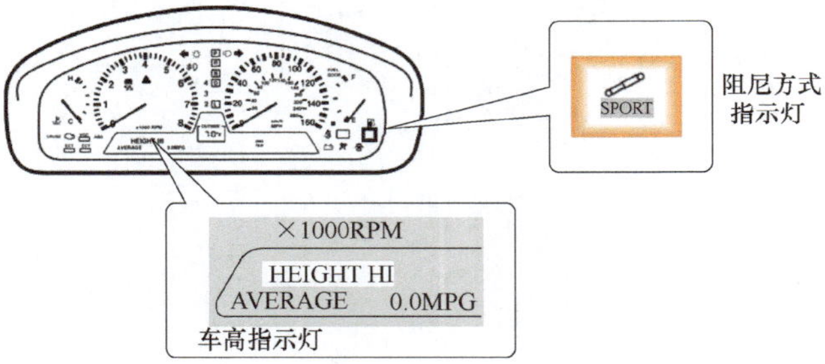

图 1-45　阻尼方式指示灯和车高指示灯

2. 传感器

电控悬架系统的传感器一般有转向角传感器、高度控制传感器、车速传感器、减速传感器、节气门位置传感器等，如图 1-46 所示。

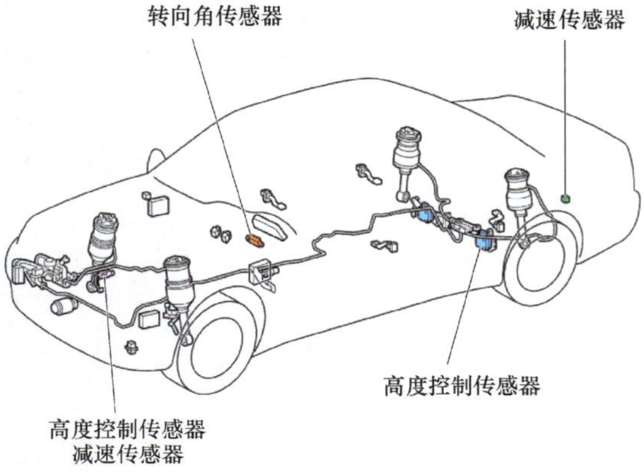

图 1-46　传感器位置

(1) 转向角传感器　转向角传感器安装在转向灯开关组件上并检测转向方向、角度和速度。该传感器装备 3 只带相位差的光电断续器，通过一个开槽圆盘对光线的遮断和通过来接通和断开光电晶体管，以实现对转向方向和角度的检测，如图 1-47 所示。

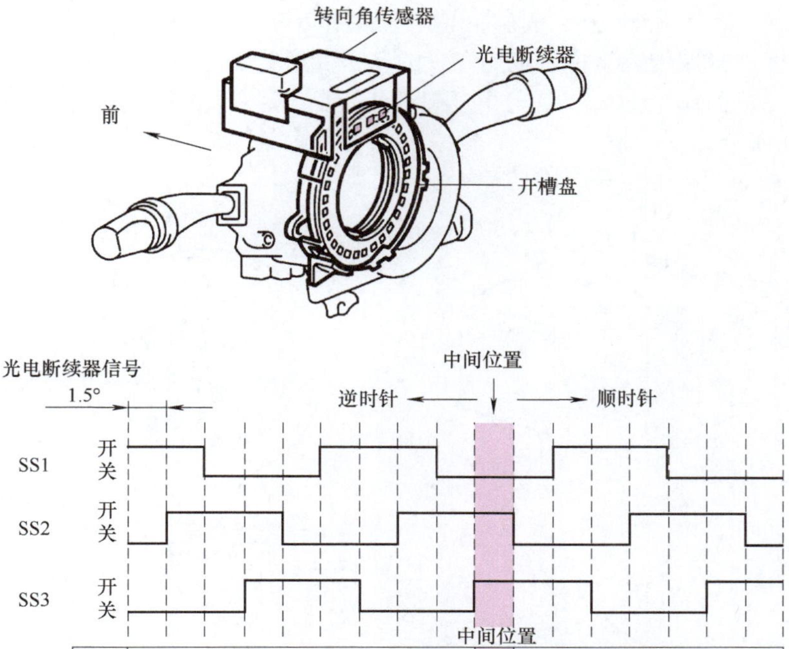

No.	逆时针	←			中间位置		→	顺时针	
SS1	ON	--------------	ON	OFF	OFF	OFF	ON	----------	OFF
SS2	OFF	--------------	ON	ON	ON	OFF	OFF	----------	OFF
SS3	OFF	--------------	OFF	OFF	ON	ON	ON	----------	ON

图 1-47　转向角传感器与输出信号

（2）高度控制传感器　每个车轮侧都安装一个高度控制传感器。该传感器把车辆高度的变化转变成操纵连杆旋转角度的变化。当车身较高时，信号电压随之变成较高；当车身较低时，其信号电压随之降下，如图 1-48 所示。

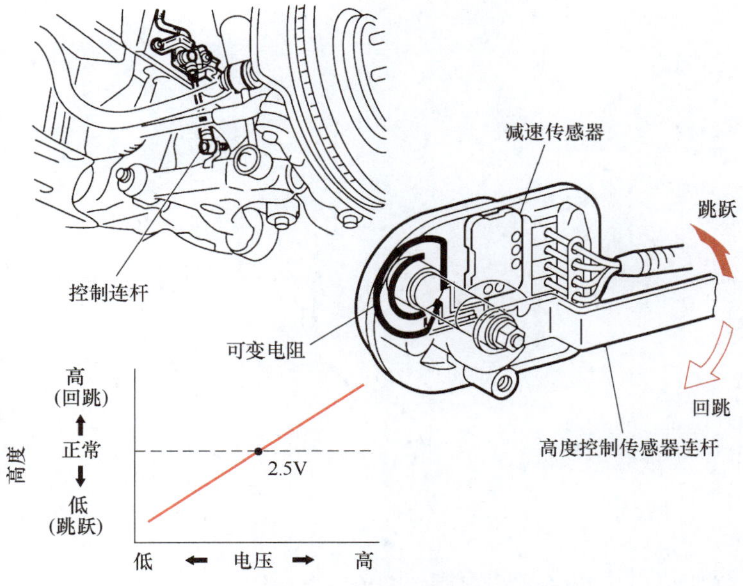

图 1-48　高度控制传感器与输出信号

（3）减速传感器　前减速度传感器和前高度控制传感器结合在一起，后减速度传感器安装在行李舱内。减速传感器把压电陶瓷盘的挤压变形转变成电信号并且检测车辆竖向减速度。当接收到车辆的向上力时，信号电压就上升，而当接收到向下力时，则信号电压就下降，如图 1-49 所示。

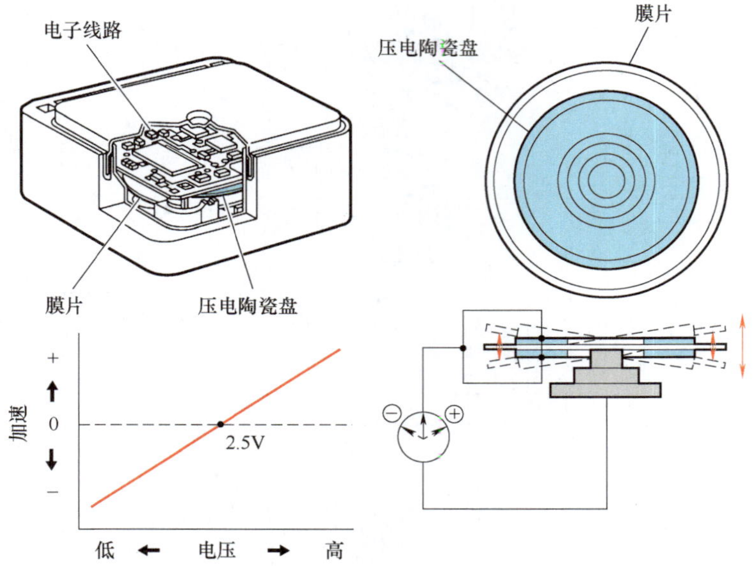

图 1-49　减速传感器与输出信号

3. 电子控制单元

电子控制单元（ECU）（图 1-50）接收传感器和选择开关的信号，通过分析计算，再驱动执行器和阀门工作，从而保持车辆的平顺性和操纵稳定性，如图 1-51 所示。

随堂笔记

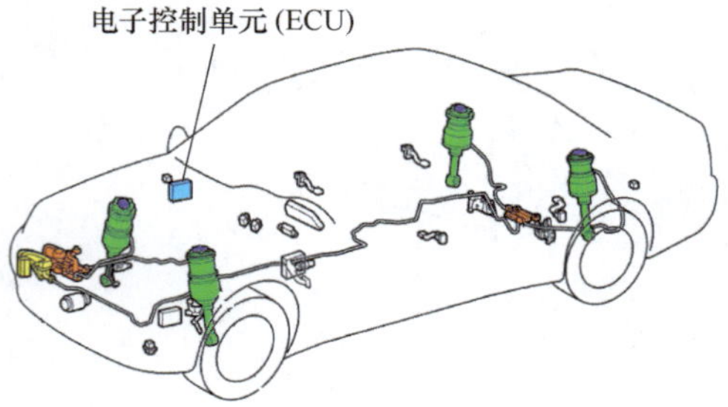

图 1-50　电子控制单元的安装位置

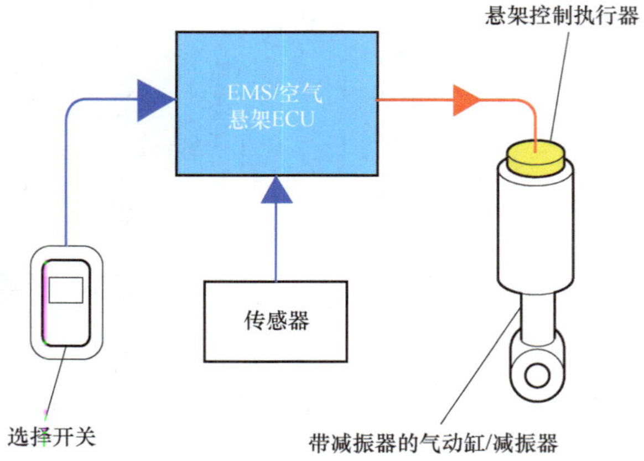

图 1-51　ECU 工作原理

4. 执行机构

电控悬架系统的执行机构有悬架控制执行器、气动缸与减振器总成、压缩机和干燥器组件、高度控制电磁阀等，如图 1-52 所示。

（1）悬架控制执行器　悬架控制执行器位于各减振器/气动缸的顶部。它通过输出轴转动减振器回转阀来改变减振器的阻尼力。回转阀（输出轴）旋转角度是由电子控制单元的信号控制的，如图 1-53 所示。

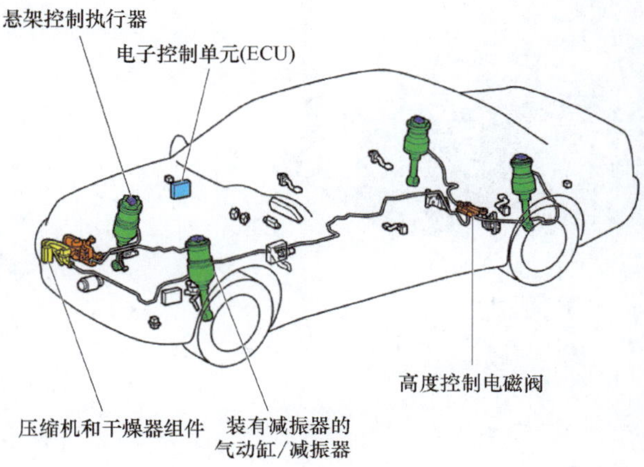

图 1-52　执行器元件位置

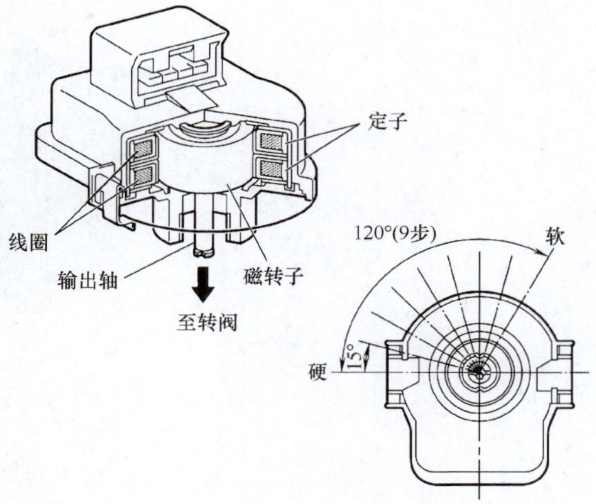

图 1-53　悬架控制执行器

（2）气动缸与减振器总成　气动缸由一只装有低压氮气的可变阻尼力减振器和一个带有大容量压缩空气的气室组成，以达到极佳乘坐舒适性，如图 1-54 所示。减振器配备一只硬阻尼阀和一只软阻尼阀，由 ECU 通过悬架控制执行器转换减振器的阻尼力；气动缸从外界充入压缩空气和放出压缩空气，从而可以调节悬架的高度；ECU 通过悬架控制执行器控制主气室与副气室通道小孔的大小，从而可以调节弹簧的刚度。

随堂笔记

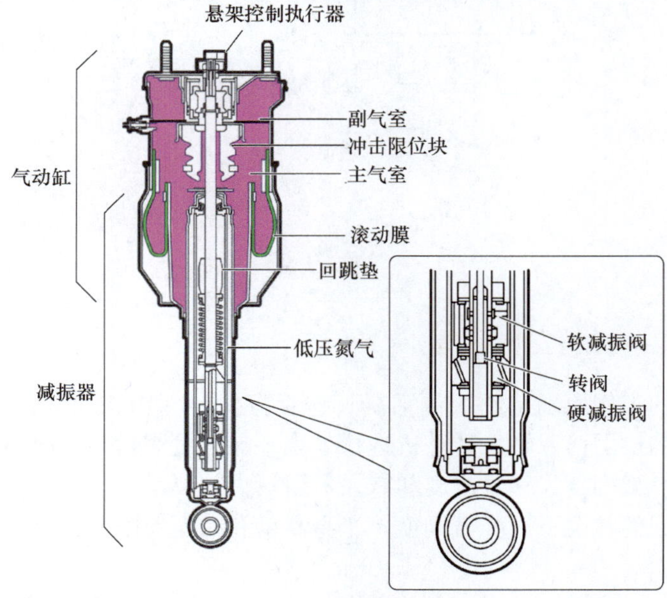

图 1-54　气动缸与减振器

（3）压缩机和干燥器组件　压缩机和干燥器组件为一体化结构，如图1-55所示，压缩机和电动机为提升车高而生产必要的压缩空气，干燥器消除由压缩机生产压缩空气中的水分，排气电磁阀把压缩空气从气动缸排放到大气中。

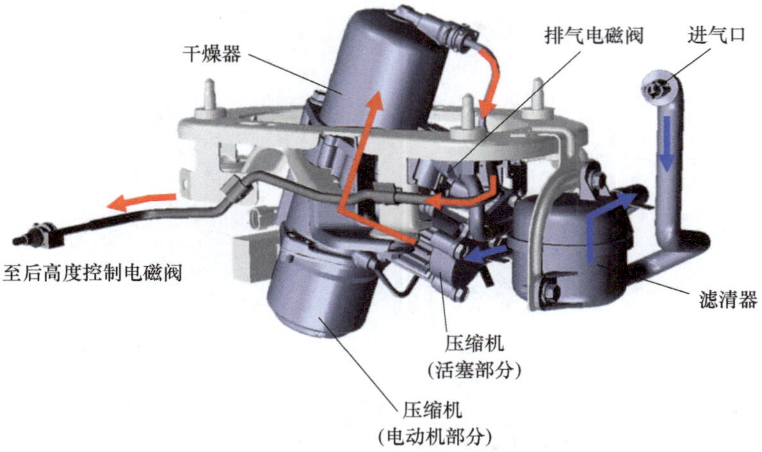

图1-55　压缩机和干燥器组件

（4）高度控制电磁阀　高度控制电磁阀由电子控制单元的信号来控制气动缸的压缩空气，如图1-56所示。有两只高度控制阀，一个用于前面左、右气动缸，另一个用于后面左、右气动缸。

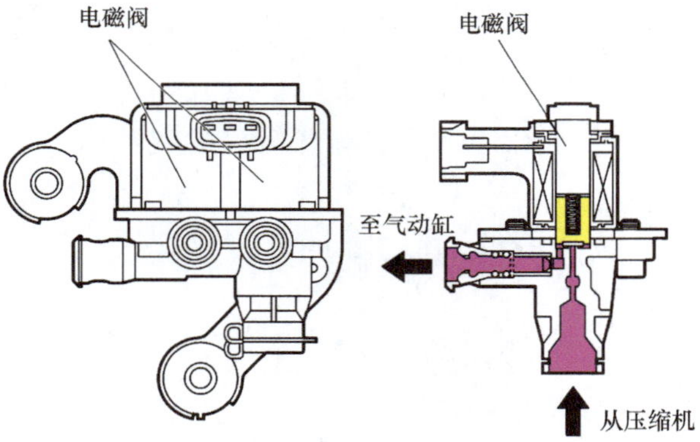

图1-56　高度控制电磁阀

四、电控悬架系统的工作原理

电控悬架系统的工作原理是利用传感器（包括开关）对汽车行驶时路面的状况和车身的状态进行检测，将检测信号输入计算机进行处理，计算机通过驱动电路控制悬架系统的执行机构动作，完成弹簧刚度、车身高度和减振器阻尼力的调整。

汽车行驶在不同的状况下对弹簧刚度、车身高度和减振器阻尼力有不同的要求。

1. 车速与路面感应控制

1）当车速高时，提高弹簧刚度和减振器阻尼力，以提高汽车高速行驶时的操纵稳

随堂笔记

定性。

2）当前轮遇到突起时，减小后轮悬架弹簧刚度和减振器阻尼力，以减小车身的振动和冲击。

3）当路面差时，提高弹簧刚度和减振器阻尼力，以抑制车身的振动。

2. 车身姿态控制

1）转向时侧倾控制。急转向时，提高弹簧刚度和减振器阻尼力，以抑制车身的侧倾。

2）制动时点头控制。紧急制动时，提高弹簧刚度和减振器阻尼力，以抑制车身的点头。

3）加速时后坐控制。急加速时，提高弹簧刚度和减振器阻尼力，以抑制车身的后坐。

3. 车身高度控制

（1）高速感应控制　车速超过 90km/h，降低车身高度，以减少空气阻力，提高汽车行驶的稳定性。

（2）连续差路面行驶控制　车速为 40～90km/h，提高车身高度，以提高汽车的通性；车速在 90km/h 以上，降低车身高度，以提高汽车行驶的稳定性。

（3）点火开关 OFF 控制　驻车时，当点火开关关闭后，降低车身高度，便于乘客的上、下车。

（4）自动高度控制　当乘客和载重量变化时，保持车身高度恒定。

五、故障诊断

1. 自诊断

如果电子控制单元检测到系统中有故障时，它就闪烁阻尼方式或车高指示灯，向驾驶人发出警告，同时电子控制单元还储存故障码。此时，可以通过故障诊断仪连接到故障诊断座上（DLC3）来读取故障码，如图 1-57 所示。

随堂笔记

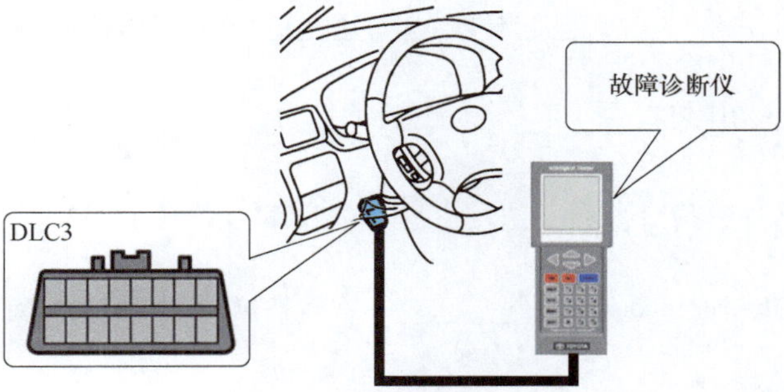

图 1-57　连接故障诊断仪

2. 失效保护

如果电子控制单元检测到传感器或执行机构有故障时，电子控制单元就禁止车高控制和阻尼力控制。

电控悬架的检查设定	学习任务单	班级：
		姓名：

1. 传统的悬架系统一般具有固定的弹簧刚度和减振器阻尼，而电控悬架系统能在不同的使用条件下具有不同的弹簧刚度和减振器阻尼力，它能在起步和加速时防__________；能在正常行驶时乘坐更__________；转弯时抗__________，高速行驶时提高__________；制动时防__________等。

2. 主动悬架按照弹簧的类型，又可以分为__________主动悬架和油气弹簧主动悬架。其中应用__________主动悬架的汽车较多。

3. 写出图中数字所指零件的名称：

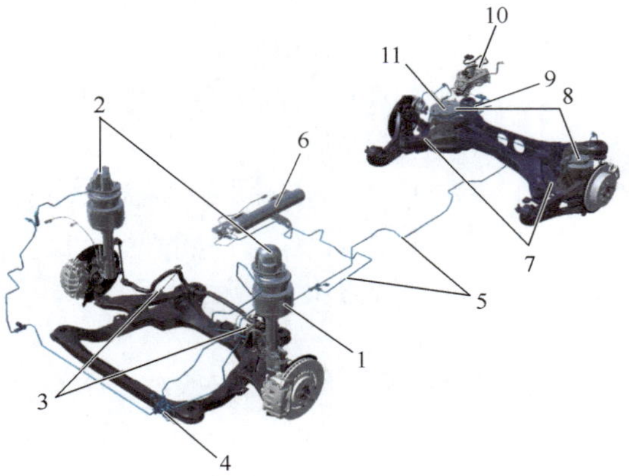

1. __________ 2. __________ 3. __________

4. __________ 5. __________ 6. __________

7. __________ 8. __________ 9. __________

10. __________ 11. __________

4. 电控悬架系统开关主要有__________开关、__________开关、高度控制 OFF 开关、停车开关和车门开关等。

5. 电控悬架系统传感器主要有__________传感器、__________传感器、车速传感器、减速传感器、节气门位置传感器等。

6. 电控悬架系统执行机构主要有__________、气动缸与减振器总成、压缩机和干燥器组件、__________等。

7. 电控悬架系统车速超过 90km/h，__________车身高度，以减少空气阻力，提高汽车行驶的稳定性。

随堂笔记

实训任务　电控悬架的检查设定

实训器材

雷克萨斯电控悬架系统实训台架或整车、故障诊断仪、常用工具。

作业准备

1）连接实训台架电源，检查实训台架完整性和安全性。

2）准备好检漏用的肥皂水。

操作步骤

1. 读取故障码与数据流

1）将点火开关置于 OFF 位，然后将故障诊断仪连接到故障诊断座。

2）将点火开关置于 ON（IG）位，并按下诊断仪电源键。

3）选择要检测的车型，进入电控悬架系统。

4）选择读取故障码，并记录故障码。

5）清除故障码，再重新读取故障码。

6）选择读取数据流，并记录重要的数据流参数，再查询维修手册与标准参数对比，检查数据流是否正常。

7）对照故障码与异常数据流的信息，按维修手册流程查找故障原因。

2. 检查车身高度

1）将车辆停于水平地面上，变速杆置于空档；松开驻车制动器。

2）前后推动汽车，确保车轮处于稳定状态，安装好车轮挡块，起动发动机。

3）将高度控制开关拨到 HIGH 位置，等车身升高后停留 60s，再拨至 NORM 位置，等车身下降后停留 50s，并重复上述操作 1～2 次。

4）测量从地面到下悬架臂安装螺栓中心之间的距离，依次测量四个车轮位置，并做好记录。

5）查询维修手册，找到车身高度的标准值，如果车身高度测量结果与标准值不符，应进行车身高度调整。

3. 调整车身高度

1）旋松需要调整车身高度侧的车身高度传感器调节杆的两只锁紧螺母。

2）转动车身高度传感器调节杆的螺栓以调节长度（车身高度传感器调节杆每转一圈，汽车高度改变大约为 4mm）。

3）调整后，检查车身高度传感器调节杆的尺寸是否小于极限值。前、后悬架的极限值均为 13mm。

4）预拧紧两只锁紧螺母，再检查一次车身高度。

5）若车身高度符合要求，则按规定力矩拧紧锁紧螺母。

4. 电控悬架举升前的设定

装配电控悬架的汽车在使用举升机举升车辆前，首先将高度控制 OFF 开关关闭，使电

随堂笔记

控悬架系统不能自动调整车身的高度，否则可能造成电控悬架部件损坏。

5. 检查漏气

电控悬架系统管路中一旦有漏气，将直接影响系统气压的建立和保持，影响悬架的正常调节功能，因此要经常检查系统的密封性。漏气一般发生在管路接头处，检查的步骤如下：

1）起动发动机，将高度控制开关拨到 HIGH 位置，使车身升高。

2）车身升至最高位后，将发动机熄火。

3）用肥皂水涂在管路接头处及怀疑漏气处，观察是否有气泡产生。若有气泡，证明此处漏气，应及时修复或更换。

实训任务总结：

随堂笔记

电控悬架的检查设定	工作任务单	班级：
		姓名：

1. 记录车辆或台架信息

品牌		整车型号		生产年月	
发动机型号		发动机排量		行驶里程	
车辆识别代码					

2. 读取故障码与数据流

读取的故障码为：

数据流：

3. 基本检查

作业项目	功能	指示灯情况	功能变化情况	维修措施
阻尼方式选择开关	COMFORT（舒适）	正常☐ 异常☐	正常☐ 异常☐	维修☐ 调整☐ 更换☐
	SPORT（运动）	正常☐ 异常☐	正常☐ 异常☐	维修☐ 调整☐ 更换☐
高度控制开关	NORM（正常）	正常☐ 异常☐	正常☐ 异常☐	维修☐ 调整☐ 更换☐
	LOW（低位）	正常☐ 异常☐	正常☐ 异常☐	维修☐ 调整☐ 更换☐

4. 检测轮胎气压及电控悬架部件

作业项目		左前车轮	左后车轮	右前车轮	右后车轮
轮胎气压	检查情况				
测量车身高度	测量值				
	判定	正常☐ 异常☐	正常☐ 异常☐	正常☐ 异常☐	正常☐ 异常☐
	维修措施	维修☐ 调整☐ 更换☐	维修☐ 调整☐ 更换☐	维修☐ 调整☐ 更换☐	维修☐ 调整☐ 更换☐
检查漏气	检查情况				
	判定	正常☐ 异常☐	正常☐ 异常☐	正常☐ 异常☐	正常☐ 异常☐
	维修措施	维修☐ 调整☐ 更换☐	维修☐ 调整☐ 更换☐	维修☐ 调整☐ 更换☐	维修☐ 调整☐ 更换☐

5. 检查底盘部件

序号	部件名称及位置	检查情况	维修措施
1		破损☐ 变形☐ 老化☐ 松动☐ 泄漏☐ 正常☐	调整☐ 维修☐ 更换☐
2		破损☐ 变形☐ 老化☐ 松动☐ 泄漏☐ 正常☐	调整☐ 维修☐ 更换☐

6. 查阅维修手册

序号	部件名称	章节及页码	规格（米制）
1		第 章 页	
2		第 章 页	

随堂笔记

汽车悬架系统部件的检查与保养		实习日期：	
姓名：	班级：	学号：	导师签名：
自评：□熟练 □不熟练	互评：□熟练 □不熟练	师评：□合格 □不合格	
日期：	日期：	日期：	

电控悬架的检查设定【评分细则】

序号	评分项	得分条件	分值	评分要求	自评	互评	师评
1	安全/7S/态度	□1. 能进行工位7S操作 □2. 能进行设备和工具安全检查 □3. 能进行车辆安全防护操作 □4. 能进行工具清洁、校准、存放操作 □5. 能进行三不落地操作	15	未完成1项扣3分	□熟练 □不熟练	□熟练 □不熟练	□合格 □不合格
2	专业技能能力	作业1 □1. 能正确地读取电控悬架系统故障码 □2. 能正确地读取电控悬架系统数据流 作业2 □1. 能正确地检测轮胎气压 □2. 能正确地操作车身高度升降 □3. 能正确地测量车身高度 □4. 能正确地调整车身高度 作业3 □1. 能正确地锁定车身高度控制 □2. 能正确地检查悬架系统漏气	50	未完成1项扣5分	□熟练 □不熟练	□熟练 □不熟练	□合格 □不合格
3	工具及设备的使用能力	□1. 能正确地使用故障诊断仪 □2. 能正确地使用维修工具	10	未完成1项扣5分	□熟练 □不熟练	□熟练 □不熟练	□合格 □不合格
4	资料、信息查询能力	□1. 能正确地查询悬架举升前设定步骤 □2. 能正确地查询悬架各部件紧固力矩 □3. 能正确地识读维修手册 □4. 能正确地记录查询资料章节及页码 □5. 能正确地记录所需维修信息	10	未完成1项扣2分	□熟练 □不熟练	□熟练 □不熟练	□合格 □不合格
5	数据判断和分析能力	□1. 能判断悬架系统是否漏气 □2. 能判断车身高度是否正常	10	未完成1项扣5分	□熟练 □不熟练	□熟练 □不熟练	□合格 □不合格
6	表单填写与报告的撰写能力	□1. 字迹清晰 □2. 语句通顺 □3. 无错别字 □4. 无涂改 □5. 无抄袭	5	未完成1项扣1分	□熟练 □不熟练	□熟练 □不熟练	□合格 □不合格
总分：							

随堂笔记

模块二

汽车转向系统部件的检查与保养

任务一　转向系统的检查与保养

学习目标

知识目标

1）掌握转向系统的作用、类型与组成。

2）掌握机械式转向系统的工作过程。

3）掌握转向球节的拆卸和更换流程及安全措施。

技能目标

1）会检查与保养转向系统各部件。

2）会对转向系统各部件进行实车拆装。

3）会更换转向助力油。

素养目标

1）能够在工作过程中与小组其他成员合作、交流，养成团队合作意识，锻炼沟通能力。

2）养成 7S 的工作习惯。

3）养成服从管理、规范作业的良好工作习惯。

随堂笔记

任务描述

一辆丰田花冠轿车用户反映：感觉打方向时转向盘较以前变重，而且转向时有轻微的异响，需要你对转向系统进行检查，确定故障部位并进行修理，同时对转向系统进行保养。

相关知识

一、转向系统的作用

汽车转向系统的作用是保证汽车在行驶中能按驾驶人的操纵要求，适时地改变行驶方向，如图 2-1 所示。由于转向系统在汽车上起着非常重要的作用，因此，对转向系统有以下要求。

图 2-1　转向系统的作用

1. 极好的机动性

当车辆在一条狭窄、弯曲道路上拐弯时，转向系统必须能够敏捷地、容易地和平稳地转动前车轮。

2. 良好的转向用力

由于在停车或低速时转向力很大，而随着车速的提高，转向力减小。因此，为了得到较容易的转向和较好的路面感觉，转向机在低速时要轻，而在高速时要较重。

3. 平稳恢复

车辆在转向时，驾驶人必须牢牢地抓住转向盘。但是转向结束后，当驾驶人放松转动转向盘所用的力时，转向盘应该平稳地恢复原位，也就是说，车轮返回到正向前方的位置上。

4. 将来自路面的冲击减至最小

不允许由于路面不平造成的转向轮控制失灵及反冲现象的出现。

二、转向系统的类型

1. 按结构不同分类

汽车转向系统按结构不同可分为机械式转向系统和助力式转向系统，如图 2-2 所示，其中机械式转向系统由于转向时没有外界助力，完全靠驾驶人的手来施加转向力，因此转向较沉重。目前汽车上的转向系统基本上都采用助力式转向系统。

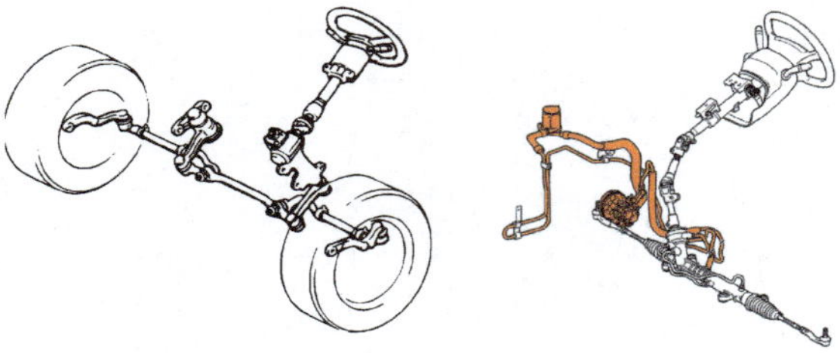

a) 机械式转向系统　　b) 助力式转向系统

图 2-2　转向系统按结构不同分类

随堂笔记

2. 按助力方式不同分类

助力式转向系统按助力时动力源不同可分为液压助力式转向系统和电动助力式转向系统两类，如图 2-3 所示。其中电动助力式转向系统在轿车上应用得越来越广泛。

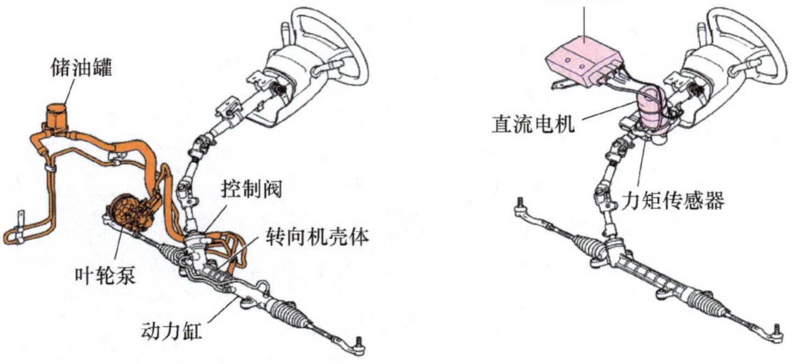

a) 液压助力式转向系统　　b) 电动助力式转向系统

图 2-3　转向系统按助力方式不同分类

三、转向系统的结构与工作原理

液压助力式转向系统是在机械式转向系统的基础上增加了一套液压助力装置，因此它的结构可以分成机械结构和液压系统结构两个部分。

1. 机械结构

转向系统机械结构主要由转向盘、转向管柱、转向机和转向传动机构等组成，如图 2-4 所示。其中转向传动机构是一种杆和臂的组合件，通过杆和臂把转向机的运动传送给左右前车轮。

（1）转向管柱　转向管柱连接转向盘和转向机，它的作用是将驾驶人操纵转向盘的力传递给转向机，从而使转向轮偏转。它的结构如图 2-5 所示，主要由转向主轴、转向柱管、万向节、中间轴、碰撞吸能机构（托架）、伸缩与倾斜调整机构和转向柱锁止机构等组成。

转向主轴安装在转向柱管内，它的顶端是锥形和锯齿形的，转向盘是用一只螺母装配到其上面；转向主轴的下端通过中间轴与万向节连接到转向机。

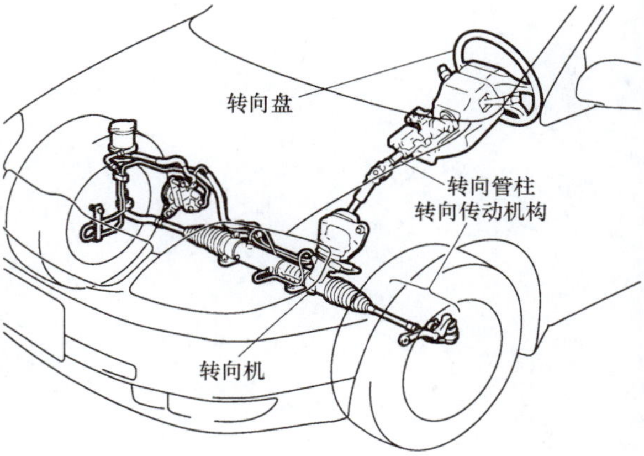

图 2-4　转向系统机械结构图

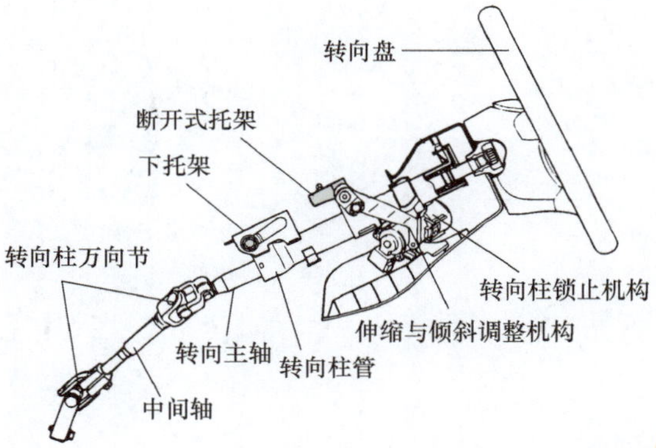

图 2-5　转向管柱结构图

随堂笔记

1）碰撞吸能机构。碰撞吸能机构由下托架、断开式托架、中间轴等组成。转向管柱通过下托架和断开式托架安装在仪表板支架上。

当车辆发生较严重的碰撞时，转向机壳体在一次碰撞（车辆碰撞）过程中移动，中间轴收缩，这样减少转向管柱和转向盘伸进客厢而挤压驾驶人。当二次撞击（驾驶人与转向盘相撞）时，断开式托架和下托架分离，使整个转向管柱向前移动，减少二次撞击对驾驶人的伤害，如图 2-6 所示。

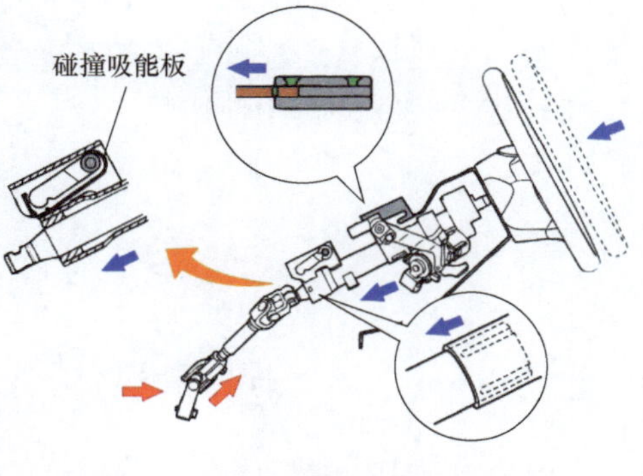

图 2-6　碰撞吸能机构的工作过程

小提示

因为转向管柱设计成吸收轴向冲击的结构，因此，在取下转向盘时，千万不能试图用锤敲打转向主轴，因为用劲过大可能会使碰撞吸能机构中的销断裂。

2）转向柱锁止机构　转向柱锁止机构是一种防盗功能装置，如图 2-7 所示。当拔出点火钥匙后，凸轮轴就会推动锁杆将转向主轴锁止，禁止转向盘转动；当驾驶人把点火钥匙插入钥匙筒并旋转到 ACC 位置时，就会将锁杆拉回，从而解锁转向主轴，转向盘可以转动。

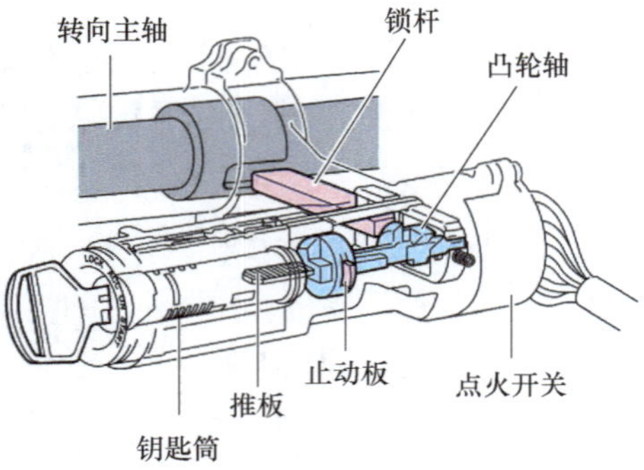

图 2-7　转向柱锁止机构结构图

3）伸缩与倾斜调整机构　为了满足不同体型驾驶人的需要，车辆的转向盘可以进行伸缩和倾斜调整，如图 2-8 所示。当感觉转向盘位置或距离不太适合自身时，通过释放锁止手柄，可进行伸缩和倾斜调整，待调整到合适位置后，将锁止手柄锁止即可。

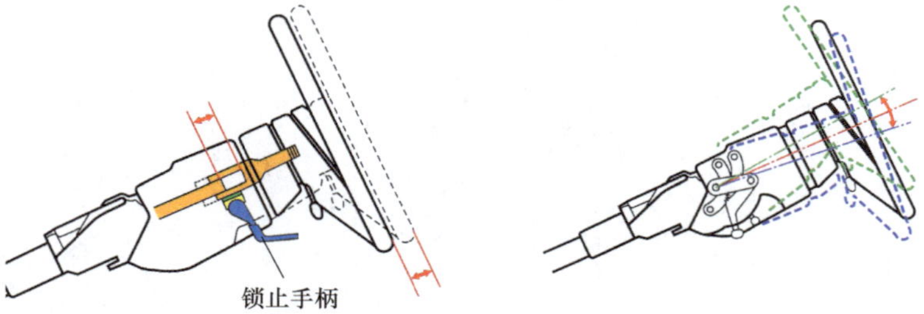

a) 伸缩调整　b) 倾斜调整

图 2-8　转向盘伸缩与倾斜调整

随堂笔记

（2）转向机

1）作用。转向机是转向系统中的减速增力传动装置，其作用是增大由转向盘传到转向节的力，并改变力的传递方向。

2）类型。转向机俗称“方向机”，它的种类较多，一般按转向机中传动副的结构形式分类，且目前应用较广泛的有齿轮齿条式、循环球式和蜗杆曲柄指销式等，如图 2-9 所示。其中齿轮齿条式在轿车中使用最广泛。

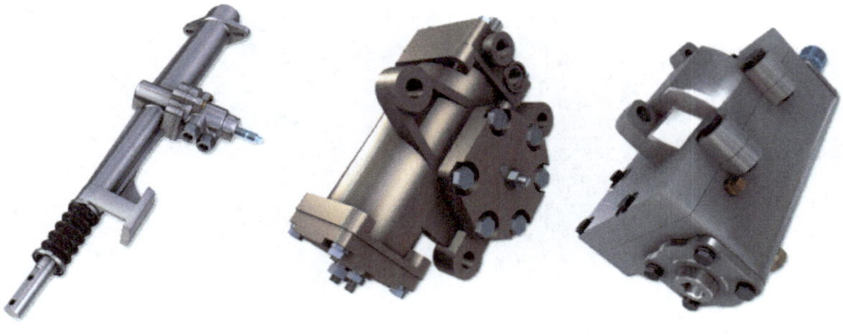

a) 齿轮齿条式　b) 循环球式　c) 蜗杆曲柄指销式

图 2-9　转向机的类型

3）齿轮齿条式转向机的结构与工作原理。齿轮齿条式转向机主要由主动斜齿轮、齿条、转向器壳体、压紧弹簧、锁止螺母、齿条调整螺母和防尘套等组成。如图 2-10 所示。

压紧弹簧通过齿条导向套将齿条压靠在主动斜齿轮上，保证无间隙啮合，压紧弹簧的预紧力可用齿条调整螺母进行调整。

齿轮齿条式转向机在驾驶人转动转向盘时，转向柱内的转向轴带动主动斜齿轮转动，与之啮合的转向齿条则沿轴向左右移动，从而使左右横拉杆带动转向节左、右转动，使左、右前轮偏转，实现汽车转向，如图 2-11 所示。

扫一扫

齿轮齿条传动的工作原理

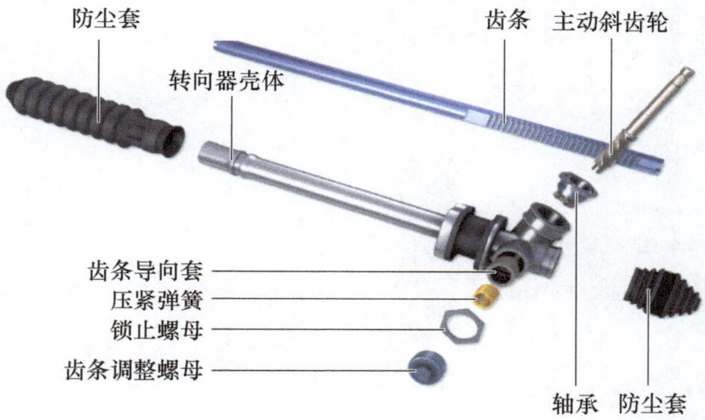

图 2-10　齿轮齿条式转向机的结构图

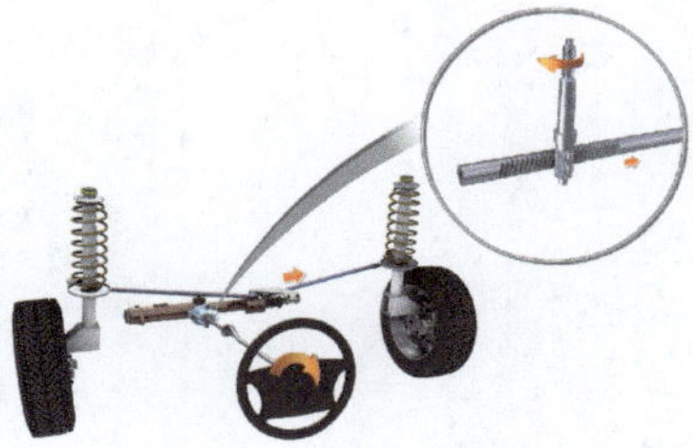

图 2-11　齿轮齿条式转向机的工作原理图

(3) 转向传动机构　转向传动机构的作用是将转向机输出的力传给左、右转向轮，使两侧转向轮偏转，以实现汽车转向。它主要由横拉杆和转向节等组成，它们之间采用球头连接，球头结构如图 2-12 所示。

随堂笔记

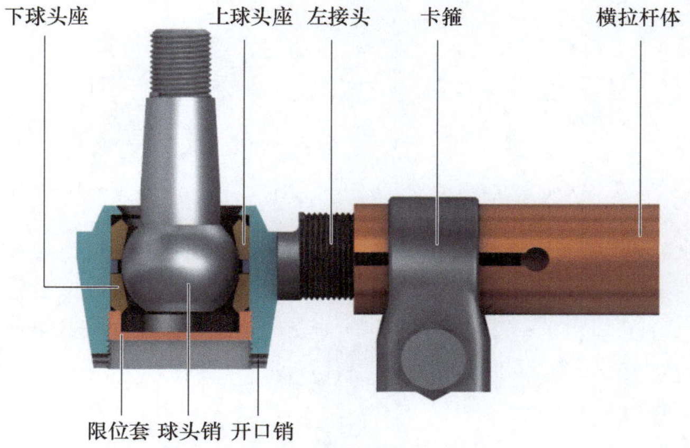

图 2-12　球头的结构

汽车在转向时，为了保证转向轮纯滚动，需要使内侧车轮偏转角度大于外侧车轮偏转角度，如图 2-13 所示。为了保证这种运动关系，将转向传动机构设计成梯形连接，如图 2-14 所示。

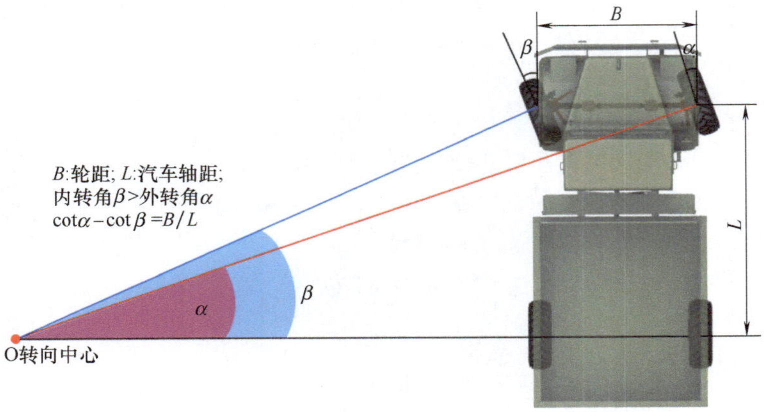

图 2-13　转向轮的偏转角度

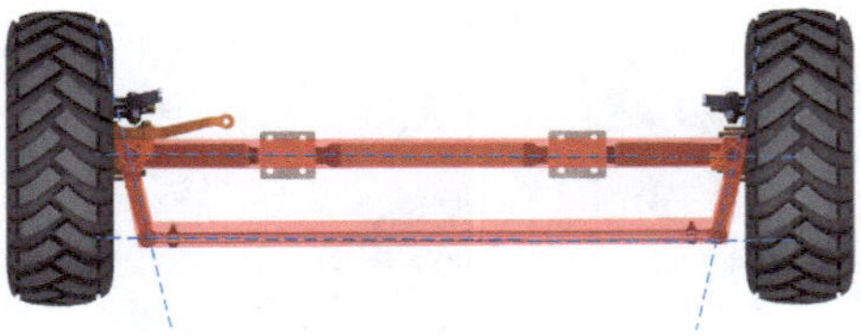

图 2-14　转向梯形

2. 液压系统结构

由于机械式转向系统完全依靠驾驶人的体力来使车轮偏转，转向较重，目前只在少部分微型车上采用，现代轿车都采用助力式转向系统，而且慢慢从液压助力式过渡到电动助力式。

随堂笔记

液压助力式转向系统结构如图 2-15 所示，它主要由储油罐、转向液压泵、转向控制阀、油缸和进、出油管等组成。

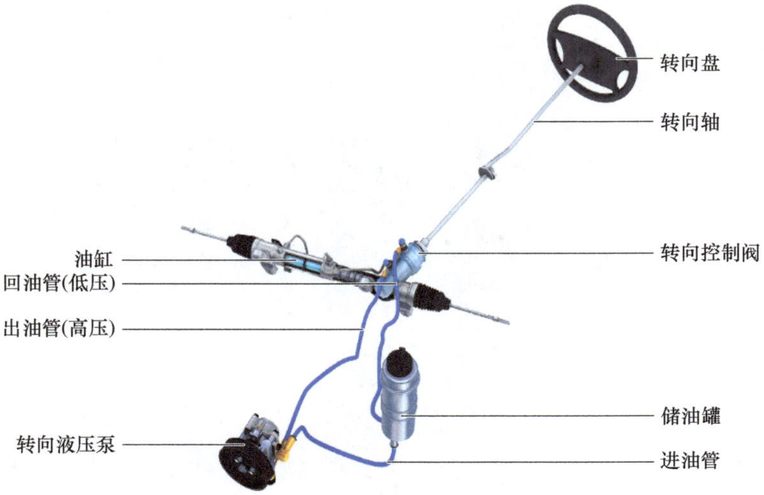

图 2-15　液压助力式转向系统的结构

(1) 储油罐　储油罐的作用是储存、滤清和冷却液压转向助力装置的工作油液，一般罐盖上有油标尺，便于检查油液的多少，如图2-16所示。

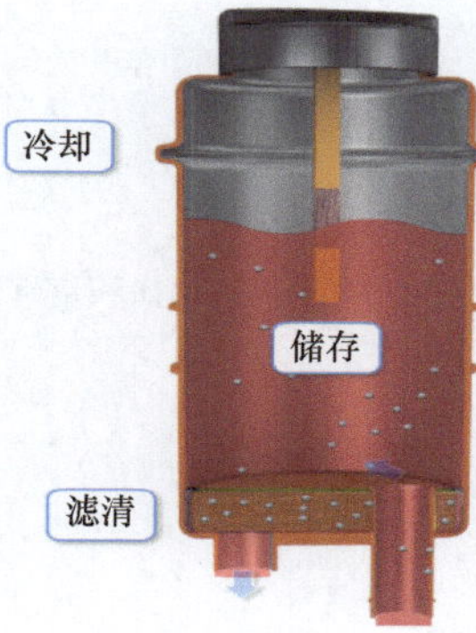

图2-16　储油罐

(2) 转向液压泵

1) 作用。转向液压泵是液压助力转向系统的动力源，其作用是将发动机输入的机械能转换为液压能输出，一般安装在发动机前部，由发动机曲轴通过传动带驱动，只要发动机运转，液压泵就使油液循环流动。

2) 类型。转向液压泵按结构不同，有叶片泵、齿轮泵和转子泵三种，如图2-17所示，其中以叶片泵应用较普遍。

3) 叶片泵的结构与工作原理。叶片泵主要由驱动轴驱动且四周开有小槽的转子、安装在转子槽上的叶片、定子、安全阀和壳体等组成，如图2-18所示。

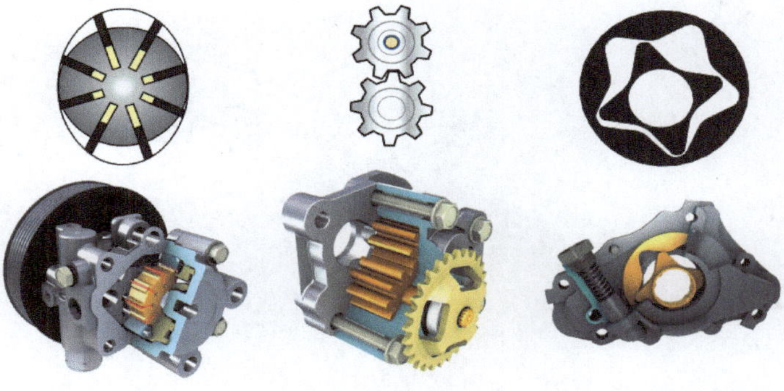

a) 叶片泵　　b) 齿轮泵　　c) 转子泵

图2-17　转向液压泵的类型

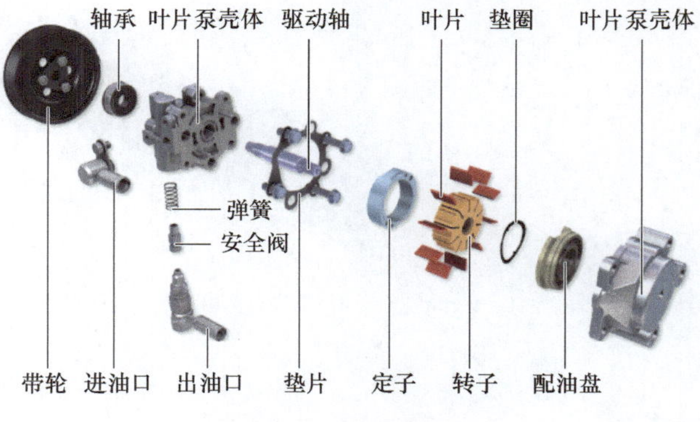

图2-18　叶片泵的结构

工作原理如图2-19所示，当转子由发动机通过传动带驱动旋转时，叶片在离心力及高压油的作用下紧贴在定子的内表面，其工作容积开始由小变大吸进低压油液；而后工作容积由大变小，压缩油液，输出高压油。转子每旋转一周，每个工作缸都各自吸、压油两次。当系统油压过高时，安全阀打开泄压。

随堂笔记

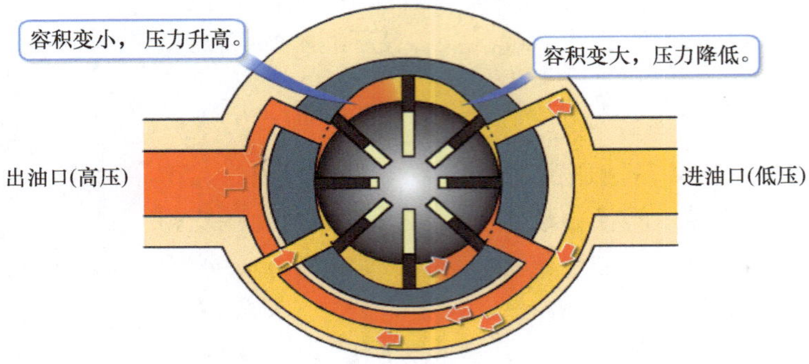

图 2-19 叶片泵的工作原理

（3）转向控制阀 转向控制阀、油缸一般与转向机制成一体，图 2-20 为齿轮齿条式液压助力式转向机。转向控制阀的作用是将来自液压泵的压力油精确地分配到油缸，并将多余的油液流回储油罐。

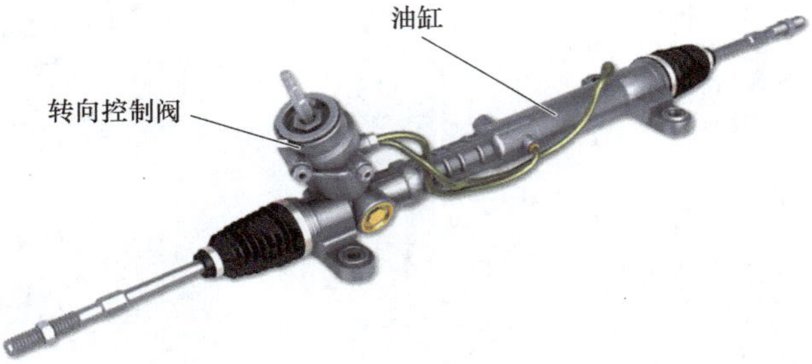

图 2-20 齿轮齿条式液压助力式转向机

随堂笔记

转向控制阀主要由阀体、阀芯、扭杆和壳体等组成，如图 2-21 所示。

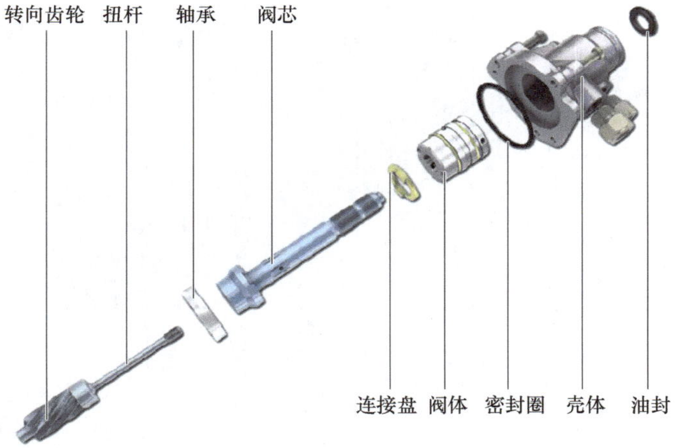

图 2-21 转向控制阀的结构

当车辆直线行驶时，如图 2-22 所示，转向控制阀阀芯处于阀体的中间位置，此时转向液压泵过来的液压油经转向控制阀后直接流回储油罐，动力油缸两端压力相等。

当车辆向右转向时，如图 2-23 所示，在转向轴的带动下，转向控制阀也随之移动，接通油缸右侧与转向液压泵的油路，来自转向液压泵的高压液压油推动油缸向左侧移动，同时油缸左侧的油液流回储油罐，从而推动转向轮向右偏转。

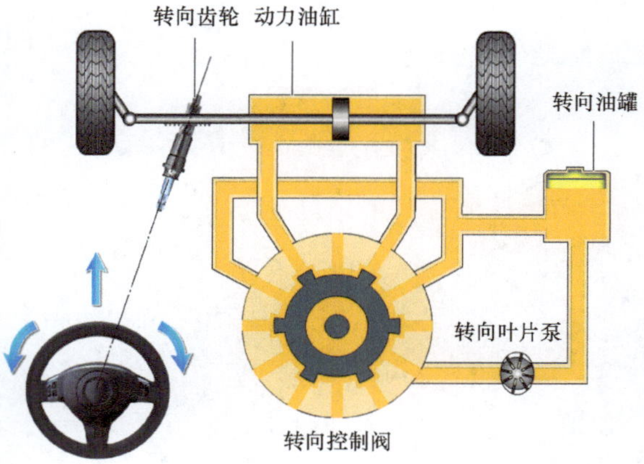

图 2-22　直线行驶时转向控制阀的工作原理

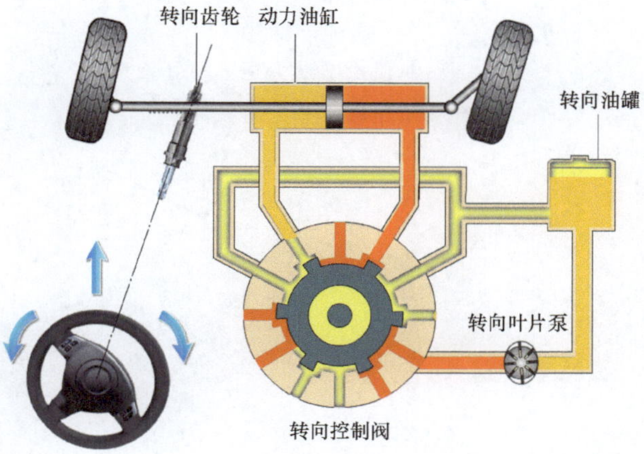

图 2-23　向右转向时转向控制阀的工作原理

当车辆向左转向时，如图 2-24 所示，在转向轴的带动下，转向控制阀也随之移动，接通油缸左侧与转向液压泵的油路，来自转向液压泵的高压液压油推动油缸向右侧移动，同时油缸右侧的油液流回储油罐，从而推动转向轮向左偏转。

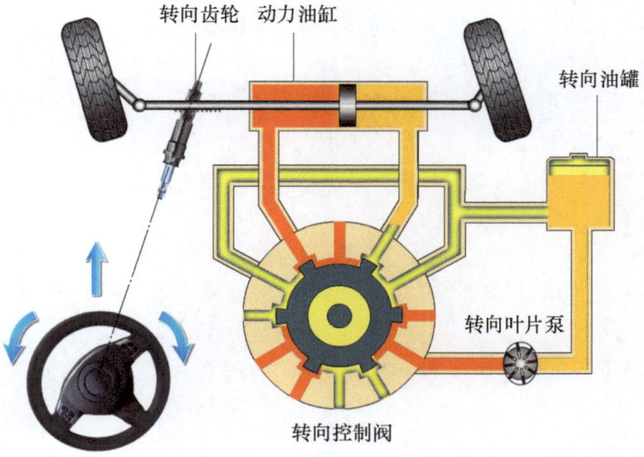

图 2-24　向左转向时转向控制阀的工作原理

随堂笔记

转向系统的检查与保养	学习任务单	班级：
		姓名：

1. 汽车转向系统的作用是保证汽车在行驶中能按驾驶人的操纵要求，适时地改变__________。

2. 汽车转向系统按结构不同可分为机械式转向系统和__________式转向系统，目前在车辆上应用得较广泛的是__________式转向系统。

3. 转向系统按助力时动力源不同可分为__________式转向系统和电动助力式转向系统两类。

4. 写出图中数字所指零件的名称：

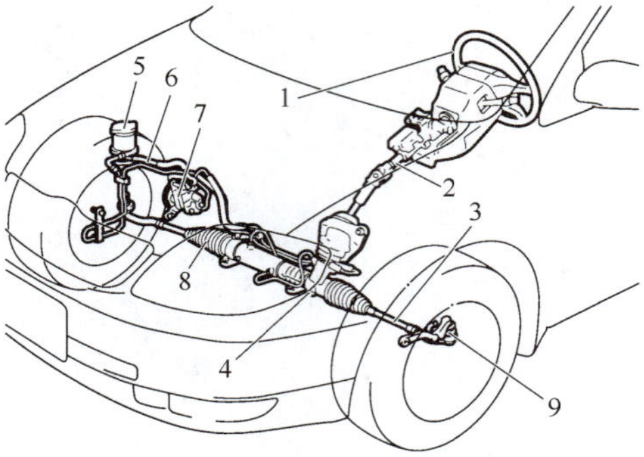

1. __________ 2. __________ 3. __________

4. __________ 5. __________ 6. __________

7. __________ 8. __________ 9. __________

随堂笔记

5. 连接转向盘和转向机的是__________，其上配有碰撞吸能机构、__________机构和伸缩与倾斜调整机构。

6. 转向机是转向系统中的__________传动装置，其作用是增大由转向盘传到转向节的力，并改变力的传递方向。目前应用较广泛的有__________式、循环球式和蜗杆曲柄指销式等。其中__________式在轿车中使用最广泛。

7. 转向液压系统主要由__________、__________、转向控制阀、油缸、和进、出油管等组成。

8. 转向液压泵按结构不同，有__________泵、齿轮泵和转子泵三种。

9. 叶片泵当转子由发动机通过传动带驱动旋转时，叶片在离心力及高压油的作用下紧贴在定子的内表面，其工作容积开始由小变大__________低压油液；而后工作容积由大变小，__________油液，输出高压油。转子每旋转一周，每个工作缸都各自吸、压油两次。

10. 转向控制阀的作用是将来自__________的压力油精确地分配到__________，并将多余的油液流回储油罐。

实训任务 1　转向机械部件的检查

实训器材

丰田花冠轿车、钢直尺、常用工具和维修手册等。

作业准备

检查举升机，车辆在工位停放周正，铺好车内和车外护套。

操作步骤

1. 检查转向盘与转向柱

(1) 检查转向盘自由行程　转向盘左右轻微转动而车轮不动的角度为转向盘的自由行程，选用钢直尺进行测量。最大自由行程 30mm，如果自由行程超过最大值，应检查转向系统的连接机构是否有磨损和损坏。

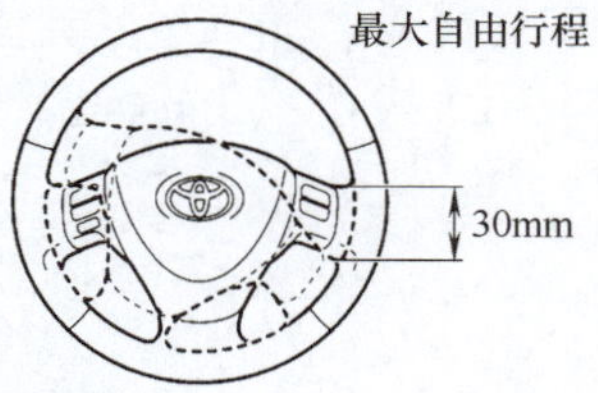

(2) 检查转向柱伸缩与倾斜调整　释放转向柱锁止手柄，检查拉伸转向盘与倾斜调整转向盘是否运动灵活，且在任意位置是否都能锁止。前、后、左、右晃动转向盘，转向柱应无松动。

(3) 检查转向柱锁止功能　拔下点火钥匙，转动转向盘时应锁止；插入点火钥匙并旋转到 ACC 位置，转向盘应解锁并能转动。如果此时钥匙无法转动（可能由于转向柱锁止过紧），可一边晃动转向盘一边转动点火钥匙。

2. 拆装转向管柱

1）将两前轮转向正前位置。

2）选用合适的扳手拆下蓄电池负极接头。

3）用一字螺钉旋具缠好胶带或用内饰撬板拆下转向盘左、右侧装饰盖。

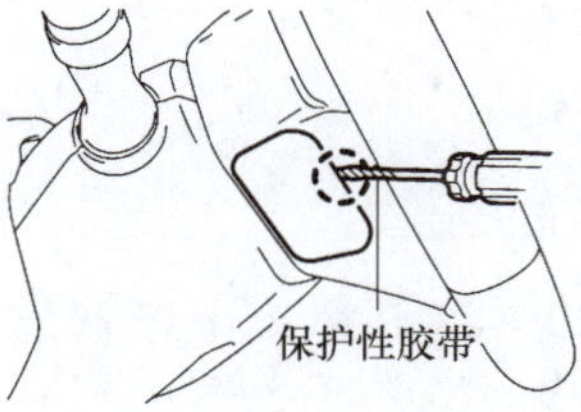

4）选用合适的工具拆下主气囊的两个固定螺栓。

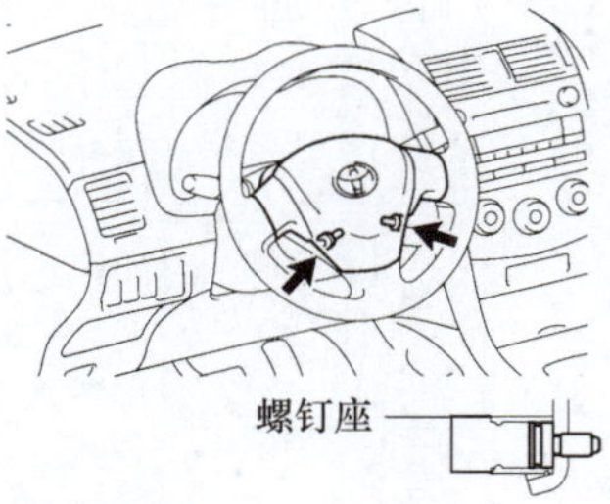

5）断开气囊线束插接器和喇叭线束插接器。

6）将主气囊放置到安全的位置。

> **小提示**
>
> 放置时气囊正面一定朝上，严禁气囊正面朝下放置。

7）选用合适的工具拆下转向盘总成固定螺母，并在转向盘总成和转向主轴上做好装配标记。

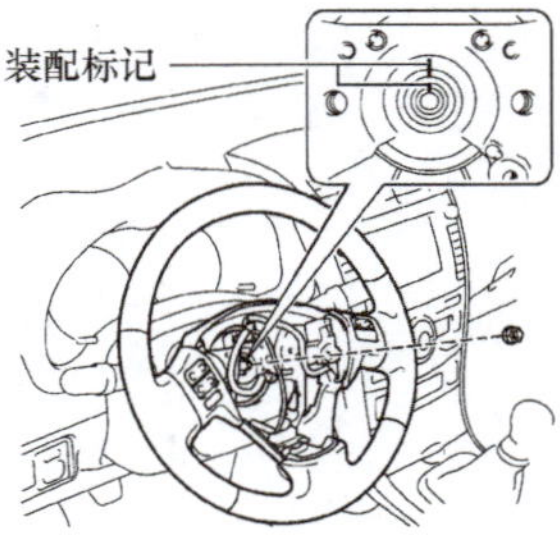

8）用左、右手腕抬起转向盘并晃动，拆下转向盘。如果过紧无法晃下，则需要使用专用拉拔器拉出转向盘。

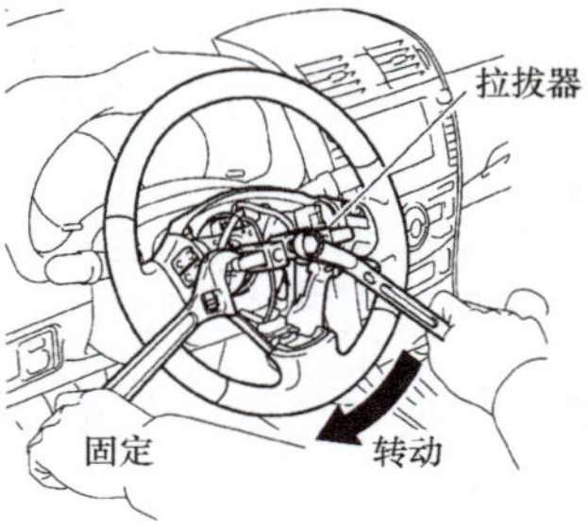

9）拆下与转向盘相连的相关线束，并取下转向盘。

10）直接用手指按下并拆下转向柱上、下装饰盖。

随堂笔记

小提示

小心拆卸不要损坏卡爪。

11）断开螺旋电缆和转向信号开关总成上相关线束插接器。

12）用锂鱼钳夹住转向信号开关固定卡夹，并用螺钉旋具提起卡爪，然后从转向柱上拆下螺旋电缆与转向信号开关总成。

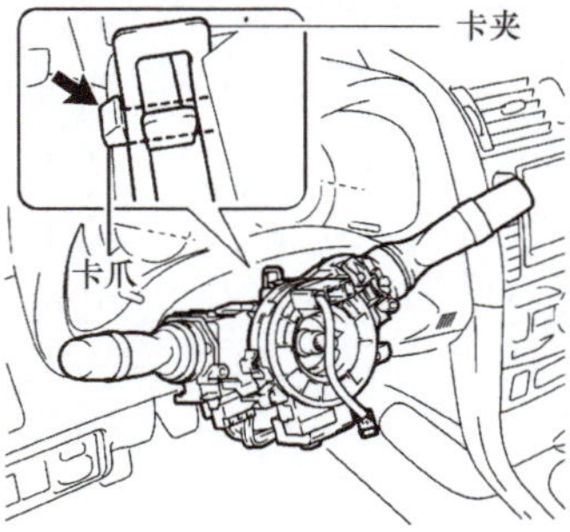

13）拆下相关仪表装饰板。

14）拆下组合仪表固定螺栓，并拔下组合仪表插接器。

15）掀起地毯，拆卸转向柱孔盖消音板。

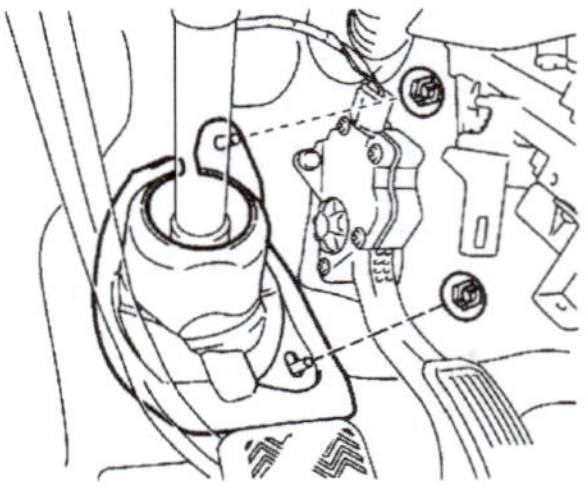

16）在转向中间轴接头处做好装配标记，选用合适的工具拆下转向中间轴接头固定螺栓，然后分离接头。

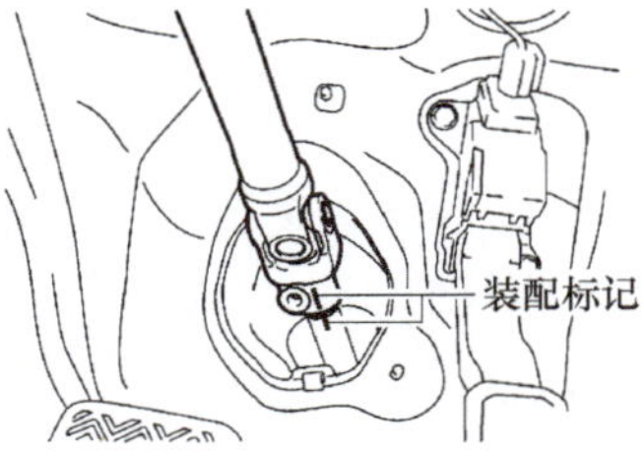

17）断开与转向柱相连线束的插接器。

18）拆下固定转向柱的3个螺栓，并取下转向柱总成。

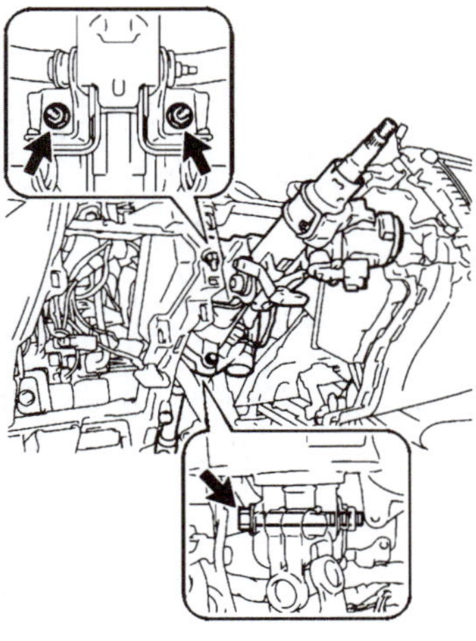

19）用台虎钳固定转向柱，可进一步分解转向柱上的附件。

20）按与拆卸相反的顺序和装配标记安装转向柱总成，并按规定转矩拧紧相关螺栓，安装螺旋弹簧时要将螺旋线圈对中。

3. 检查转向系统部件

扫一扫

转向拉杆
球头的更换

1）牢靠地举升车辆到高位。

2）用力晃动左、右横拉杆球头，检查是否有松动，如有松动更换拉杆球头。

3）检查左、右横拉杆是否存在弯曲变形或其他损坏。

4）检查左、右转向节是否有裂纹或其他损坏。

4. 更换转向球节

1）将点火开关置于 ACC 位。然后将转向盘转至直线行驶的位置。再检查两个前轮是否处于直线行驶位置。

2）锁止转向盘。将钥匙转到 LOCK 位，拔下点火钥匙，稍微转动转向盘，使转向盘锁止而不能转动。

3）举升车辆到中间位置，并拆卸车轮。

4）使用干净的抹布清洁转向拉杆球头及拉杆。

5）使用专用记号笔在拉杆球头和锁紧螺母的中心水平方向做一个装配记号。

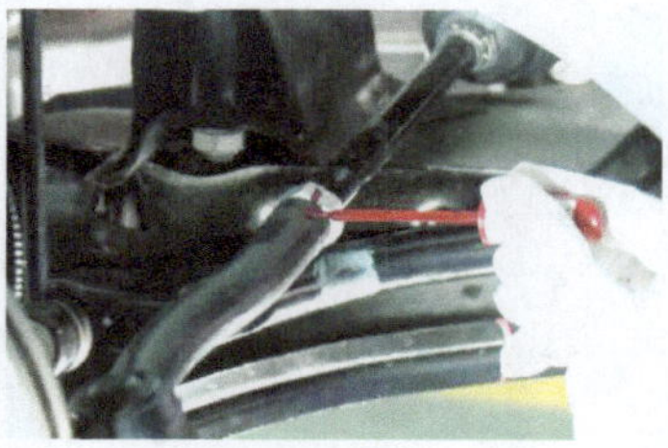

6）检查并记录转向拉杆螺纹部分内侧最边缘位置与锁紧螺母之间的螺牙个数。

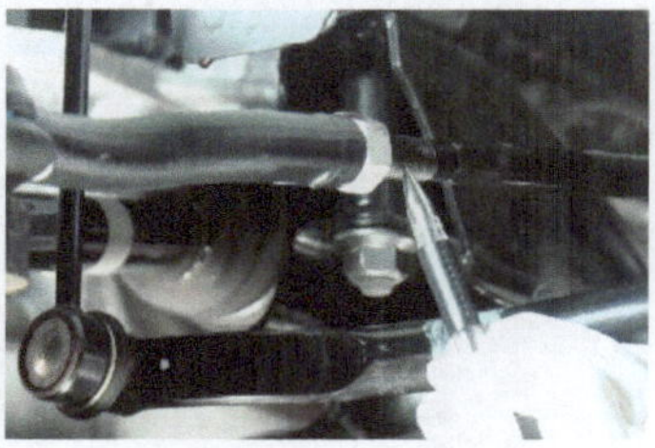

7）选用合适的工具拆卸转向拉杆与转向节的固定螺母，拧松后并取下。

8）选用转向球节拆卸专用工具，并安装到转向球节上，再使用工具旋转专用工具上的紧固螺栓，使球头和转向节分离。

随堂笔记

9）用两个呆扳手松开转向横拉杆的锁紧螺母，松开后再用手转动并取下转向球头。

10）检查新的转向拉杆球头零件号是否正确；检查转向拉杆球头外观是否有破损、螺纹是否有损伤锈蚀等现象；检查球头是否活动自如。

11）将转向拉杆球头安装到转向拉杆上，并检查转向拉杆锁紧螺母内侧外露螺牙个数是否与拆卸时记录相符，必要时调整。

12）适当旋转横拉杆球头并压入转向臂内，再用塑料锤向下敲击转向拉杆球头，使其安装到位。

13）用手将转向拉杆球头紧固螺母旋入。查询维修手册，选用合适的工具并按规定转矩拧紧。

14）用两个呆扳手紧固转向横拉杆的锁紧螺母。

15）安装车轮，并按规定转矩拧紧轮胎螺栓。

实训任务总结：

随堂笔记

转向机械部件的检查	工作任务单	班级： 姓名：

1. 记录车辆信息

品牌		整车型号		生产年月	
发动机型号		发动机排量		行驶里程	
车辆识别代码					

2. 测量转向盘自由间隙

检查项目	记　录	规　格	判　定
转向盘自由间隙			正常□　异常□

3. 检查转向机械部件

作业项目	记　录	作业项目	记　录
转向柱伸缩与倾斜调整	正常□　异常□	转向柱锁止功能	转动□　不可转动□

4. 拆装转向管柱

项目名称	记　录	项目名称	记　录
对正转向盘	已执行□　否□	拆装螺旋电缆	已执行□　否□
断开蓄电池负极 1min	已执行□　否□	拆装转向信号开关总成	已执行□　否□
拆装主安全气囊总成	已执行□　否□	中间轴接头处拆装标记	已执行□　否□
拆装转向盘	已执行□　否□	拆装转向柱总成	已执行□　否□

5. 检查转向系统部件

序号	项目名称	检查情况	维修措施
1		破损□　变形□　老化□　松动□　泄漏□　正常□	调整□　维修□　更换□
2		破损□　变形□　老化□　松动□　泄漏□　正常□	调整□　维修□　更换□
3		破损□　变形□　老化□　松动□　泄漏□　正常□	调整□　维修□　更换□

6. 更换转向球节

项目名称	记　录	项目名称	记　录
装配标记	已执行□　否□	转向拉杆螺纹内侧牙数	
更换转向球节	已执行□　否□		

7. 查询维修手册

序号	部件名称	章节及页码	规格（米制）
1		第　　章　　页	
2		第　　章　　页	
3		第　　章　　页	

随堂笔记

汽车转向系统部件的检查与保养			实习日期：	
姓名：	班级：	学号：	导师签名：
自评：□熟练 □不熟练	互评：□熟练 □不熟练	师评：□合格 □不合格	
日期：	日期：	日期：	

转向机械部件的检查【评分细则】

序号	评分项	得分条件	分值	评分要求	自评	互评	师评
1	安全/7S/态度	□1. 能进行工位7S操作 □2. 能进行设备和工具安全检查 □3. 能进行车辆安全防护操作 □4. 能进行工具、校准、存放操作 □5. 能进行三不落地操作	15	未完成1项扣2分	□熟练 □不熟练	□熟练 □不熟练	□合格 □不合格
2	专业技能能力	作业1 □1. 能正确地测量转向盘自由间隙 □2. 能正确地检查转向柱倾斜、溃缩功能 □3. 能正确地检查转向柱锁止功能 □4. 能正确地检查转向柱ACC位置解锁功能 作业2 □1. 能正确地拆装转向盘主安全气囊 □2. 能正确地拆装转向盘 □3. 能正确地拆装螺旋电缆 □4. 能正确地拆装转向信号开关总成 □5. 能正确地做好装配标记 □6. 能正确地拆装转向柱总成 作业3 □1. 能正确地检查转向系统各部件 □2. 能正确地分析判断检查情况 作业4 □1. 能正确地更换转向球节 □2. 能正确地做好装配标记 □3. 能正确地记录螺纹内侧牙数	50	未完成1项扣4分，扣分不得超过50分	□熟练 □不熟练	□熟练 □不熟练	□合格 □不合格
3	工具及设备的使用能力	□1. 能正确地使用自由间隙检测工具 □2. 能正确地使用维修专用工具 □3. 能正确地使用维修工具	10	未完成1项扣3分	□熟练 □不熟练	□熟练 □不熟练	□合格 □不合格
4	资料、信息查询能力	□1. 能正确地使用维修手册查询资料 □2. 能正确地记录查询资料的章节及页码 □3. 能正确地记录所需维修信息	10	未完成1项扣3分	□熟练 □不熟练	□熟练 □不熟练	□合格 □不合格
5	数据判断和分析能力	□1. 能判断转向自由间隙是否正常 □2. 能判断转向锁止、倾斜、溃缩功能	10	未完成1项扣5分	□熟练 □不熟练	□熟练 □不熟练	□合格 □不合格
6	表单填写与报告的撰写能力	□1. 字迹清晰 □2. 语句通顺 □3. 无错别字 □4. 无涂改 □5. 无抄袭	5	未完成1项扣1分	□熟练 □不熟练	□熟练 □不熟练	□合格 □不合格
总分：							

随堂笔记

实训任务 2　转向系统液压部件的检查

实训器材

别克凯越轿车、常用维修工具、维修手册。

作业准备

检查举升机，车辆在工位停放周正，铺好车内和车外护套。

操作步骤

1. 助力转向液压系统的基本检查

1）使用干净的抹布清洁转向助力液储液罐上的污物。

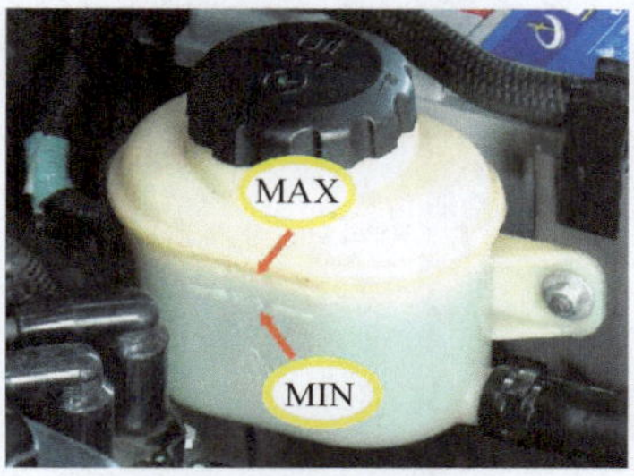

2）检查转向助力液液面的位置，如是加热后的转向助力液，油液应在标记“MAX”（最高）和“MIN”（最低）之间。如是冷却后的转向助力液，油液位置应在“MIN”（最低）标记处。

3）检查转向助力液是否变稀、颜色是否变得发黑和是否有杂质。如是则需更换转向助力液。

4）检查储液罐是否漏油，液压管路是否扭曲、折皱或破裂漏油等。

5）起动发动机，转动转向盘，检查左、右转向是否轻便，是否存在异响。

6）举升车辆到较高位置。

7）检查转向助力泵和转向机是否漏油。

2. 转向助力泵传动带的检查与更换

1）在助力泵传动带连接中心位置（如图箭头位置），用大拇指以 98N 的力按压传动带，传动带下沉 8～10mm。否则，调整传动带的张紧力。

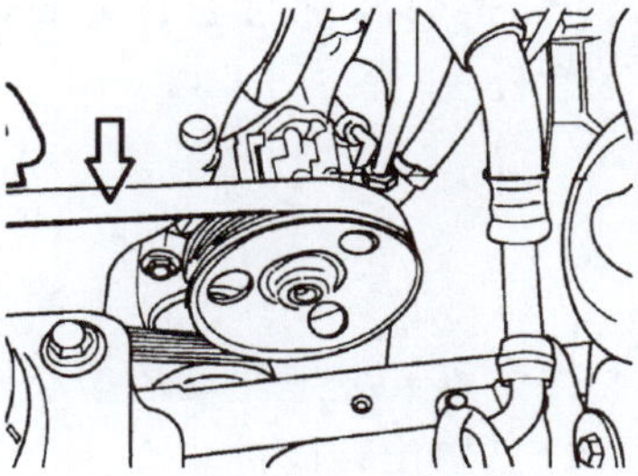

2）检查传动带是否老化、有裂纹等损坏。如是则更换传动带。

3）选用合适的工具稍许松开转向助力泵的固定螺栓。

4）向发动机侧推动转向助力泵，即可松开传动带。

5）取下传动带，对比新的传动带规格。

6）将新的传动带安装到曲轴带轮和转向助力泵带轮上。

7）用撬棍将助力器推向外侧，并检查传动带张紧力（由于传动带使用后会变长，新的传动带要稍紧一些），然后拧紧转向助力泵固定螺栓。

8）再次确定传动带张力。新的传动带用大拇指以 98N 的力按压时，下沉 7～8.5mm。

3. 转向机的拆装

1）转动转向盘，使左、右车轮正对前方。再拔下点火钥匙，使转向盘锁止或者用安全带绑住转向盘，防止转向盘自由转动。

2）拆下蓄电池负极接头。

随堂笔记

3）牢靠地举升车辆到中间位置。

4）拆卸左、右前车轮。

5）选用合适的工具松开转向机进、出油管接头，并用容器接收助力转向油液，待油液流尽后拆下进、出油管接头。

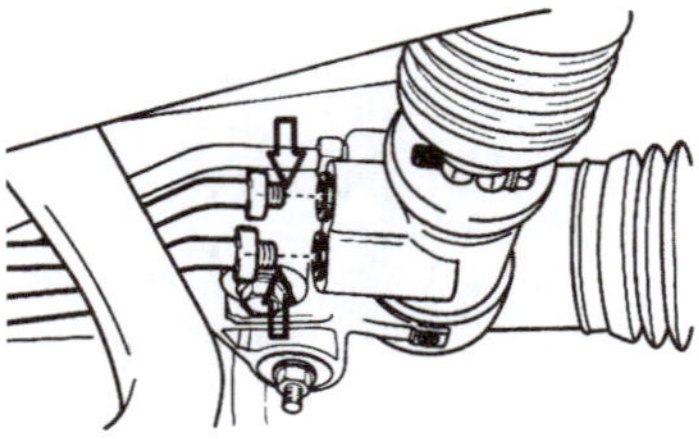

6）在转向柱与转向机的连接处做好装配标记。

7）选用合适的工具拆下转向柱与转向机连接处的夹紧螺栓，并分离转向柱与转向机。

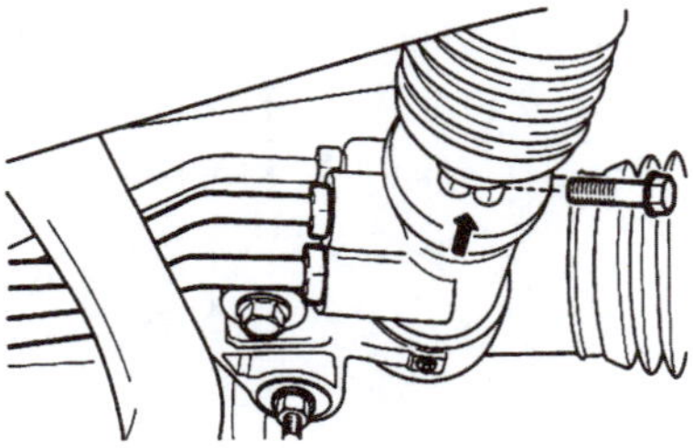

8）选用合适的工具拆卸左、右转向横拉杆球头紧固螺母，然后再用球节拆卸专用工具从转向节上断开左、右转向横拉杆球头。

随堂笔记

9）选用合适的工具拆下转向机壳体的固定螺母和螺栓。

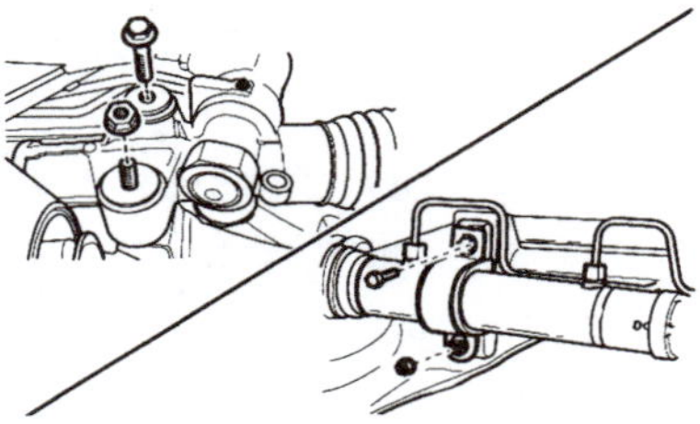

10）移开变速驱动桥中心托架。

11）取出转向机总成。

12）按与拆卸相反的顺序安装转向机，对正装配标记，并按规定转矩拧紧各螺栓。

4. 转向器齿条轴承预紧度的调整

1）选用合适的工具松开锁止螺母。

2）顺时针拧紧调节器塞至7N·m，然后松开30°~40°。

3）固定调节器塞的同时，将锁止螺母紧固到调节器塞上。

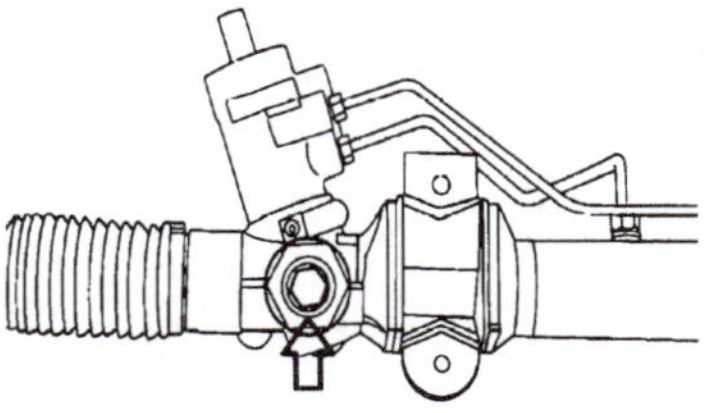

5. 转向助力泵油液的添加与排气

1）当更换转向助力液或转向助力液液位不足时应按维修手册要求加注规定型号的转向助力液，使液面至“MIN”标记位置。

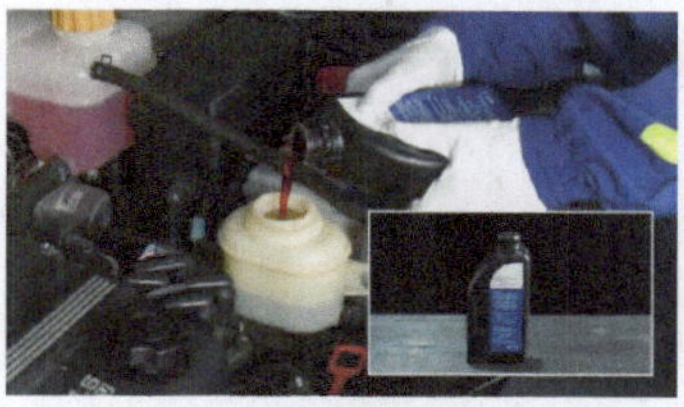

2）起动发动机并怠速运转，再重新检查液面，必要时，添加转向助力液，使液面达到“MIN”标记位置。

3）将转向盘从左到右，从右到左来回转动，排出液压系统中的空气。

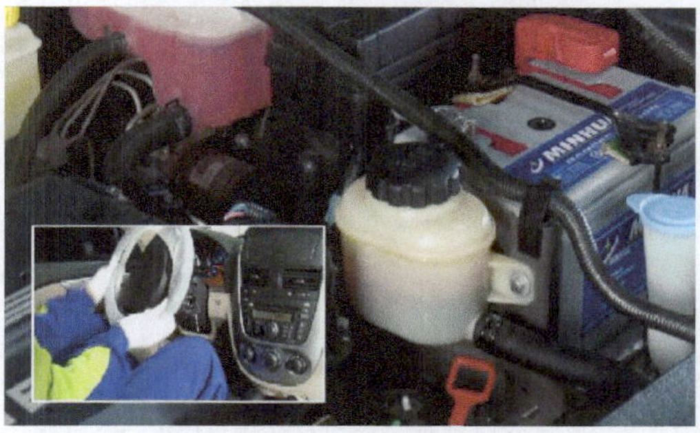

4）转向盘回到中心位置，让发动机继续运转 1 ~ 3min 后，关闭点火钥匙，使发动机停止运转。

5）再次确认储液罐液位是否正常。

小提示

动力转向系统经过维修，如果必要还应从转向机构排除空气，才能得到正确的液面读数。油液中的空气可能会导致转向助力泵产生噪声，时间一久还会导致转向助力泵损坏。

随堂笔记

实训任务总结：

转向系统液压部件的检查	工作任务单	班级： 姓名：

1. 记录车辆信息

品牌		整车型号		生产年月	
发动机型号		发动机排量		行驶里程	
车辆识别代码					

2. 检查转向助力液

检查项目	记录	检查项目	记录
转向助力液液位		转向助力液泄漏	
转向助力液油质		转向助力功能	

3. 检查、更换转向助力泵传动带

检查项目	检查情况	维修措施
传动带	破损□ 脱层□ 老化□ 松动□ 裂纹□ 正常□	维修□ 更换□
按压传动带下沉量	mm	调整□ 更换□

4. 拆装转向机

项目名称	记录	项目名称	记录
对正锁紧转向盘	已执行□ 否□	中间轴接头处拆装标记	已执行□ 否□
拆卸左、右前车轮	已执行□ 否□	横拉杆紧固螺纹拆装标记	已执行□ 否□
断开转向机进油管	已执行□ 否□	拆卸左转向横拉杆球头	已执行□ 否□
断开转向机出油管	已执行□ 否□	拆卸右转向横拉杆球头	已执行□ 否□
容器接收转向助力液	已执行□ 否□	拆装转向机总成	已执行□ 否□

5. 调整转向器齿条轴承预紧度

检查项目	记录	判定	规格
调整预紧度	已执行□ 否□	异常□ 正常□	

6. 转向助力泵油液的添加与排气

作业项目	记录	作业项目	记录
加注转向助力液		转向助力液排气	已执行□ 否□

7. 查询维修手册

序号	部件名称	章节及页码	规格（米制）
1		第 章 页	
2		第 章 页	
3		第 章 页	

随堂笔记

汽车转向系统部件的检查与保养		实习日期：	
姓名：	班级：	学号：	导师签名：
自评：□熟练 □不熟练	互评：□熟练 □不熟练	师评：□合格 □不合格	
日期：	日期：	日期：	

转向系统液压部件的检查【评分细则】

序号	评分项	得分条件	分值	评分要求	自评	互评	师评
1	安全/7S/态度	□1. 能进行工位 7S 操作 □2. 能进行设备和工具安全检查 □3. 能进行车辆安全防护操作 □4. 能进行工具清洁、校准、存放操作 □5. 能进行三不落地操作	15	未完成 1 项扣 3 分	□熟练 □不熟练	□熟练 □不熟练	□合格 □不合格
2	专业技能能力	作业 1 □1. 能正确地检查转向助力液液位 □2. 能正确地查询转向助力液型号 □3. 能正确地检查转向系统是否泄漏 □4. 能正确地检查液压助力功能 □5. 能正确地检查传动带 □6. 能正确地调整传动带张紧力 作业 2 □1. 能正确地对正锁紧转向盘 □2. 能正确地拆装左、右前车轮 □3. 能正确地拆装转向机油管 □4. 能正确地排放转向助力液 □5. 能正确地记录中间轴接头处拆装标记 □6. 能正确地拆装转向横拉杆球头 □7. 能正确地拆装转向机总成 □8. 能正确地调整转向器齿条轴承预紧度 □9. 能正确地加注转向助力液 □10. 能正确地进行助力液压系统排气	50	未完成 1 项扣 3 分	□熟练 □不熟练	□熟练 □不熟练	□合格 □不合格
3	工具及设备的使用能力	□1. 能正确地选用维修工具 □2. 能正确地使用转向助力液更换机器	10	未完成 1 项扣 3 分	□熟练 □不熟练	□熟练 □不熟练	□合格 □不合格
4	资料、信息查询能力	□1. 能正确地识读维修手册查询资料 □2. 能正确地使用用户手册查询资料 □3. 能正确地记录所查询资料的章节及页码 □4. 能正确地记录所需维修信息	10	未完成 1 项扣 2 分	□熟练 □不熟练	□熟练 □不熟练	□合格 □不合格
5	数据判断和分析能力	□1. 能判断转向助力液油质和油位是否正常 □2. 能判断转向系统是否漏油 □3. 能判断转向助力传动带是否正常 □4. 能判断转向助力液加注量	10	未完成 1 项扣 3 分，扣分不得超过 10 分	□熟练 □不熟练	□熟练 □不熟练	□合格 □不合格
6	表单填写与报告的撰写能力	□1. 字迹清晰 □2. 语句通顺 □3. 无错别字 □4. 无涂改 □5. 无抄袭	5	未完成 1 项扣 1 分	□熟练 □不熟练	□熟练 □不熟练	□合格 □不合格
总分：							

随堂笔记

任务二　电控转向系统的检查

学习目标

知识目标

1）掌握电控动力转向系统的类型与特点。

2）掌握电动式电控动力转向系统的组成。

技能目标

1）会实车拆装电动式电控动力转向系统各部件。

2）会使用故障诊断仪读取电动式电控动力转向系统故障码与数据流。

3）会对电动式电控动力转向系统复位学习。

素养目标

1）能够在工作过程中与小组其他成员合作、交流，养成团队合作意识，锻炼沟通能力。

2）养成7S的工作习惯。

3）养成服从管理、规范作业的良好工作习惯。

任务描述

一辆丰田卡罗拉轿车用户反映：感觉打方向时转向盘较以前变重，且仪表内的转向盘指示灯常亮，需要对转向系统进行检查，确定故障部位并进行修理。

随堂笔记

相关知识

在机械转向系统的基础上，加装了转向力可自动调节的液压或电动助力装置的称为电子控制动力转向系统（简称电控动力转向系统）。转向时，电子控制装置根据转向和车速信号调节助力的放大倍率。在低车速转向阻力较大时增加放大倍率，使转向轻便灵活；而在高速转向阻力较小时减小转向力放大倍率，保持一定的转向盘转向操纵力，从而使汽车具有较好的转向“路感”。因此，现代汽车很多采用电控动力转向系统，它直接用电动机产生辅助转矩，不需要发动机的动力，从而可以提高燃油经济性。

电控动力转向系统可分为电子/液压助力转向系统（EHPS）和电动式电控动力转向系统（EPS）等形式。

一、电子/液压助力转向系统（EHPS）

电子/液压助力转向系统（EHPS）使用发动机的动力来驱动产生液压力的叶轮泵。EHPS采用电动机驱动叶轮泵产生液压力，从而产生辅助转矩，当转向时减小操纵转向盘所需要的动力。因为该系统减小了发动机载荷，它提高了燃油经济性。电动机转速是由电子控制模块根据车辆速度和转向盘转动角度等诸多数据来进行控制的，如图2-25所示。但由于需要液压系统和电子控制系统两个系统，因此结构较复杂，目前采用的车型较少。

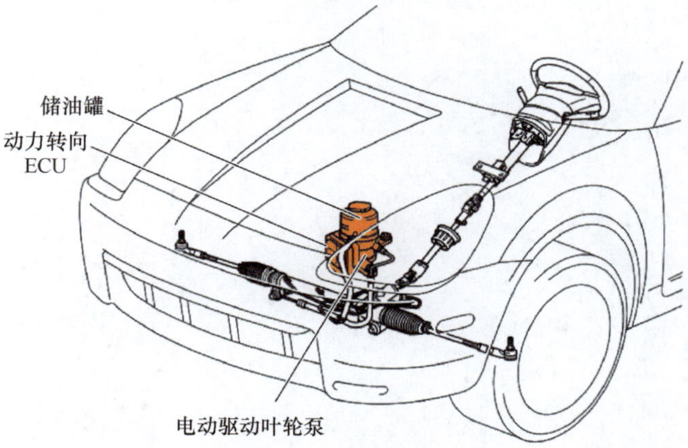

图 2-25 电子/液压助力转向系统结构图

二、电动式电控动力转向系统（EPS）

电动式电控动力转向系统简称 EPS，它以直流电动机作为助力源，电子控制单元根据车速和转向参数控制电动机通电电流强度，调节助力电动机工作转矩，进而控制转向助力的强度。

EPS 主要由转矩传感器、电动式电控动力转向控制模块（EPS ECU）、直流马达与减速机构、警告灯等组成，如图 2-26 所示。

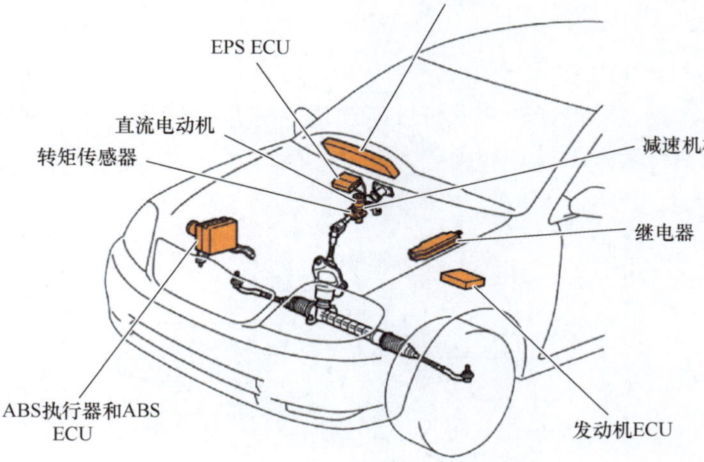

图 2-26 电动式电控动力转向系统的结构

1. 转矩传感器

转矩传感器一般与直流电动机制作成一体，当驾驶人操作转向盘时，转向时的转矩通过转向主轴把转向转矩施加到转矩传感器输入轴上。转矩传感器检测到扭转杆扭转变形，并把与扭转杆扭转成正比的信号电压输出到 EPS ECU，如图 2-27 所示。根据这个信号，电子控

随堂笔记

制模块计算出当前车速下电动机的辅助转矩并驱动电动机。

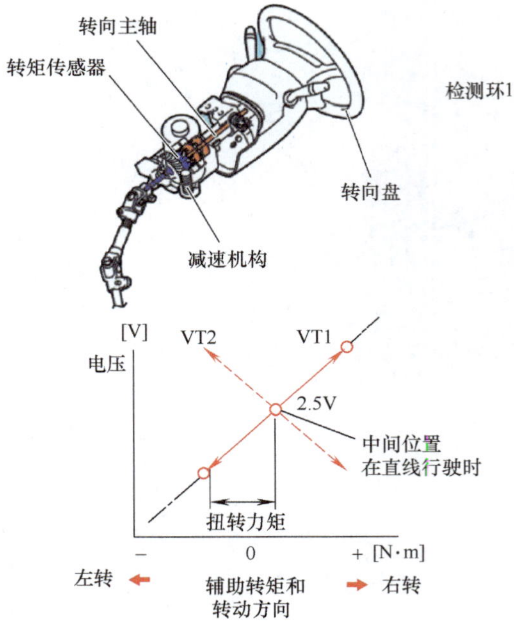

图 2-27 转矩传感器的结构与输出信号

2. 电动式电控动力转向控制模块（EPS ECU）

EPS ECU 接收来自各种传感器的信号，判断现行的车辆情况，并决定依次施加到直流电动机的辅助电流。

随堂笔记

3. 直流电动机与减速机构

直流电动机的作用是将电能转变成机械能输出，它是由转子、定子和电动机轴等组成；减速机构是由蜗轮蜗杆装置组成，如图 2-28 所示。

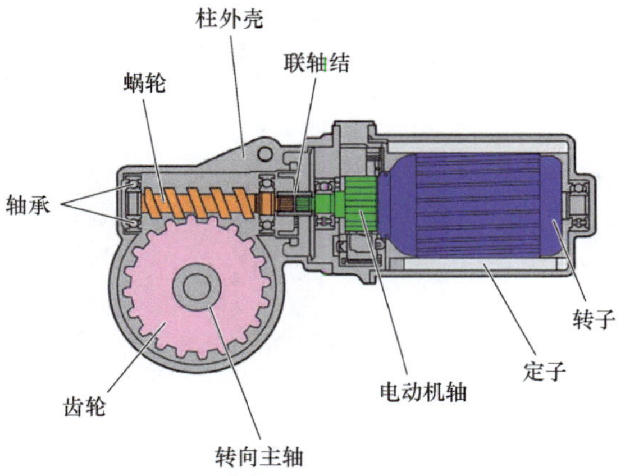

图 2-28 直流电动机与减速机构

当 EPS ECU 施加辅助电流到直流电动机时，电动机转子产生的转矩传送给减速机构，再把转矩传送给转向轴，辅助驾驶人使转向车轮偏转。因此，即使直流电动机断开转向主轴的旋转和不固定减速机构，转向盘仍可以转向。

根据电动机布置位置的不同，电动式电控动力转向系统可以分为转向轴助力式、齿轮助力式和齿条助力式三种类型，如图 2-29 所示。

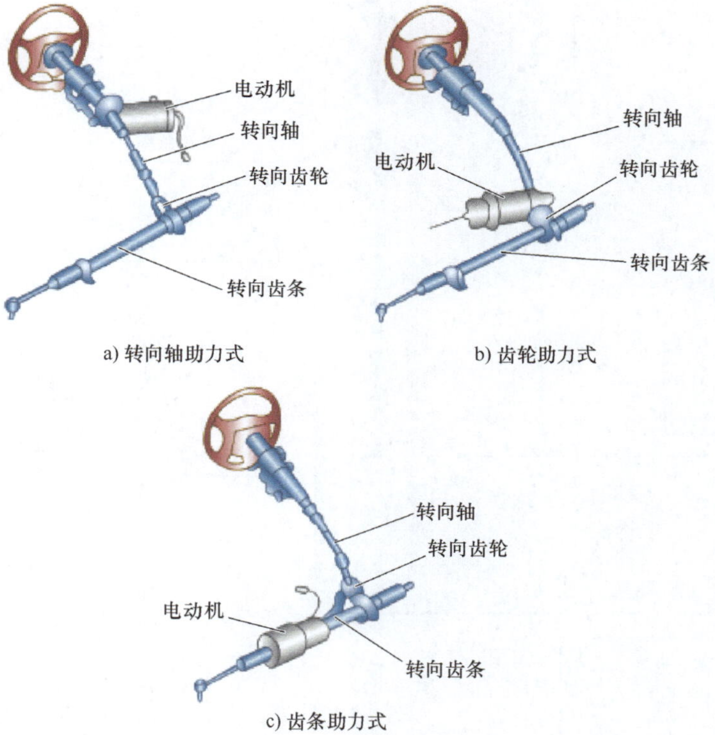

图 2-29　电动机的布置位置

4. 警告灯

电动式电控动力转向系统在仪表内有警告灯，如图 2-30 所示，当 EPS ECU 检测到电动

图 2-30　电动式电控动力转向系统警告灯

随堂笔记

式电控动力系统有故障时，就会点亮该警告灯，以此告诉驾驶人电动式电控动力转向系统有故障，需要检修。

5. 系统电路

丰田卡罗拉轿车电动式电控动力转向系统电路如图 2-31 所示。

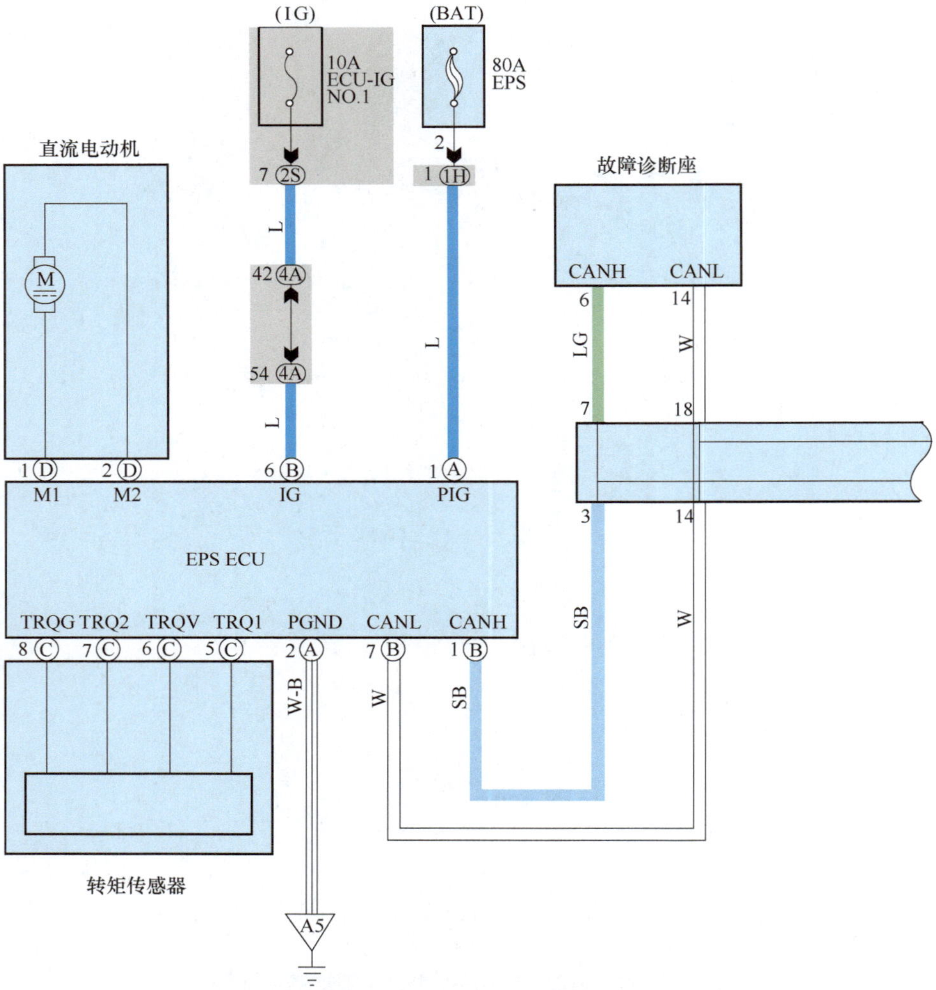

图 2-31　丰田卡罗拉电动式电控动力转向系统电路图

随堂笔记

<table>
<tr><td rowspan="2">电控转向系统的检查</td><td rowspan="2">学习任务单</td><td>班级：</td></tr>
<tr><td>姓名：</td></tr>
</table>

1. 由于液压助力转向系统的助力泵需要__________驱动，因此不利于汽车的经济性，而电动式电控动力转向系统是用__________作为助力源，因此在现代的汽车上应用得越来越广泛。

2. 电控动力转向系统可分为电子/液压助力转向系统和__________转向系统，英文字母简称为__________。

3. 写出图中数字所指零件的名称：

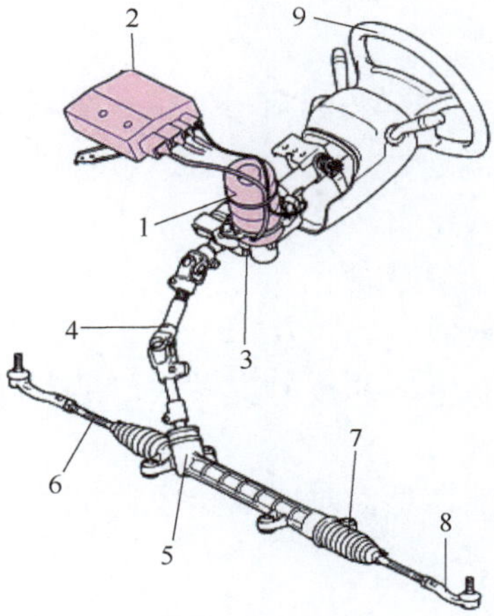

1. __________　2. __________　3. __________　4. __________

5. __________　6. __________　7. __________　8. __________

9. __________

随堂笔记

4. 转矩传感器的作用是检测扭转杆扭转变形，并把与扭转杆扭转成正比的__________输送到电子控制模块（ECU）。

5. 直流电动机的作用是把 ECU 输送的电能转变成__________能输出，来辅助驾驶人转向。

6. 当打开点火开关后仪表板上的  灯常亮时，说明__________________系统可能有故障。你会采取的维修方案是：____

实训任务 电控转向系统的检查

实训器材

丰田卡罗拉轿车、故障诊断仪、小型扭力扳手、常用维修工具和维修手册等。

作业准备

车辆在工位停放周正，铺好车内和车外护套。

操作步骤

1. 读取故障码与数据流

1）将点火开关置于 OFF 位，然后将故障诊断仪连接到故障诊断座。

2）将点火开关置于 ON（IG）位，并按下诊断仪电源键。

3）选择要检测的车型，进入动力转向系统。

4）选择读取故障码，并记录故障码。

5）清除故障码，再重新读取故障码。

6）选择读取数据流，并记录重要的数据流参数，再查询维修手册与标准参数对比，检查数据流是否正常。

7）根据故障码和异常数据流信息，对照维修手册故障诊断流程查找故障原因。

2. 转矩传感器零点校正（复位学习）

当更换转向柱总成、动力转向 ECU 或左右转向力矩有差异时必须进行转矩传感器复位学习。

1）将转向盘置于中心位置，并将前车轮对准正前方。

2）将点火开关置于 OFF 位，然后将故障诊断仪连接到故障诊断座。

3）将点火开关置于 ON（IG）位，并打开诊断仪。

4）选择“Utility”（工具包）。

5）选择“Torque Sensor Adjustment”（转矩传感器调整），并等待。

> **小提示**
>
> 转矩传感器零点校正过程中不要触碰转向盘。

6）零点校正完成后，再次读取故障码，确保没有故障码输出。

7）退出诊断仪，并关闭诊断仪和点火开关，最后回收诊断仪。

3. 检查转向力矩（助力功能）

1）将两前轮转向正前位置。

2）选用合适的扳手拆下蓄电池负极接头。

> **小提示**
>
> 断开电缆后等待 90s，以防止主气囊工作。

随堂笔记

3）用一字螺钉旋具缠好胶带或用内饰撬板拆下转向盘左、右侧装饰盖。

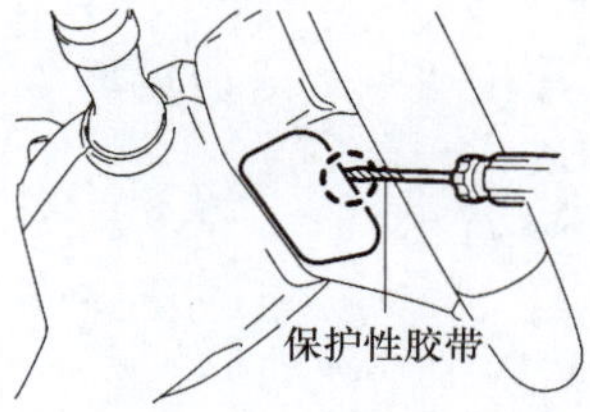

4）选用合适的工具拆下主气囊的两个固定螺栓。

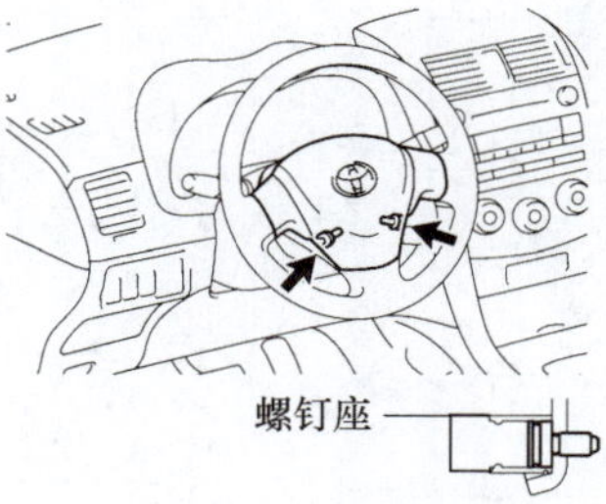

5）断开主气囊线束插接器和喇叭线束插接器。

6）将主气囊放置到安全的位置。

小提示

放置时主气囊正面一定朝上，严禁主气囊正面朝下放置。

7）将电缆连接至蓄电池负极端子。

8）选用转矩扳手与合适的套筒检查并确认转向盘固定螺母是否拧紧，先查询维修手册，找到转向盘固定螺母的标准转矩。

9）将点火开关置于 ON（IG）位（发动机停止）以使动力转向做好工作准备。

10）选用小型转矩扳手与合适套筒，将转向盘向左或向右转动 90°，检查转向力矩，参考转向力矩：5.5N·m。

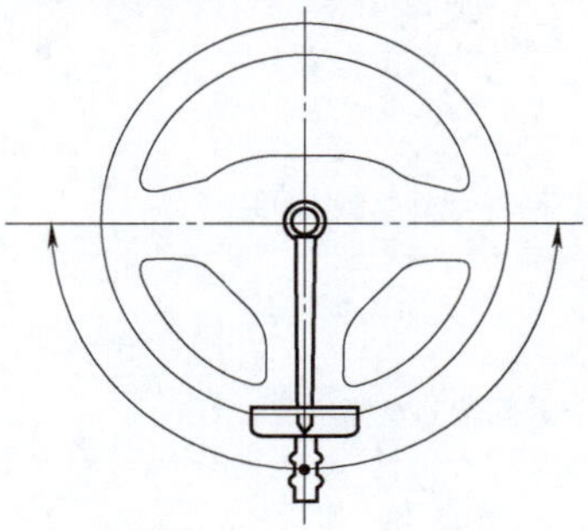

11）将前轮对准正前位置。

12）从蓄电池负极端子断开电缆。

13）安装主气囊的线束插接器和喇叭线束插接器。

14）安装主气囊的 2 个固定螺栓，然后再安装两侧装饰盖。

15）将电缆连接至蓄电池负极端子并拧紧。

实训任务总结：

电控转向系统的检查	工作任务单	班级：
		姓名：

1. 记录车辆信息

品牌		整车型号		生产年月	
发动机型号		发动机排量		行驶里程	
车辆识别代码					

2. 读取故障码与数据流

读取故障码为			
参数名称	方向回正数据	左满转向数据	右满转向数据
蓄电池电压			
转向盘角度			
转向输出转矩			
计算的系统温度			

3. 转向复位学习

复位学习	已执行□　否□

4. 检查转向力矩（助力功能）

项目名称	记　录	
对正转向盘	已执行□　否□	
断开蓄电池负极 90s	已执行□　否□	
拆卸转向盘主气囊	已执行□　否□	
紧固转向盘固定螺母	N · m	紧固□　否□
检查转向力矩	N · m	正常□　异常□

5. 查询维修手册

序号	部件名称	章节及页码	规格（米制）
1		第　　章　　节	
2		第　　章　　节	
3		第　　章　　节	

随堂笔记

汽车转向系统部件的检查与保养		实习日期：	
姓名：	班级：	学号：	导师签名：
自评：□熟练 □不熟练	互评：□熟练 □不熟练	师评：□合格 □不合格	
日期：	日期：	日期：	

电控转向系统的检查【评分细则】

序号	评分项	得分条件	分值	评分要求	自　评	互　评	师　评
1	安全/7S/态度	□1. 能进行工位 7S 操作 □2. 能进行设备和工具安全检查 □3. 能进行车辆安全防护操作 □4. 能进行工具清洁、校准、存放操作 □5. 能进行三不落地操作	15	未完成 1 项扣 3 分	□熟练 □不熟练	□熟练 □不熟练	□合格 □不合格
2	专业技能能力	作业 1 □1. 能正确地读取电控转向系统故障码 □2. 能正确地清除电控转向系统故障码 □3. 能正确地读取电控转向系统数据流 □4. 能正确地进行电控转向系统复位学习 作业 2 □1. 能正确地对正转向盘 □2. 能正确地拆装蓄电池负极 □3. 能正确地拆卸转向盘主气囊 □4. 能正确地紧固转向盘固定螺母 □5. 能正确地检查转向力矩 □6. 能正确地安装转向盘主气囊	50	未完成 1 项扣 5 分	□熟练 □不熟练	□熟练 □不熟练	□合格 □不合格
3	工具及设备的使用能力	□1. 能正确地使用解码仪 □2. 能正确地选用维修工具 □3. 能正确地使用专业工具	10	未完成 1 项扣 3 分	□熟练 □不熟练	□熟练 □不熟练	□合格 □不合格
4	资料、信息查询能力	□1. 能正确地使用维修手册查询资料 □2. 能正确地记录查询资料章节及页码 □3. 能正确地记录所需维修信息	10	未完成 1 项扣 3 分	□熟练 □不熟练	□熟练 □不熟练	□合格 □不合格
5	数据判断和分析能力	□1. 能判断电控转向功能是否正常 □2. 能判断转向盘固定螺母是否紧固 □3. 能判断转向力矩是否正常	10	未完成 1 项扣 3 分	□熟练 □不熟练	□熟练 □不熟练	□合格 □不合格
6	表单填写与报告的撰写能力	□1. 字迹清晰 □2. 语句通顺 □3. 无错别字 □4. 无涂改 □5. 无抄袭	5	未完成 1 项扣 1 分	□熟练 □不熟练	□熟练 □不熟练	□合格 □不合格
总分：							

随堂笔记

任务三　四轮定位的检查与调整

学习目标

知识目标

1）掌握四轮定位的作用与何时需要做四轮定位。

2）掌握车轮定位参数的定义及各角度的作用。

3）掌握定位仪的操作流程及安全措施。

技能目标

1）会对车辆进行定位前基本检查。

2）会使用四轮定位仪测量车轮角度。

3）会调整车辆定位的角度。

素养目标

1）能够在工作过程中与小组其他成员合作、交流，养成团队合作意识，锻炼沟通能力。

2）养成7S的工作习惯。

3）养成服从管理、规范作业的良好工作习惯。

任务描述

一辆通用威朗轿车用户反映：车辆行驶时有跑偏的现象，且左、右前轮胎有“吃胎”的现象，需要对车辆进行检查，确定故障部位并进行修理。

随堂笔记

相关知识

一、车轮定位的作用

车轮定位角度是存在于悬架系统和各活动机件间的相对角度，保持正确的车轮定位角度，可确保车辆的直线行驶稳定性及操控性，改善车辆的转向性并确保转向系统回正，避免轴承不当受力而受损，更可确保轮胎与地面紧密接合，减少轮胎不正常磨损，确保转向时的稳定性。不正确的车轮定位角度，还会造成汽车转向不足或转向过度，如图2-32所示，造成安全事故等。

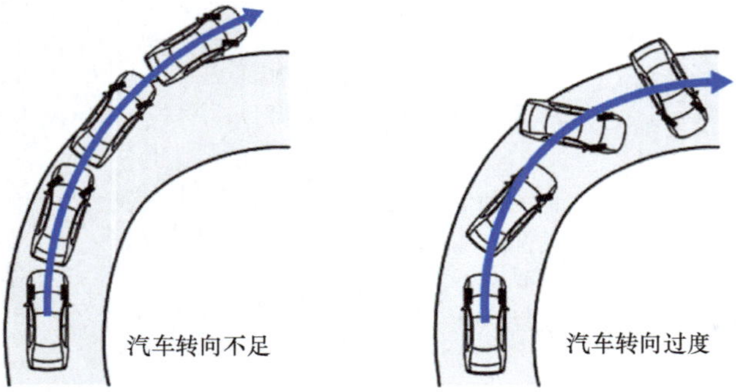

图2-32　汽车转向不足与转向过度

小知识　　什么时候进行车轮定位

1）当车辆出现转向沉重、发抖、跑偏、不能自动回正等现象时应对车轮进行定位。

2）当驾驶时有车辆飘浮、摇摆等不正常的行驶感觉或转向盘不正时应对车轮进行定位。

3）当轮胎出现不正常的磨损时应对车轮进行定位。

4）更换汽车悬架或转向系统的零部件后应对车轮进行定位。

5）车辆前部或后部经碰撞事故维修后应对车轮进行定位。

6）车辆每行驶一年左右，需要对车轮进行定位检查。

二、车轮定位的内容

1. 转向车轮定位

为了保证汽车直线行驶的稳定性和转向的轻便性，减少轮胎和其他机件的磨损，转向车轮、转向节和前轴三者与车架的安装应保持一定的相对位置关系，这种安装位置关系称为转向车轮定位，简称为前轮定位。对于两端装有主销的转向桥，汽车转向时，转向车轮会围绕主销轴线偏转。但现代轿车采用的断开式转向桥没有主销，如麦弗逊式独立悬架采用减振器代替主销，减振器的轴线相当于主销轴线，如图 2-33 所示。

转向轮的定位参数主要有主销后倾、主销内倾、车轮外倾和前轮前束。

（1）主销后倾　安装在前轴上的主销（减振器），其上端略向后倾斜，称为主销后倾。在汽车纵向平面内，主销轴线与地面垂线之间的夹角 β，称为主销后倾角，如图 2-34 所示。

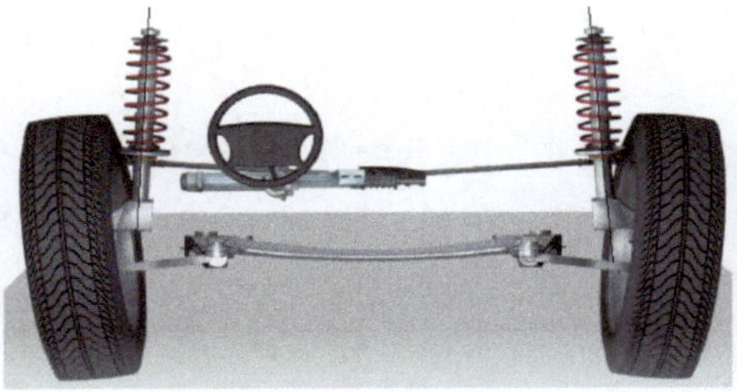

图 2-33　悬架的类型与主销轴线

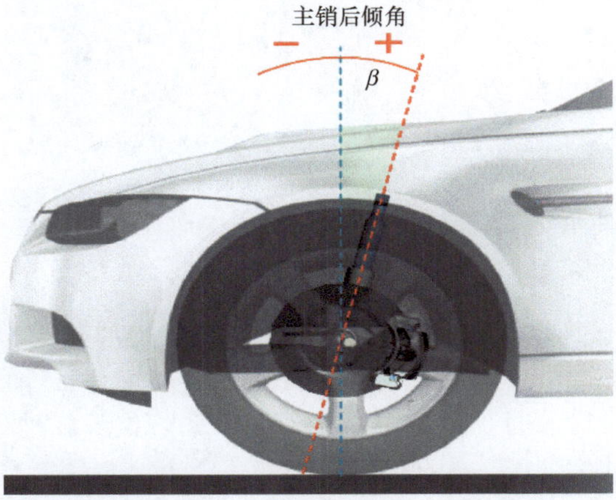

图 2-34　主销后倾角

主销后倾的作用是保证汽车直线行驶的稳定性，并使汽车转弯后车轮能自动回正。后倾角越大，车速越高，车轮的稳定效应越强；但后倾角不宜过大，否则在转向时会使转向盘沉重或回正过猛而打手，一般主销后倾角取 3°以内，且一般是不能调整的。

（2）主销内倾　主销（减振器）安装在前轴上，其上端略向内倾斜，称为主销内倾。

在汽车横向平面内，主销轴线与地面垂线之间的夹角，称为主销内倾角 α，如图 2-35 所示。

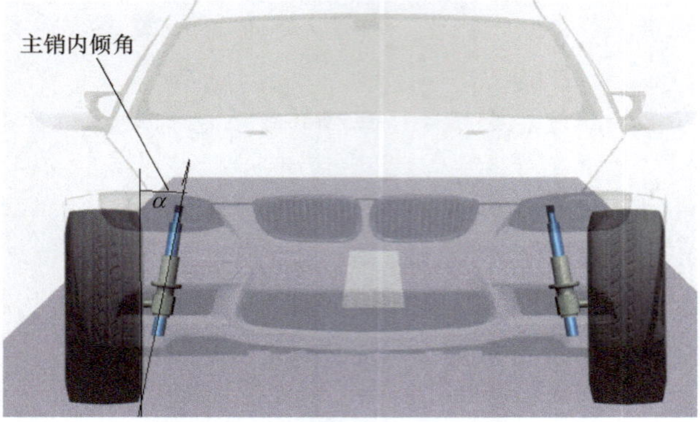

图 2-35　主销内倾角

主销内倾的作用是使车轮转向后能自动回正，且转向操纵轻便。

一般主销内倾角为5°～8°，它一般也是不能单独调整的。

(3) 前轮外倾　在汽车横向平面前轮略向外倾斜，称为前轮外倾。在汽车横向平面内地面垂线与前轮中心线形成的夹角 γ，称为前轮外倾角，如图 2-36 所示。当车轮顶部向车外侧倾斜时为正值，反之为负值。

图 2-36　车轮外倾角

车轮外倾角的作用是当空车时如果车轮正好与路面垂直，则满载时车轮会出现内倾，这将加速汽车轮胎的偏磨，同时还会加重车轮外轴承和轮毂的负荷，降低它们的使用寿命，因此，设计时预留有一定的外倾角来防止满载时车轮内倾。当然，目前也有一些汽车将外倾角设计为“0”，甚至负外倾。

一般车轮外倾角为 1°左右，只有少部分车型的前轮外倾角能够调整。

(4) 前轮前束　汽车两前轮的旋转平面不平行，前端略向内收，这种现象叫作前轮前束。两前轮前段距离 B，后段距离 A，其差值即为前束值，如图 2-37 所示。当后段大于前段时为正值，反之为负值。

汽车前束的作用是当前轮有了外倾角后，在滚动时，就类似于圆锥滚动，从而导致两侧车轮向外滚开，由于转向横拉杆和车桥的约束使车轮不可能向外滚开，车轮将在地面上出现

随堂笔记

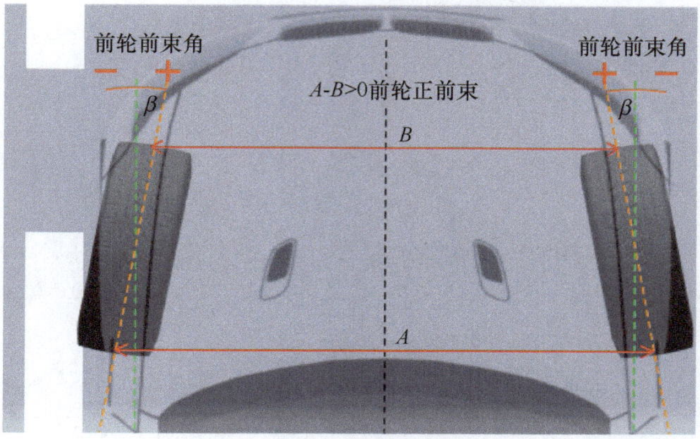

图 2-37　前轮前束

边滚边向内滑移的现象，从而增加了轮胎的磨损，为了抵消前轮外倾后带来的不良后果，前轮设计前束值。

一般车型前束值为 0 ~ 12mm，也有的车型为与负前轮外倾角相配合，其前束也取负值。

2. 后轮定位

随着道路条件的改善，当代轿车的行驶速度越来越高，汽车后轮具有一定程度的外倾角和前束可使后轮获得合适的侧偏角，有利于提高高速行驶的操纵稳定性。

（1）后轮外倾角　在汽车横向平面内后轮略向外倾斜，称为后轮外倾。在汽车横向平面内地面垂线与后轮中心线形成的夹角，称为后轮外倾角，如图 2-38 所示。当车轮顶部向车外侧倾斜时为正值，反之为负值。

后轮外倾角对轮胎磨损和操纵性有影响。理想状态是四个车轮的运动外倾角为零，这样轮胎与路面接触良好，从而得到最佳的牵引性能和操纵性能，但实际轿车为了对载荷进行补偿，一般采用一个较小的正后轮外倾角。

（2）后轮前束　汽车两后轮的旋转平面不平行，前段略向内收，这种现象叫作后轮前束。两后轮前段距离 B，后段距离 A，其差值即为后轮前束值，如图 2-39 所示。当后段大于前段时为正值，反之为负值。

图 2-38　后轮外倾角

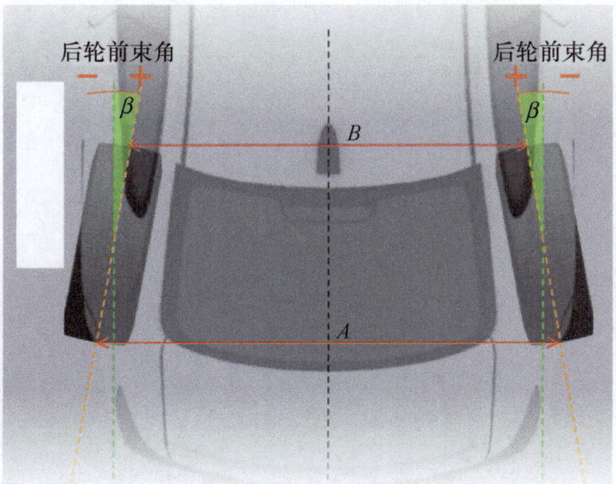

图 2-39　后轮前束

随堂笔记

后轮前束的作用是如果后轮没有前束，当汽车行驶时，在驱动力 F 作用下，后轴将产生一定弯曲使后轮出现前张现象，造成轮胎异常磨损，如图 2-40 所示，为了抵消这种前张现象，后轮预先设置前束角。

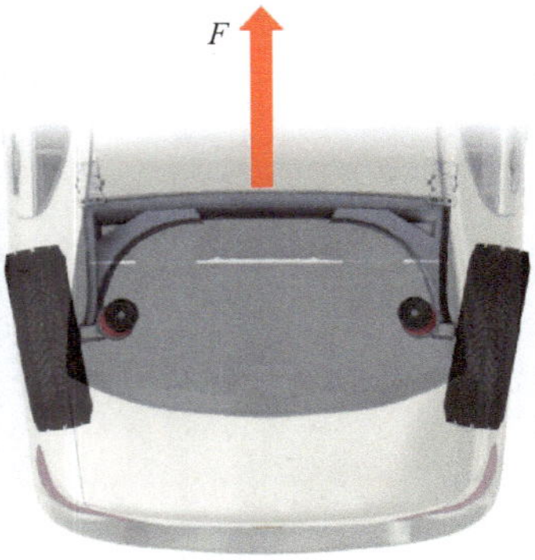

图 2-40　后轮前张现象

3. 其他车轮定位参数

（1）推进线与推进角　前轴中心与后轴中心的连线称为车体中心线（也称车辆几何中心线）。四轮定位仪在测量后轮单侧前束时，是参考车体中心线来测量的。然后通过后轮单侧前束平分点作一直线与后轮中心相交，确定推进线，即汽车后轮总前束角的平分线，为汽车的推进线。推进线与车体中心线之间的夹角，叫作推进角，如图 2-41 所示。

推进线是车辆在路上直线行驶时的实际方向。如果推进线与几何中心线不同，驾驶人必须转向以使车辆直线行驶，这将导致在推进线方向上转向盘不正。理论上讲，车辆推进线应该与车体中心线相同，否则形成过大的推进角，就会造成汽车行驶时跑偏。

一般四轮定位仪在测量后轮单独前束时，是以车体中心线为参考的，而测量前轮的单侧前束时，是以推进线为定位基准来测量的。因此，在进行四轮定位调整时，必须先调整后轮再调整前轮，为了让推进角接近于零，应将两后轮的单独前束调整到正常范围且尽可能相等。

（2）包容角　从汽车正前看，主销轴线和车轮中心线之间的夹角称为包容角。它在数值上等于主销内倾角和前轮外倾角之和，如图 2-42 所示。如果外倾角为正值，需要加上外倾角；如果外倾角为负值，就需要减去外倾角。包容角是一个非常重要的车轮定位诊断参数，可用来诊断悬架系统结构定位失准或悬架组件变形。

随堂笔记

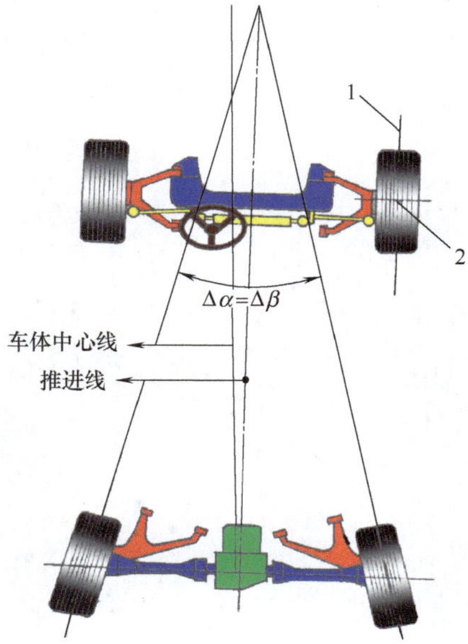

图 2-41　车体中心线与推进线

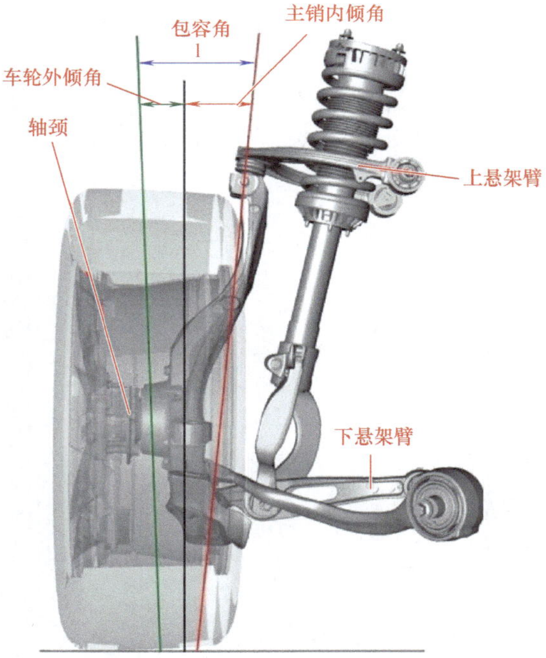

图 2-42　包容角

(3) 轴距　汽车前轴中心到后轴中心的距离叫作轴距，如图 2-43 所示，也即同一侧前轮中心到后轮中心的距离。轴距偏差，即一侧两轮中心的距离与另一侧两轮中心距离的差值。

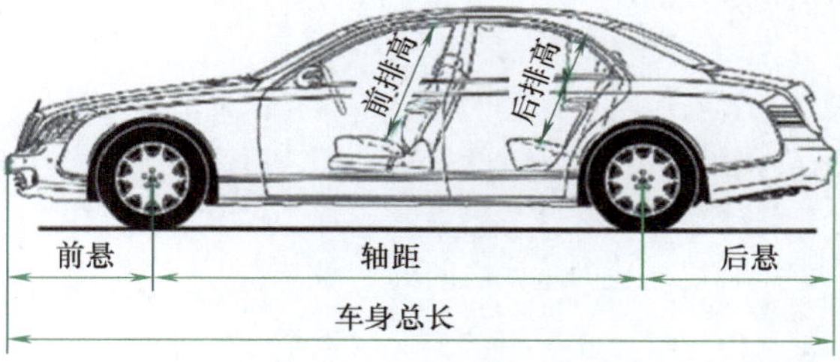

图 2-43　汽车轴距

(4) 轮距　轮距有前轮的轮距和后轮的轮距，前轮的轮距即两前轮中心的距离。后轮的轮距即两后轮中心的距离，如图 2-44 所示。

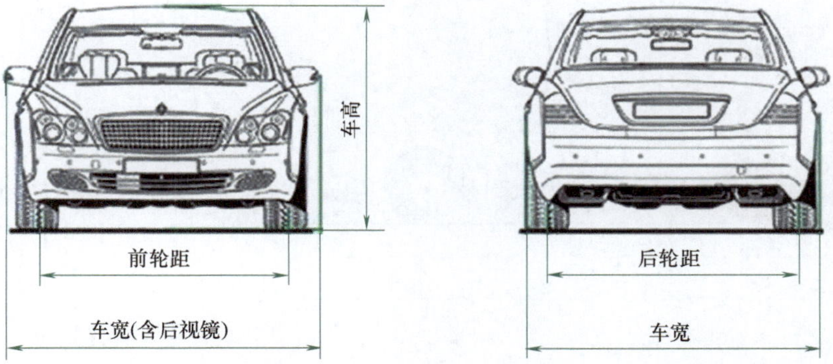

图 2-44　汽车轮距

随堂笔记

四轮定位的检查与调整	学习任务单	班级：
		姓名：

1. 不正确的车轮定位可能造成轮胎＿＿＿＿＿，直线行驶时方向＿＿＿＿＿，在汽车转向时可能造成＿＿＿＿＿或转向过度。

2. 当某辆车出现轮胎偏磨，且行驶时有跑偏的现象，你会建议他做＿＿＿＿＿检查。

3. 在汽车纵向平面内，主销轴线与地面垂线之间的夹角，称为＿＿＿＿＿＿＿＿。它的作用是保证汽车直线行驶的稳定性，并使汽车转弯后车轮能＿＿＿＿＿。

4. 在汽车横向平面内，主销轴线与地面垂线之间的夹角，称为＿＿＿＿＿，它的作用是使车轮转向后能＿＿＿＿＿，且转向操纵轻便。

5. 在汽车横向平面内地面垂线与前轮中心线形成的夹角，称为＿＿＿＿＿，它的作用是防止汽车满载时车轮会出现内倾。

6. 汽车两前轮的旋转平面不平行，前端略向内收，这种现象叫作＿＿＿＿＿。它是为了抵消＿＿＿＿＿后带来的不良后果而设计的定位角度。

7. 后轮定位的角度主要有车轮外倾和＿＿＿＿＿。

8. 标注下图中数字所指车辆参数的名称：

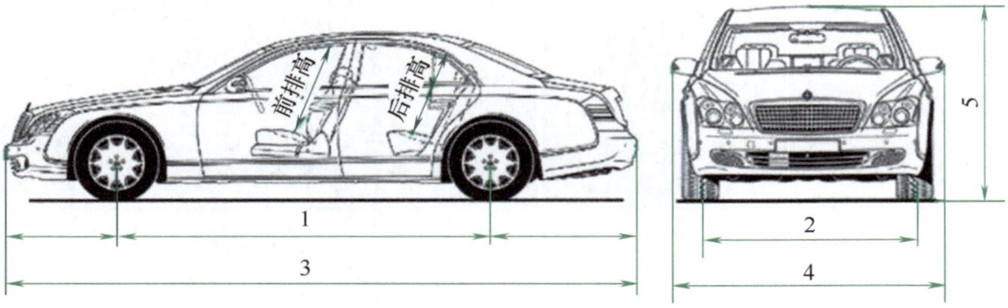

1. ＿＿＿＿＿　2. ＿＿＿＿＿　3. ＿＿＿＿＿

4. ＿＿＿＿＿　5. ＿＿＿＿＿

随堂笔记

实训任务　四轮定位的检查与调整

实训器材

通用威朗轿车、3D 四轮定位仪、轮胎气压表、花纹深度尺、预制式扭力扳手（20～100N·m）和常用工具等。

作业准备

检查举升机，车辆在举升机上停放周正，铺好车内护套。

操作步骤

1. 定位前基本检查

扫一扫

定位前基本检查

1）安装车轮挡块（后轮）。

2）检查定位举升机左、右后滑板固定销安装是否到位。

3）检查定位举升机左、右前转角盘固定销安装是否到位。

4）检查车辆在举升机上停放是否周正，前轮是否在转角盘中心位置。

5）打开点火开关，降下左前车窗玻璃。

6）检查车辆行驶里程和油箱油位并做好记录，关闭点火开关。

小提示

如果油箱油位不足，要查询维修手册，查找油箱容积，根据仪表油位显示计算添加配重，使车身承受满油的重量，否则可能造成定位检测角度值不准。

7）检查乘客舱和行李舱是否有较重的物品，如有应取出。

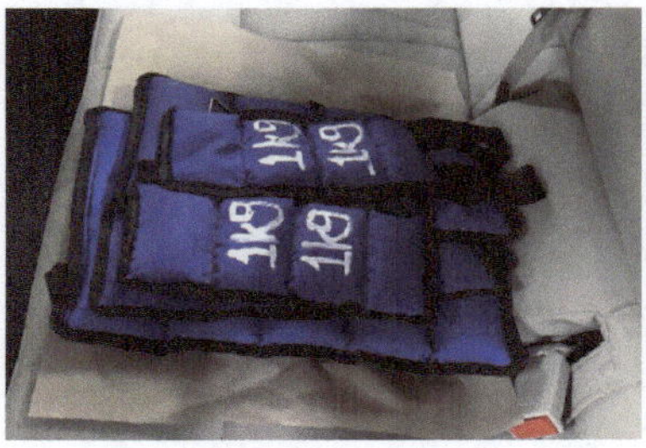

8）用轮胎气压表测量轮胎气压，如异常应调整至标准气压。

随堂笔记

2. 定位前底盘检查

扫一扫

定位前底盘检查

1）操作举升机大剪上升到高位，落好安全锁并检查落锁是否到位。

2）检查前悬架的左右减振器是否漏油、螺栓弹簧是否折断、转向节是否损坏、下臂是否损坏、下臂前后衬套是否松动、稳定杆与连接是否松动等。

3）检查左右转向横拉杆是否弯曲、横拉杆球头是否松动。

4）检查后悬架的减振器是否漏油、螺栓弹簧是否折断、拖臂与后桥是否变形或损坏等。

5）用合适的工具检查底盘悬架各部件螺栓是否松动。

3. 定位前车轮检查

扫一扫

定位前车轮检查

1）操作举升机大剪下降到最低落锁的位置，按下落锁按钮，并检查左右落锁是否到位。

2）安装四个小剪举升机垫块，旋转大/小剪选择开关到小剪位置，操纵举升机小剪完全上升，然后小剪再落锁。

3）分别上下、左右晃动车轮检查车轮是否松动，并依次检查四个车轮。如果松动，还应检查是由于车轮轴承损坏，还是悬架损坏造成的，要处理完松动故障才能继续定位作业。

4）分别用手转动四个车轮，检查车轮转动是否正常，听车轮轴承是否有异响，制动是否有拖滞。

5）检查四个车轮的轮胎是否裂纹、是否嵌入金属异物、是否偏磨；轮辋是否有碰撞或变形等。

6）用轮胎花纹深度尺测量四个轮胎的花纹深度，如低于最小值，则建议更换轮胎。

7）检查四个车轮的轮胎型号与标准型号（一般在左前门框或右侧 B 柱上有标识）是否一致。

8）检查前轴两侧轮胎花纹是否相同，检查后轴两侧轮胎花纹是否相同。

4. 定位前复位与车身高度测量

扫一扫

定位前复位与车身高度测量

1）拔下左右后滑板固定销并放到大剪平台上。

2）拔下左右前转角盘固定销并放到大剪平台上。

3）操作举升机小剪下降到底。

4）用双手按压前保险杠中间位置数次，使前悬架复位。

5）用双手按压后保险杠中间位置数次，使后悬架复位。

6）选用卷尺测量四个车轮位置的车身高度。再对比四个位置的差值，如果差值超过 10mm，则不符合定位要求，需要检查悬架是否有故障。

5. 定位仪的操作与卡具的安装

1）打开定位仪检测程序。

2）输入车辆 VIN 码。

3）根据作业车辆品牌与型号，打开车辆使用数据库，选择相应车型。

扫一扫

定位仪的操作与卡具的安装

4）输入轮胎型号、尺寸、胎压、花纹深度等。

5）对应安装四个车轮卡具，并锁止牢靠。

随堂笔记

6. 轮胎偏位的检测

1）操作电脑进入偏位补偿界面，确认四个车轮卡具信号正常，如异常请检查卡具安装是否准确。

2）释放驻车制动、档位置于空档、移开车轮挡块，根据电脑提示扳动左后车轮使车辆向后移动，直到界面跳转；再扳动左后车轮向前，直到界面跳转。完毕后安装车轮挡块防止滑移。

扫一扫

轮胎偏位的检测

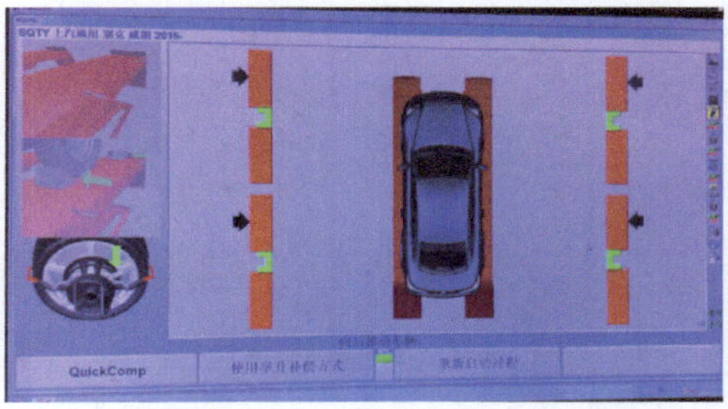

7. 定位角度的检测

1）牢靠地安装制动踏板锁。

2）操作电脑进入定位检测界面。

3）根据电脑提示左打转向盘约20°，再根据电脑提示右打转向盘约20°，最后根据提示将前轮对中。

扫一扫

定位角度的检测

4）操作电脑进入最大转向角测量界面，根据提示分别打完左右转向盘。最后根据提示将前轮对中，屏幕显示最大转向角检测值。

5）操作电脑进入下一步，屏幕显示检测的角度值，红色数据为不合格数据，绿色数据为合格数据。

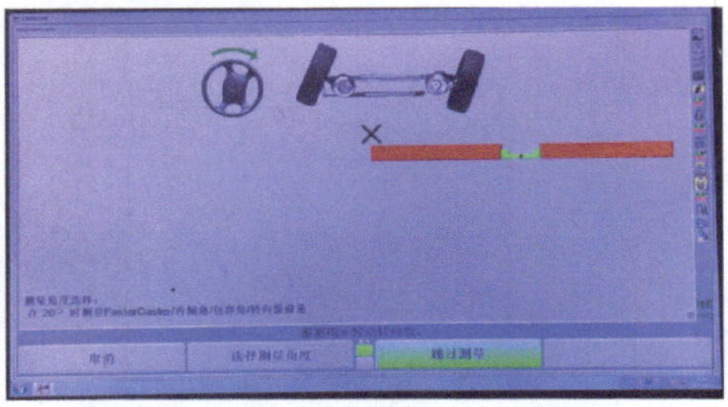

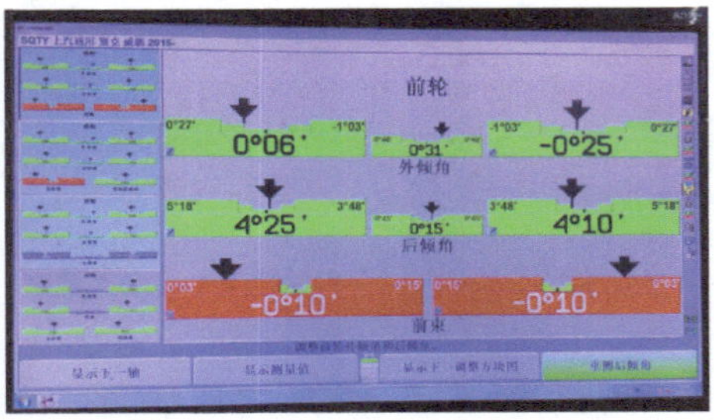

8. 前束的调整

1）将转向盘转到正中位置，并用转向盘锁固定转向盘。

扫一扫

前束的调整

随堂笔记

2）操作举升机升到较高位置，并确保举升机安全落锁。

3）选用合适的扳手松开左、右横拉杆球节锁止螺母，再用扳手分别转动横拉杆。

4）用呆扳手转动横拉杆的同时观察屏幕的数值，直到前轮前束值显示成绿色，且左右数值尽可能相等。

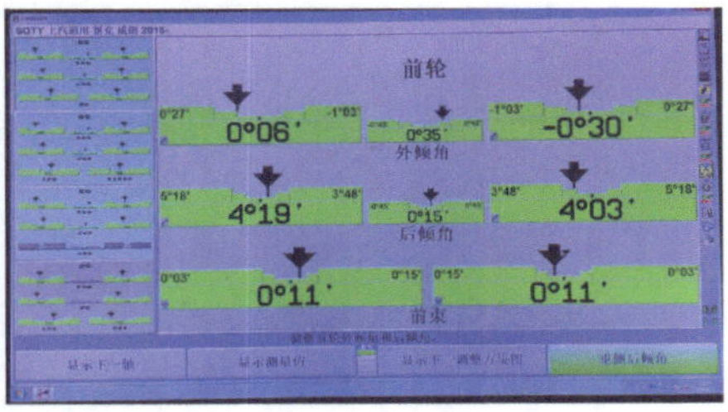

5）按维修手册规定力矩紧固左、右两边横拉杆锁止螺母。

9. 调整后的检测

1）操作电脑进入调整后检测界面。

2）根据电脑提示进入转向盘左打 20°及右打 20°，回正转向盘后屏幕显示调整后检测数据。

3）查看前束值是否正常，如异常应再次进行调整。

4）保存作业单，打印检测数据。

扫一扫

调整后的检测

10. 定位后复位

1）操作电脑退出定位检测程序。

2）收起定位仪卡具、制动踏板锁、转向盘锁。

3）升起举升机小剪，插入转向盘固定销和后滑板固定销，再下降举升机小剪。

4）收起车内护套，档位置于 P 位，拉起驻车制动，关闭车窗。

5）收起车轮挡块。

6）清洁车身及作业工位。

扫一扫

定位后复位

实训任务总结：

随堂笔记

四轮定位的检查与调整	工作任务单	班级： 姓名：

1. 记录车辆信息

品牌		整车型号		生产年月	
发动机型号		发动机排量		行驶里程	
车辆识别代码					

2. 检查车轮　　车辆标准轮胎型号【　　】　　胎压【　　】

检查项目		左前车轮	左后车轮	右前车轮	右后车轮
轮胎型号					
胎压值	数据				
	判定	正常□　异常□	正常□　异常□	正常□　异常□	正常□　异常□
	维修	调整□　修补□　无□	调整□　修补□　无□	调整□　修补□　无□	调整□　修补□　无□
花纹	深度				
	偏磨	左□　中□　右□	左□　中□　右□	左□　中□　右□	左□　中□　右□
	判定	正常□　异常□	正常□　异常□	正常□　异常□	正常□　异常□
	维修	更换□　换位□　无□	更换□　换位□　无□	更换□　换位□　无□	更换□　换位□　无□

3. 检查车轮轴承

检查项目		左前车轮	左后车轮	右前车轮	右后车轮
检查情况	判定	□异响　□松动　□正常	□异响　□松动　□正常	□异响　□松动　□正常	□异响　□松动　□正常
	维修	□维修　□调整　□更换	□维修　□调整　□更换	□维修　□调整　□更换	□维修　□调整　□更换

4. 记录车身高度

测量位置	左前 P 值	右前 P 值	左后 R 值	右后 R 值
测量值				
车身高度差值				

随堂笔记

5. 检查底盘悬架部件

序号	部件名称及位置	检查情况	维修措施
1		破损□　变形□　老化□　松动□　泄漏□　正常□	调整□　维修□　更换□
2		破损□　变形□　老化□　松动□　泄漏□　正常□	调整□　维修□　更换□
3		破损□　变形□　老化□　松动□　泄漏□　正常□	调整□　维修□　更换□

6. 定位数据

角度名称	左　前	右　前	左　后	右　后
主销内倾角			—	—
主销后倾角			—	—
车轮外倾角				
前轮前束角			—	—
后轮前束角	—	—		
前轮前束角调整后			—	—

7. 查阅维修手册

序号	部件名称	章节及页码	规格（米制）
1		第　章　页	
2		第　章　页	
3		第　章　页	

汽车转向系统部件的检查与保养		实习日期：	
姓名：	班级：	学号：	导师签名：
自评：□熟练 □不熟练	互评：□熟练 □不熟练	师评：□合格 □不合格	
日期：	日期：	日期：	

四轮定位的检查与调整【评分细则】

序号	评分项	得分条件	分值	评分要求	自评	互评	师评
1	安全/7S/态度	□1. 能进行工位7S操作 □2. 能进行设备和工具安全检查 □3. 能进行车辆安全防护操作 □4. 能进行工具清洁、校准、存放操作 □5. 能进行三不落地操作	15	未完成1项扣3分	□熟练 □不熟练	□熟练 □不熟练	□合格 □不合格
2	专业技能能力	□1. 能正确地对车辆进行定位前基本检查 □2. 能正确地检查油箱油位 □3. 能正确地检查轮胎型号与气压 □4. 能正确地检查底盘部件状况 □5. 能正确地检查车轮状况 □6. 能正确地进行车辆复位 □7. 能正确地测量车身高度 □8. 能正确地操作电脑并输入车辆信息 □9. 能正确地安装车轮卡具 □10. 能正确地对车轮进行偏位检测 □11. 能正确地对车辆进行转向角度测量 □12. 能正确地对车辆进行最大转向角度检测 □13. 能正确地安装制动踏板锁和转向盘锁 □14. 能正确地调整前轮前束到标准值 □15. 能正确地进行调整后检测 □16. 能正确地进行定位仪复位与卡具回收	50	未完成1项扣4分，扣分不得超过50分	□熟练 □不熟练	□熟练 □不熟练	□合格 □不合格
3	工具及设备的使用能力	□1. 能正确地使用四轮定位仪 □2. 能正确地操作举升机 □3. 能正确地使用制动踏板锁与转向盘锁 □4. 能正确地使用维修工具	10	未完成1项扣5分，扣分不得超过10分	□熟练 □不熟练	□熟练 □不熟练	□合格 □不合格
4	资料、信息查询能力	□1. 能正确地查询车辆信息 □2. 能正确地查询轮胎型号及信息 □3. 能正确地记录所查询资料的章节及页码 □4. 能正确地记录所需维修信息	10	未完成1项扣2分	□熟练 □不熟练	□熟练 □不熟练	□合格 □不合格
5	数据判断和分析能力	□1. 能判断轮胎是否正常 □2. 能判断车身高度是否正常 □3. 能判断四轮定位数据是否正常 □4. 能分析确定左右横拉杆调整方向	10	未完成1项扣5分，扣分不得超过10分	□熟练 □不熟练	□熟练 □不熟练	□合格 □不合格
6	表单填写与报告的撰写能力	□1. 字迹清晰 □2. 语句通顺 □3. 无错别字 □4. 无涂改 □5. 无抄袭	5	未完成1项扣1分	□熟练 □不熟练	□熟练 □不熟练	□合格 □不合格
总分：							

随堂笔记

模块三

汽车制动系统部件的检查与保养

任务一　制动系统的检查与保养

学习目标

知识目标

1）掌握制动系统的作用、类型与组成。

2）掌握制动系统的工作原理。

3）掌握制动器的拆卸和更换流程及安全措施。

技能目标

1）会检查与保养制动系统各部件。

2）会对制动系统各部件进行实车拆装。

3）会检测制动液并更换制动液。

4）熟练使用维修手册查询制动系统各部件规格。

素养目标

1）能够在工作过程中与小组其他成员合作、交流，养成团队合作意识，锻炼沟通能力。

2）养成 7S 的工作习惯。

3）养成服从管理、规范作业的良好工作习惯。

随堂笔记

任务描述

一辆丰田卡罗拉轿车用户反映：感觉踩制动踏板时行程比以前变长，而且制动效果也不如以前，需要你对制动系统进行检查，确定故障部位并进行修理，同时对制动系统进行保养。

相关知识

一、制动系统的作用

为了使行驶车辆的速度减速，直到停车，就必须产生使车轮旋转变慢的力。制动系统的作用就是利用机械摩擦来产生制动力，使汽车根据驾驶人的需要适时减速或停车，还能使已经停驶的车辆实现可靠停放。如图 3-1 所示。

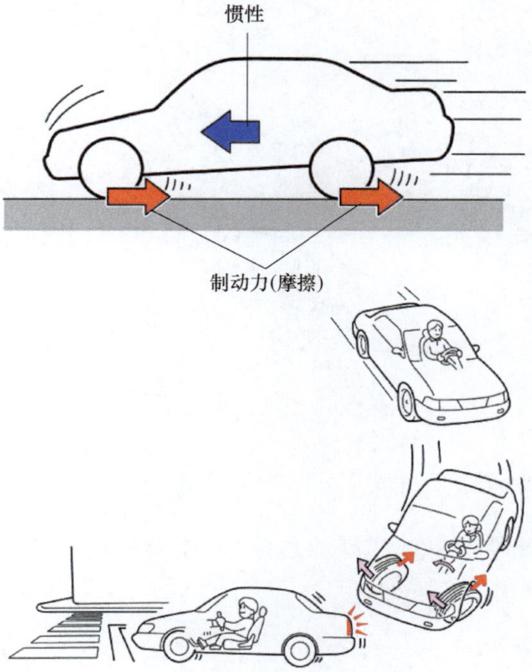

图 3-1　制动系统的作用

二、制动系统的分类

汽车制动系统按制动传动介质不同分类，可分为液压制动系统和气压制动系统两大类，如图 3-2 所示。轿车上普遍采用液压制动系统，大型载货汽车上采用气压制动系统。

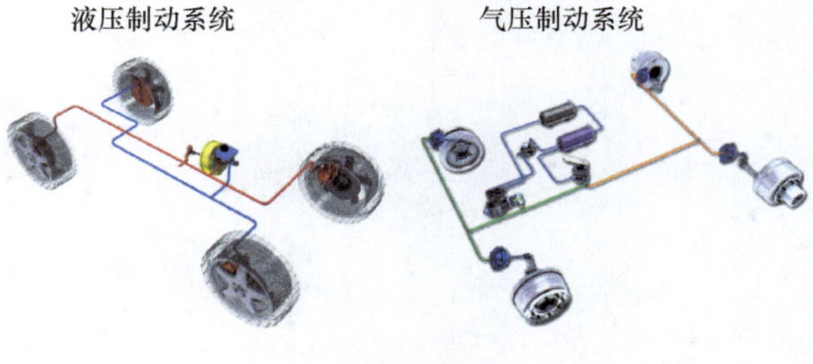

图 3-2　制动系统的分类

汽车制动系统按制动系统的作用分类，可分为行车制动（脚制动）系统和驻车制动系统两大类，如图 3-3 所示。行车制动系统用于行驶中的汽车减速或停车，通常由驾驶人用脚操纵；驻车制动系统用于使停驶的车辆停留原地不动，通常由驾驶人用手操纵，因此也通俗地称为“手刹”。

随堂笔记

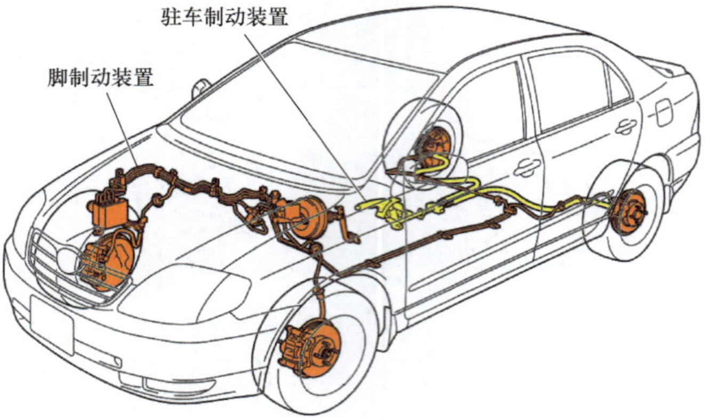

图 3-3　制动系统的分类

三、制动系统的结构与工作原理

液压制动系统主要由制动主缸（制动总泵）、制动管路、制动液、制动器、真空助力器、制动踏板等组成，如图 3-4 所示。

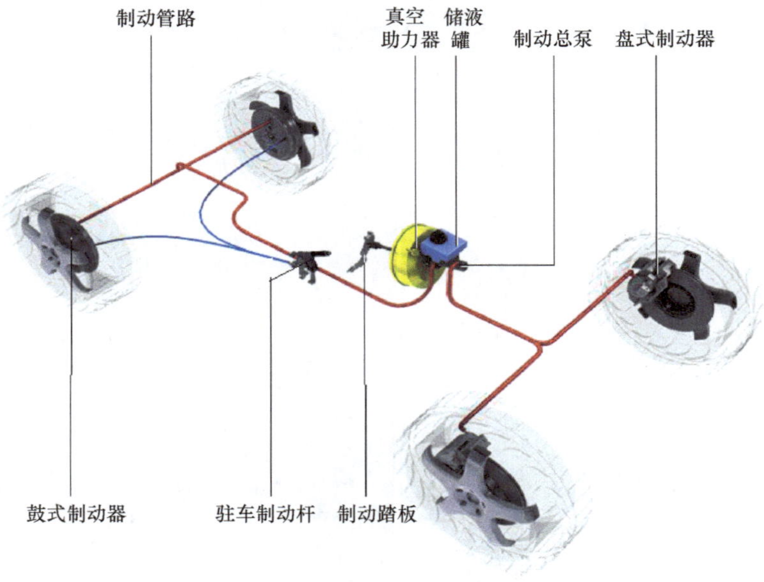

图 3-4　制动系统的组成

随堂笔记

1. 制动主缸

制动主缸也称制动总泵，其作用是将制动踏板输入的机械能转换成液压能。制动主缸与储液罐制成一体，储液罐上一般有制动液的最高和最低平面线。为了保证安全性，汽车的制动装置都采用双管路制动传动，因此，都使用串联双腔式制动主缸，如图 3-5 所示。

串联双腔式制动主缸主要由主缸缸体、1 号活塞、2 号活塞、皮碗、卡环和回位弹簧等组成，如图 3-6 所示。

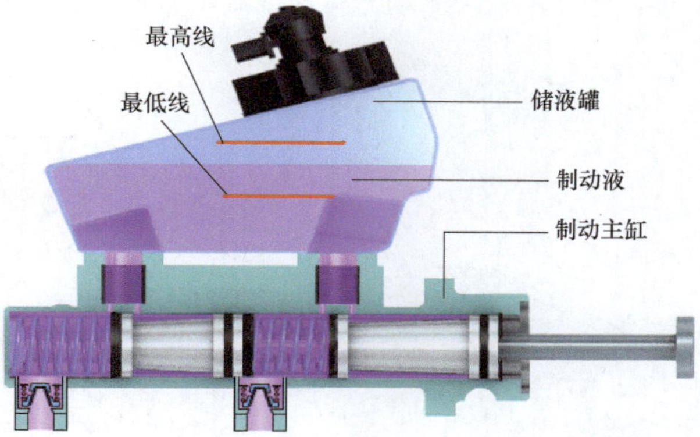

图 3-5　整体式串联双腔式制动主缸

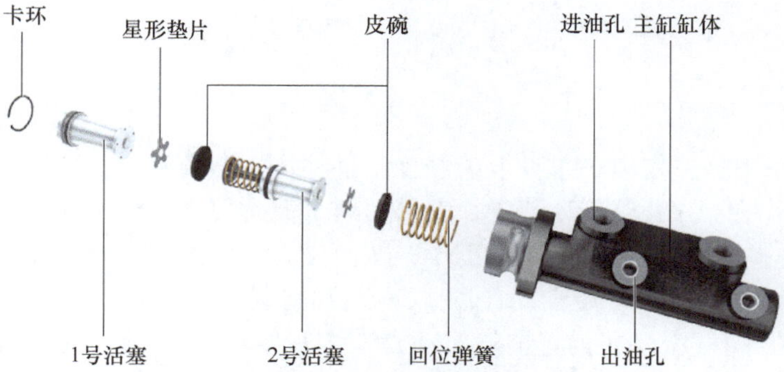

图 3-6　制动主缸的结构

制动主缸的工作原理如下：

随堂笔记

(1) 未制动时　制动主缸内 1 号和 2 号活塞的皮碗定位在进油孔口与补偿孔口之间，总泵与储液罐之间形成一个通道，如图 3-7 所示。由于 2 号回位弹簧的力会把 2 号活塞推到右边，因此，用一个止动螺栓定位。

(2) 踩下制动踏板时　制动踏板推杆推动 1 号活塞移动到左边，活塞皮碗封闭补偿孔口，阻塞总泵与储液罐之间的通道。当活塞推得更远时，增加了总泵内的液压力。该压力作用在后制动器上。同时，此液压力推动 2 号活塞，2 号活塞与 1 号活塞以相同的方法工作，作用在前制动器上，如图 3-8 所示。随着驾驶人脚踩力的增加，该液压力也随之增加。

(3) 松开制动踏板时　由液压力和回位弹簧的力把活塞推回到原位上。活塞回到其原位后，从轮缸渐渐返回到总泵的制动油液通过补偿孔流入储液罐，如

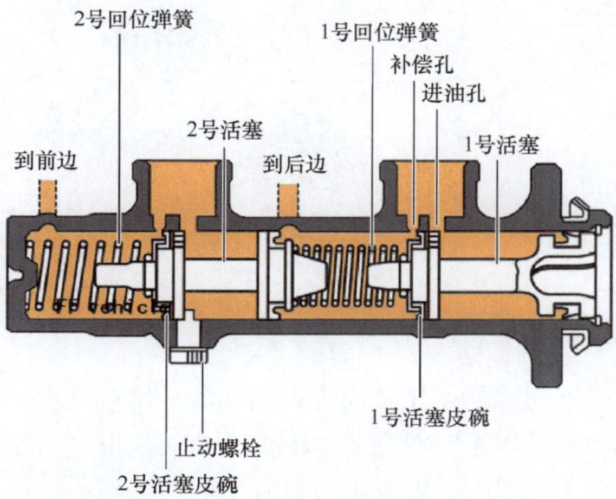

图 3-7　未制动时活塞位置

图 3-9 所示。补偿孔还能防止在不使用制动器时出现液压力升高的现象。

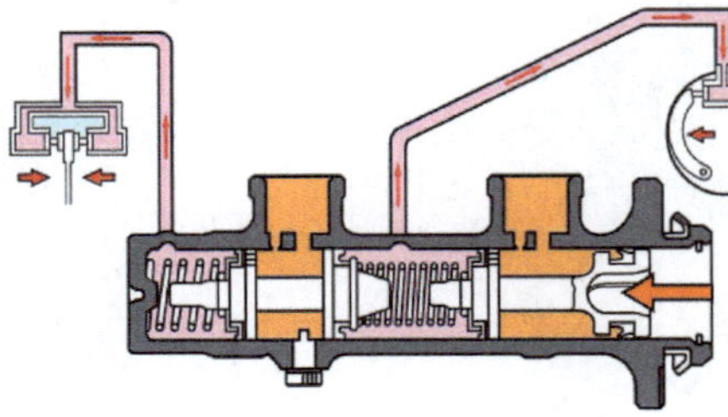

图 3-8　踩下制动踏板时活塞位置

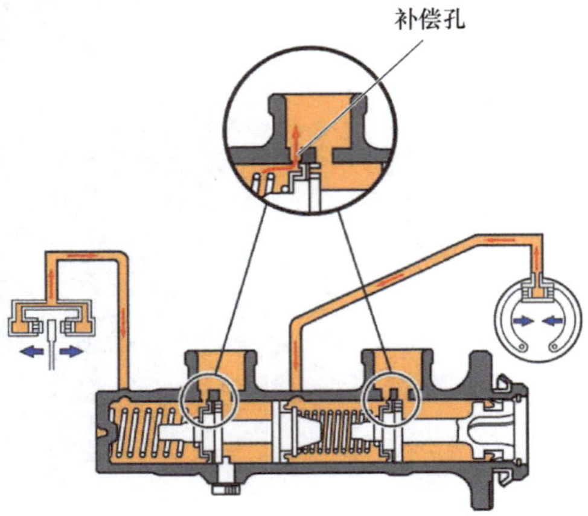

图 3-9　松开制动踏板后活塞位置

2. 制动管路

制动管路的作用是连接位于车身上的制动主缸和位于制动底板上的制动轮缸。

现代汽车都采用了双管路传动装置，它采用两个彼此独立的液压系统，当一个液压系统发生故障时，另一个液压系统仍然照常工作，从而提高了汽车制动的可靠性和安全性，按连接方式的不同可分为对角分离式连接（图 3-10）和前后分离式连接两种（图 3-11）。其中对角分离式连接在 FF（发动机前置前轮驱动）车中采用较普遍；前后分离式在 FR（发动机前置后轮驱动）车中采用较普遍。油管一般采用金属管（铜管）制成，由于车轮是通过弹性悬架与车身相连，所以在车身端与制动轮缸端管路采用高强度的橡胶软管连接。

随堂笔记

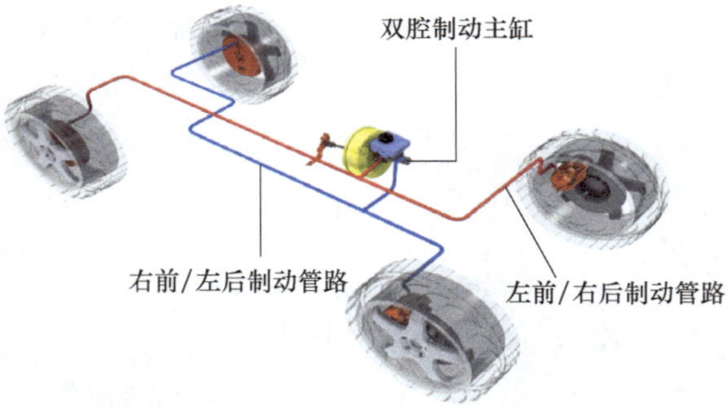

图 3-10　对角分离式制动管路连接

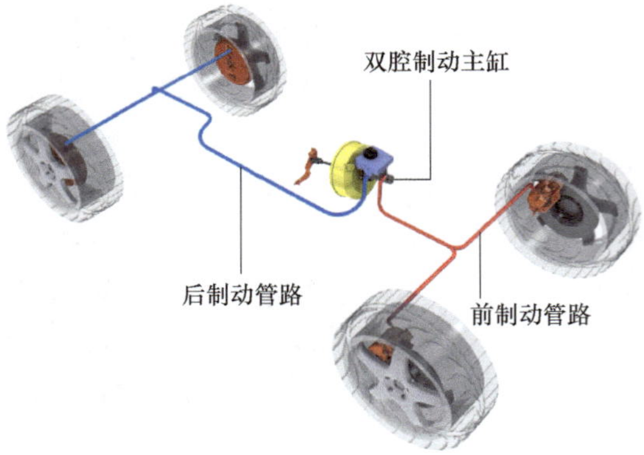

图 3-11　前后分离式制动管路连接

3. 制动液

液压制动系统采用汽车制动液来进行动力的传递。制动液的质量是保证液压系统工作可靠的重要因素。对制动液的要求是：高温下不易汽化，否则，将在管路中产生气阻现象，使制动系统失效；低温下有良好的流动性；不会使金属件腐蚀和橡胶件发生膨胀、变硬；能对液压系统起润滑作用；吸水性差而溶水性良好等。

按照国际 DOT 标准，目前制动液分成 DOT3、DOT4 和 DOT5。一般采用 DOT3 或 DOT4。具体还应该按维修手册的要求进行选择，并且不同型号和不同品牌的制动液不能混加。

4. 制动器

(1) 作用　制动器的作用是将从制动管路传过来的液压力转换成摩擦力迫使车轮减速或停转。

(2) 类型　制动器按结构不同，可分为鼓式制动器和盘式制动器，如图 3-12 所示。其中鼓式制动器由于能产生大的制动力矩，多用于货车或部分轿车后轮；盘式制动器由于散热性能好，广泛应用于轿车。

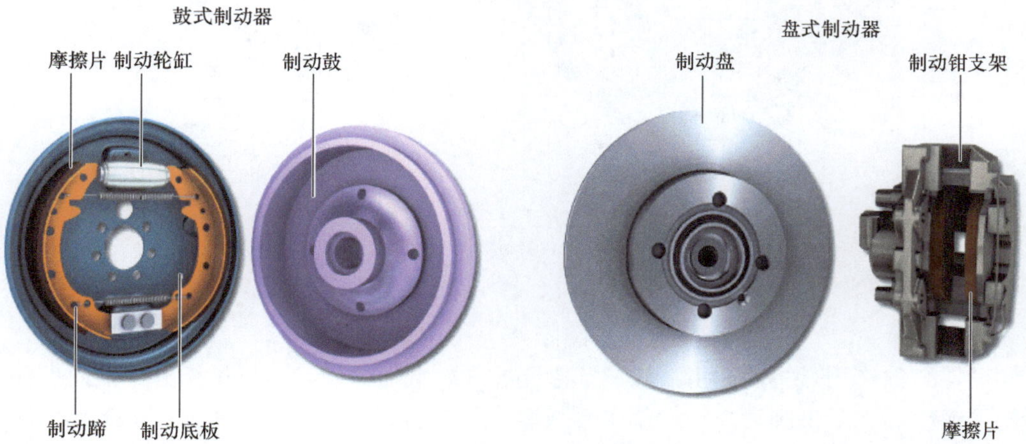

图 3-12　制动器的类型

(3) 鼓式制动器的结构与工作原理

1) 结构。鼓式制动器按结构不同可分为领从蹄式和双领蹄式等多种形式，如图 3-13 所示，但轿车上一般采用领从蹄式较多。

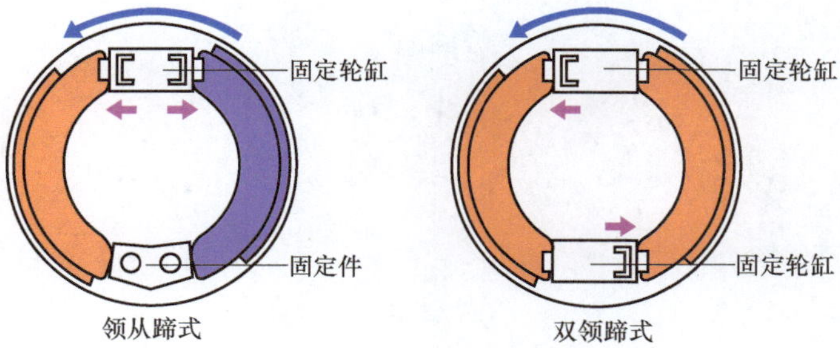

图 3-13　鼓式制动器的类型

领从蹄式制动器的结构如图 3-14 所示，主要由旋转部分、固定部分、张开机构和间隙自动调整机构组成。旋转部分是制动鼓，它固定在轮毂上并随车轮一起旋转；固定部分主要有制动蹄和制动底板，制动蹄上铆有摩擦片，通过回位弹簧拉紧压靠在张开机构的制动轮缸上。不制动时，制动鼓的内圆与制动蹄之间保留一定的间隙，使制动鼓可以随车轮一起旋转。

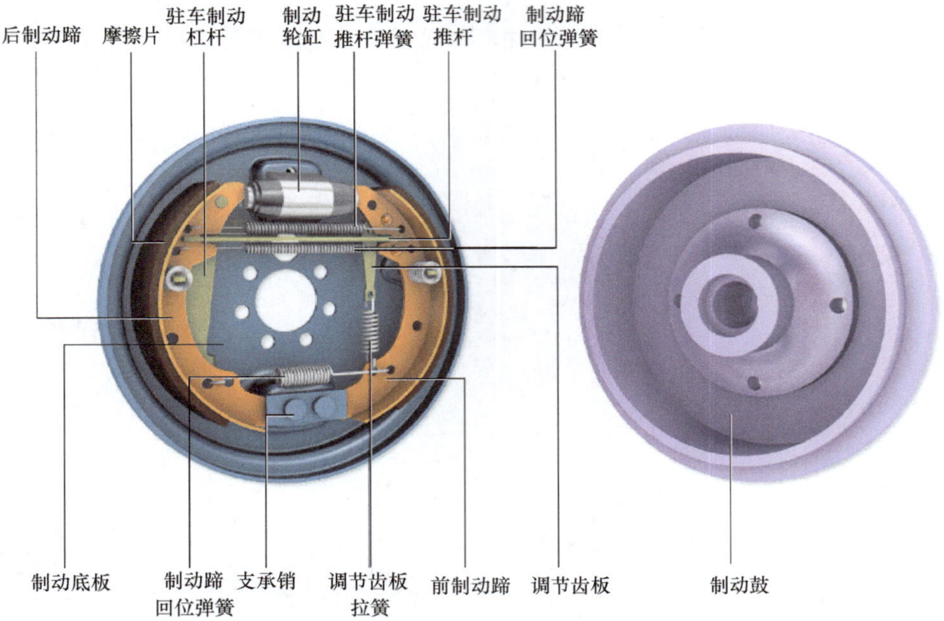

图 3-14　领从蹄式制动器的结构

制动轮缸的作用是将制动主缸经制动管路过来的液压力转换为机械推力，从而推动制动蹄与制动鼓摩擦，产生制动力矩，使车辆减速或停车。其结构主要由活塞、皮碗、缸体和放气螺钉等组成，如图 3-15 所示。

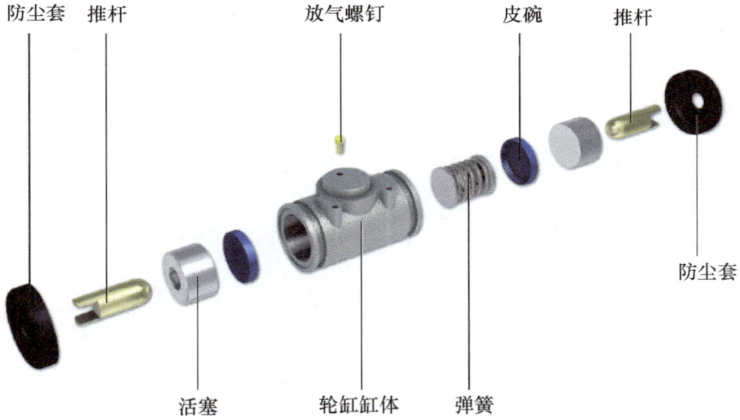

图 3-15　制动轮缸的结构

2）工作原理。当制动时，制动轮缸的两个活塞在液压作用下撑开回位弹簧向外移动，推动前、后制动蹄紧压在制动鼓上，不旋转的制动蹄就对旋转的制动鼓产生一个摩擦力矩，其方向与车轮旋转方向相反，迫使车轮减速或停车，如图 3-16 所示。当放松制动时，油液流回制动主缸，在各回位弹簧拉力作用下，制动蹄与制动鼓又恢复了原来的间隙，从而解除制动。

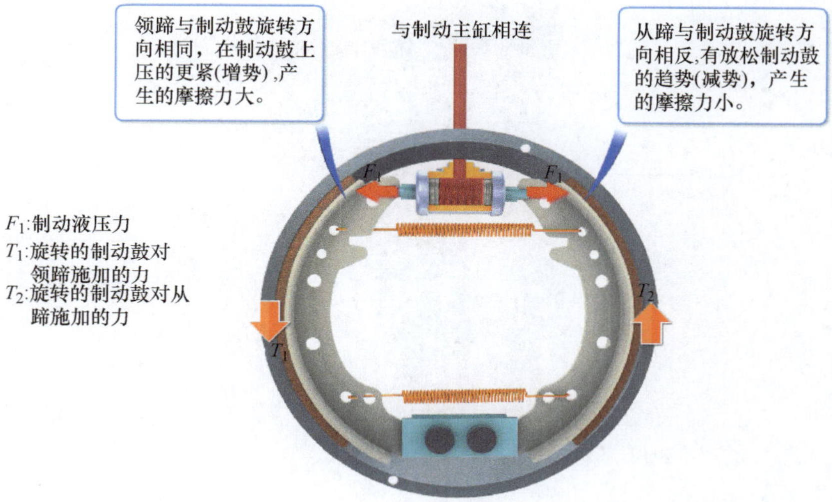

图 3-16　领从蹄式制动器的工作原理

(4) 盘式制动器的结构与工作原理

1）结构。盘式制动器在轿车上使用得越来越普通，按结构不同盘式制动器可分为定钳式和浮钳式两类，如图 3-17 所示。定钳式制动器有一对活塞，一般用在要求制动力矩较大的高级轿车上；浮钳式制动器一般只有一个活塞，由于热稳定性好、结构简单、造价低廉等优点，广泛应用在经济型轿车上。

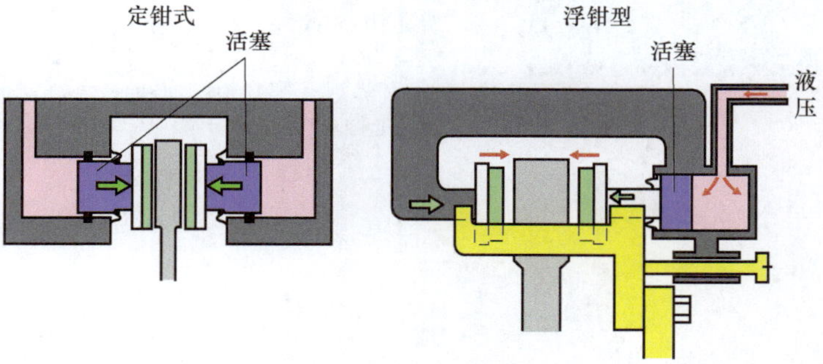

图 3-17　盘式制动器的类型

浮钳式制动器的结构如图 3-18 所示，它主要由制动钳、摩擦片、制动盘、活塞和密封圈等组成。

2）工作原理。浮钳式制动器在制动时，来自制动主缸的液压油推动左侧活塞和左侧摩擦片向右移动，最终压到制动盘上，同时，油缸中的油液压力将反过来推动制动钳向左侧移动，并带动制动盘右侧的摩擦片也向左移动，直到制动盘右侧的摩擦片也压到制动盘上。此时，两侧的摩擦片都压在制动盘上，从而产生制动摩擦力，将动能转换成热能，由于转子盘和制动器壳体都是暴露的，所以产生的摩擦热很容易被散发掉，如图 3-19 所示。由于制动时制动钳体会移动，故称为浮钳式制动器。

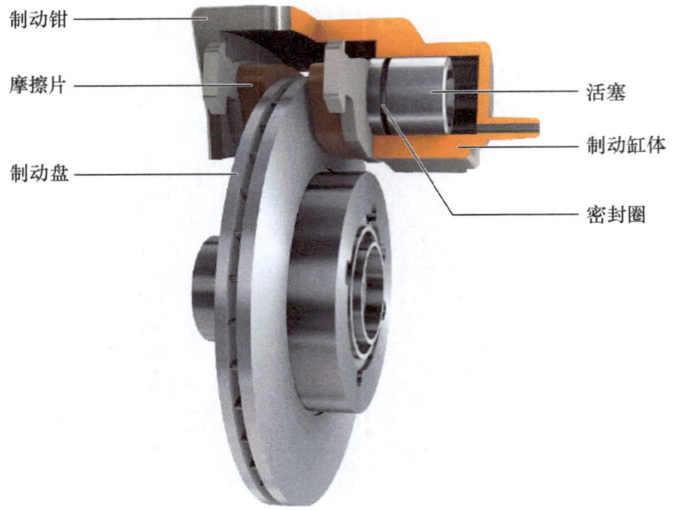

图 3-18　浮钳式制动器的结构

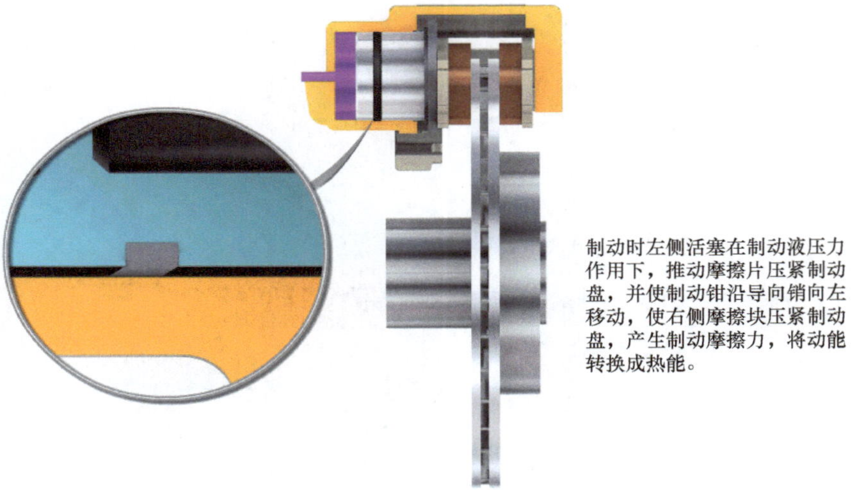

图 3-19　浮盘式制动器的工作原理

随堂笔记

盘式制动器的制动间隙是自动调整的，因为当踩下制动踏板时，液压力移动活塞并推动制动器摩擦片顶到转子盘。此时，活塞移动，导致活塞密封圈改变形状。释放制动踏板时，活塞密封圈返回到其原形，再移动活塞离开制动器摩擦片，如图 3-20 所示。因此，即使制动器摩擦片被磨薄，活塞还在移动，活塞回程量是始终不变的，所以制动器摩擦片与转子盘之间的间隙会保持不变的距离。

由于摩擦片比较容易磨损，因此在内侧摩擦片上装有衬块磨损指示器，当摩擦片厚度由于磨损减少到一定的厚度（约 2.5mm）时，固定在摩擦片背板上的衬块磨损指示器开始接触到转子盘并在行驶过程中产生尖叫声来提醒驾驶人，如图 3-21 所示。

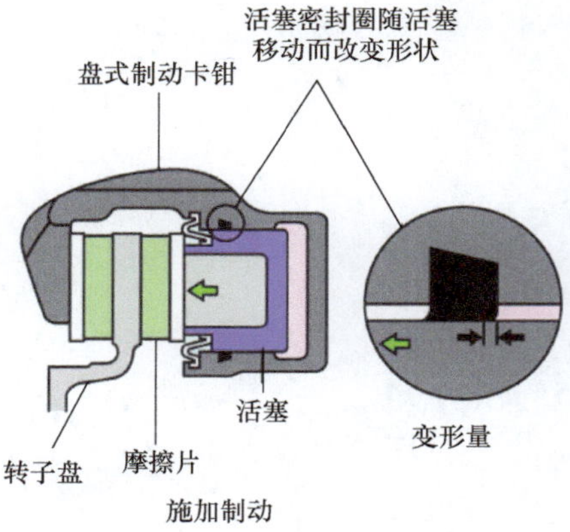

图 3-20 制动间隙自动调整

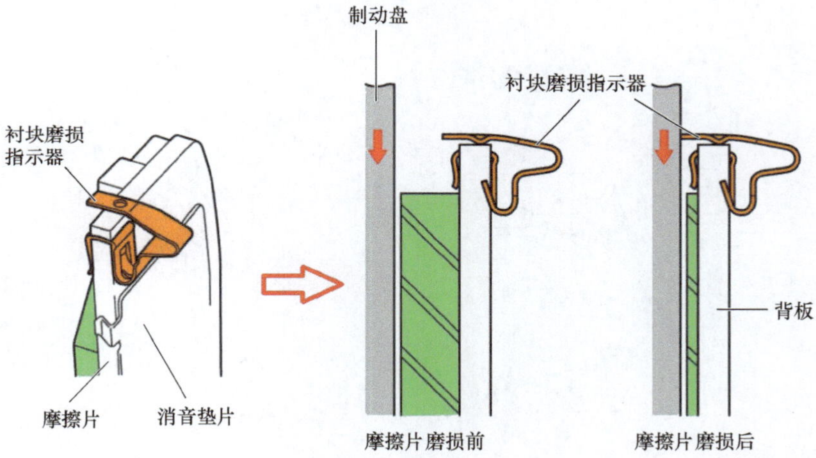

图 3-21 摩擦片磨损指示器

5. 真空助力器

（1）作用 在液压制动系统中，为了减轻驾驶人施加于制动踏板上的力，同时还能增加车轮制动力，达到操纵轻便、制动可靠的目的，都装有真空助力装置。真空助力器是使用发动机工作时在进气管中形成的真空度作为动力源，利用真空的吸力帮助制动踏板对制动主缸产生推力，所以真空助力器装在制动踏板与制动主缸之间。

（2）结构 真空助力器主要由前/后壳体、膜片、膜片回位弹簧、顶杆、制动阀和推杆等组成。如图 3-22 所示。

（3）工作原理 当制动器不工作时，空气阀连接在阀操纵杆上，并由空气阀回位弹簧将其向右拉动。控制阀由控制阀弹簧向左推动，这样使空气阀接触到控制阀。因此，防止通过空气滤清器滤芯的大气进入变压室。在这种情况下，阀体的真空阀是与控制阀分开的，在通道 A 与通道 B 之间形成一个开口。由于在恒压室里始终有一个真空，所以此时在可变压力室也有一个真空。结果是由膜片弹簧将助力器活塞推向最右侧，如图 3-23 所示。

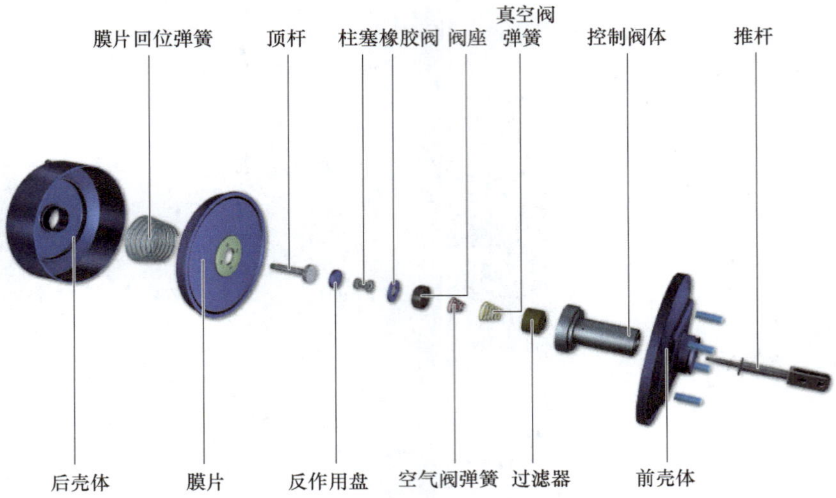

图 3-22　真空助力器的结构

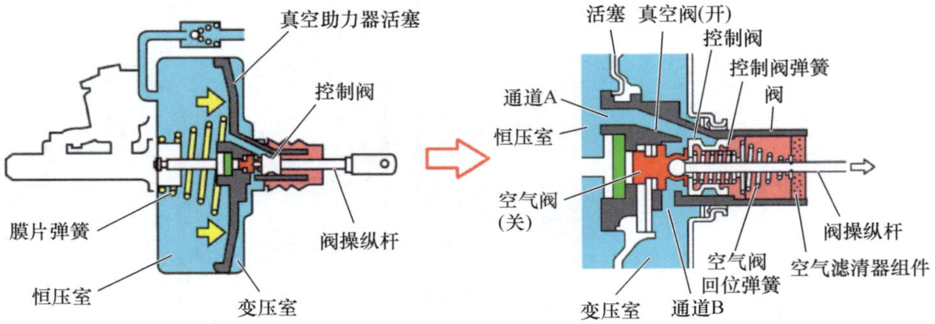

图 3-23　真空助力器的工作原理（未制动时）

随堂笔记

当踩下制动踏板时，阀操纵杆推动空气阀，使它向左移动。由控制阀弹簧推动顶住空气阀的控制阀也向左移动，直到它接触到真空阀为止，这样阻塞住通道 A 与通道 B 之间的开口。当空气阀向左更远移动时，它将离开控制阀。这样让大气通过通道 B（通过空气滤清器滤芯后）进入可变压力室。恒压室与可变压力室之间的压力差使得真空助力器活塞向左移动，这样推动真空助力器推杆与制动踏板一起向制动主缸施加制动力，如图 3-24 所示。

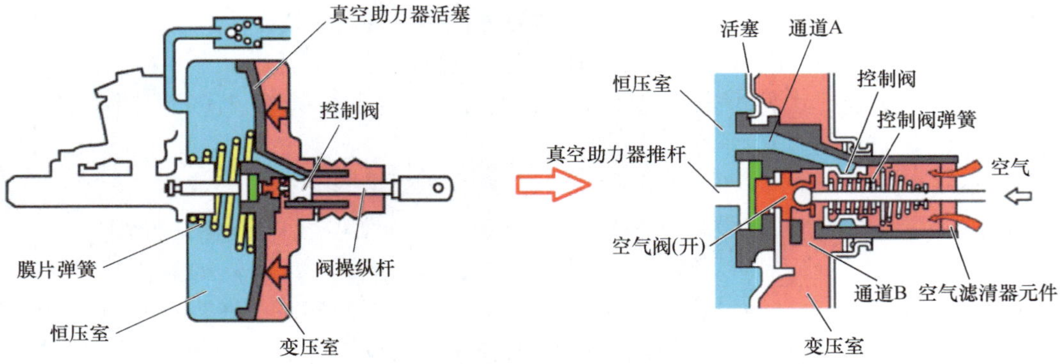

图 3-24　真空助力器的工作原理（制动时）

制动系统的检查与保养	学习任务单	班级：
		姓名：

1. 制动系是利用________作用来产生制动力的。

2. 汽车制动系统按制动传动介质不同分类，可分为________制动系统和气压制动系统两大类，轿车上普遍采用________制动系统，它是利用________作为传动介质。

3. 写出图中数字所指零件的名称：

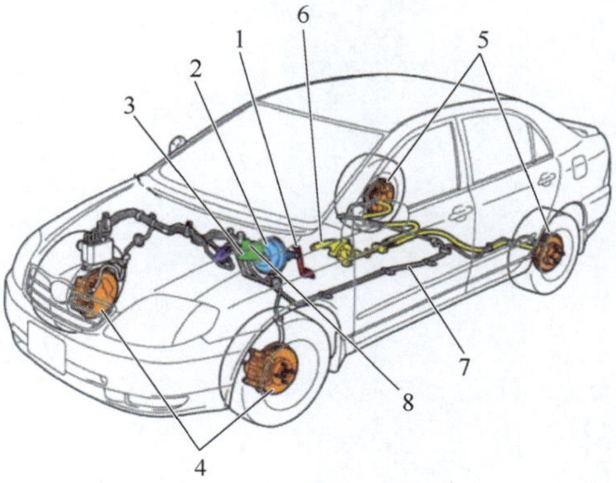

1. ________ 2. ________ 3. ________ 4. ________

5. ________ 6. ________ 7. ________ 8. ________

4. 在制动系统中，将机械能转换成液压能的元件是________。将液压能转换成机械能的元件是________。

5. 制动主缸也称为制动总泵，为了安全它一般有独立的________个腔，对于 FF 车，________轮与________轮共用一个腔，________轮与________轮共用另一个腔。对于 FR 车，________轮与________轮共用一个腔，________轮与________轮共用另一个腔。

6. 制动器按结构不同，可分为________式制动器和________式制动器，其中________式制动器由于散热性好，在轿车上应用最广泛。

7. 写出图中数字所指零件的名称：

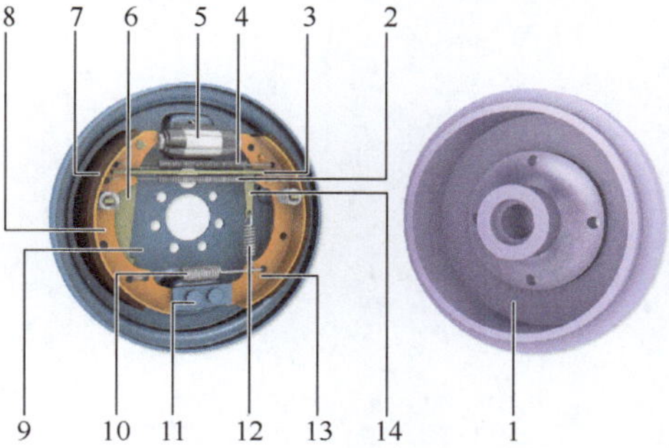

1. ________ 2. ________ 3. ________ 4. ________ 5. ________

6. ________ 7. ________ 8. ________ 9. ________ 10. ________

11. ________ 12. ________ 13. ________ 14. ________

随堂笔记

8. 写出图中数字所指零件的名称：

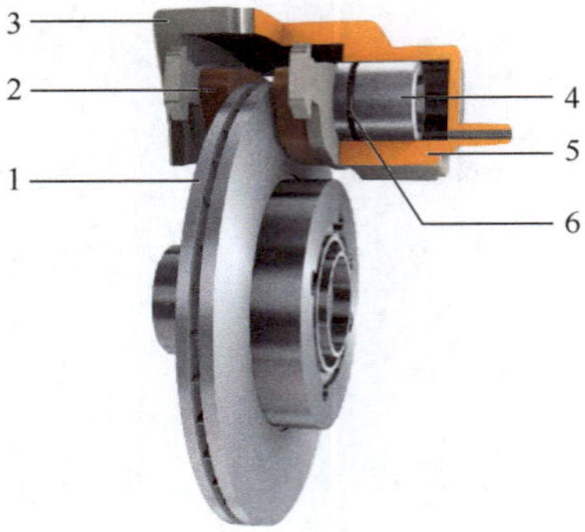

1. ________　2. ________　3. ________　4. ________

5. ________　6. ________

9. 未起动发动机时，制动踏板比较硬，需要较大力气才能踩下；而起动后，制动踏板比较软，很轻松就能踩下，是因为起动后制动系统__________在起作用。

随堂笔记

实训任务 1　液压制动系统的检查与保养

实训器材

丰田卡罗拉轿车、制动液沸点检测仪、含水率检测仪、钢直尺、常用工具和维修手册等。

作业准备

检查举升机，车辆在工位停放周正，铺好车内和车外护套。

操作步骤

1. 检查制动液泄漏

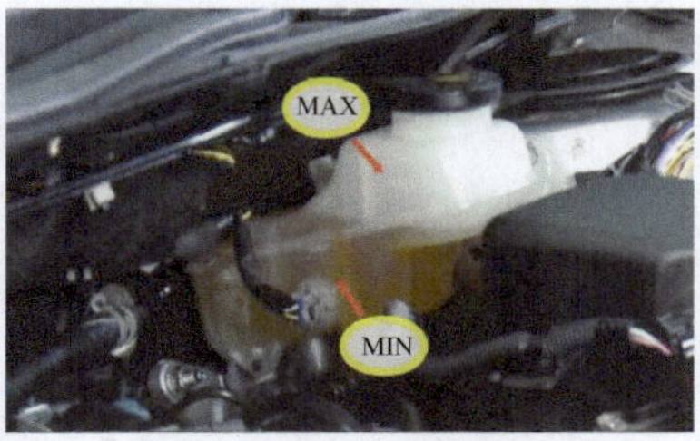

1）检查储液罐液位，正常液位应位于最低刻度线（MIN）和最高刻度线（MAX）之间。

2）检查制动主缸与真空助力器连接处是否有制动液泄漏，如有泄漏，说明制动主缸损坏。

3）检查与制动主缸的连接管路是否有泄漏或严重腐蚀等。

4）检查真空助力器与进气管的连接软管是否老化、裂纹或其他损坏。

2. 检测制动液

扫一扫

检测制动液

（1）制动液含水率的检测　打开储液罐盖，按下含水率检测仪电源按键，并将测量头放入制动液内，显示屏即显示检测值。再查询维修手册或相关资料，当含水率高于标准值时必须更换制动液。

（2）制动液沸点的检测　用针筒从储液罐内抽取适量的制动液放入玻璃量杯内，将沸点检测仪的正、负电源夹分别夹到蓄电池的正负极接头上，将测量头放入量杯中并按下测量键，待检测仪加热制动液到沸腾后，显示屏即显示制动液的沸点。再查询维修手册或相关资料，当沸点低于标准值时必须更换制动液。

随堂笔记

3. 测量制动踏板参数

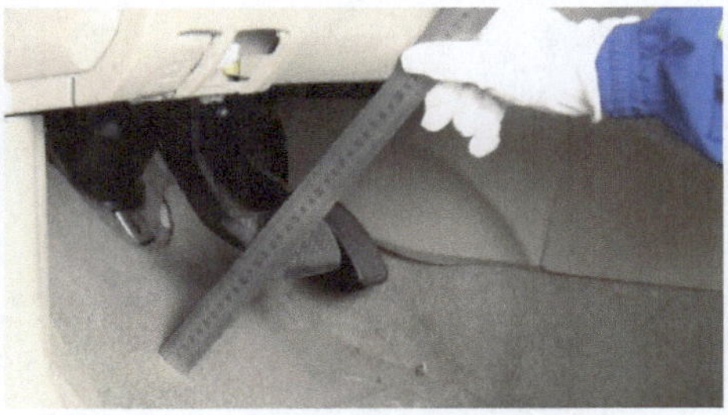

（1）制动踏板高度的测量　选用钢直尺测量制动踏板与地板的高度，读出并记录踏板高度值，并查询维修手册的标准值。

小提示

制动踏板高度标准值是指车身底板至制动踏板弧顶中心的垂直距离，一般不包含地毯和其他填充物的厚度。

（2）制动踏板自由行程的测量　多次踩下制动踏板，直至真空助力器内无真空，选用钢直尺，抵靠制动踏板，用大拇指按下制动踏板直至感到轻微的阻力，读出并记录此时的高度值，然后松开大拇指，记录此时的高度值，两次测量的高度差为制动踏板的自由行程，然后与维修手册标准值对比，确认是否正常。

标准值为1.0～6.0mm，如果不符合标准，应调整。

（3）制动踏板行程余量的测量　起动发动机，用紧急制动的形式较用力地踩下制动踏板，再用钢直尺抵靠制动踏板，测量此时制动踏板的高度即为行程余量，然后与维修手册标准值对比，确认是否正常，如偏低说明制动系统有空气或有故障。

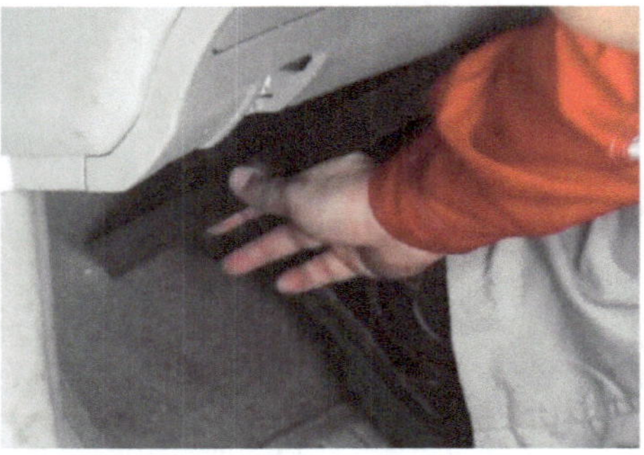

4. 调整制动踏板高度

1）选用合适的呆扳手，松开真空助力器推杆锁紧螺母。

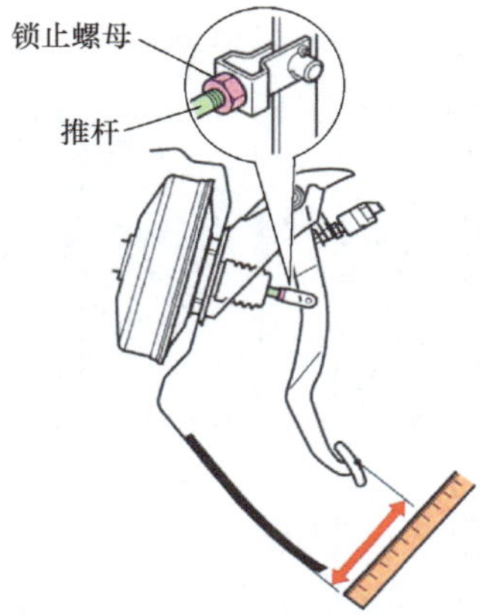

2）选用鲤鱼钳，转动推杆以调整制动踏板高度。

3）选用钢直尺，抵靠制动踏板，读出并记录踏板高度值，直到踏板高度调整到规定范围内。

4）再用合适的呆扳手，拧紧推杆锁紧螺母。

5. 检查真空助力器

（1）助力功能的检查　在发动机熄火时连续踩制动踏板若干次，以消除真空助力器内的真空，再踩住踏板不动，然后起动发动机，此时若制动踏板略为下沉，说明真空助力器助

随堂笔记

力功能正常；如踏板不动或不明显，则真空助力器无助力作用。

(2) 密封性能检查　起动发动机，再连续踩制动踏板数次，在踩下制动踏板时停止发动机运转，此时不要松开制动踏板，在等待 30s 内踏板高度无变化（无回弹感），说明真空助力器密封性能良好。如制动踏板有明显的回升现象，说明真空助力器有漏气故障，需更换。

6. 制动系统排气（人工排气）

1）添加制动液到储液罐 MAX 刻度线处。

2）牢靠地举升车辆至轮胎稍离开地面的位置。

3）选用轮胎专用套筒、风动扳手，按正确方法拆卸车轮。

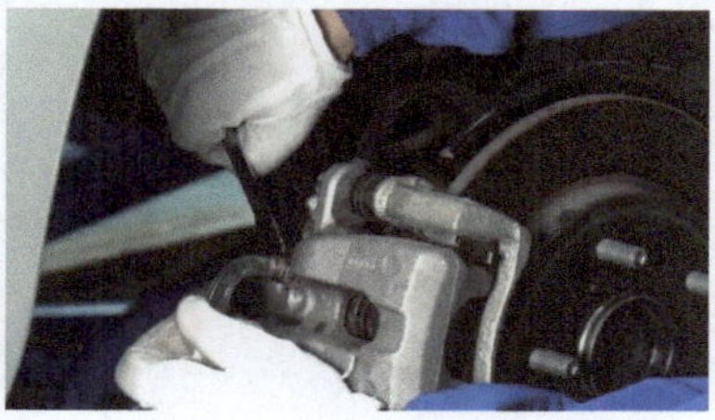

4）选用合适的梅花扳手，套在放气螺钉上；再将接油装置的透明软管连接到放气螺钉上，此时不要松开放气螺钉。

5）协助人员进入车内，连续多次踩制动踏板，协助人员与作业人员用“口号”配合，当作业人员口号协助人员“踩住”后，作业人员再松开放气螺钉，此时制动液从放气螺钉处喷出，然后锁紧放气螺钉，再口号协助人员“再踩”；如此操作数次，直到从透明软管喷出的制动液没有气泡为止，再锁紧放气螺钉，取下透明软管。

6）按上述方法，依次按右后—左后—右前—左前（由远及近）的顺序排放制动液。

> 小提示
>
> 在排放制动液时，要注意观察制动液液面，不足时要及时添加。

实训任务总结：

随堂笔记

液压制动系统的检查与保养	工作任务单	班级：
		姓名：

1. 记录车辆信息

品牌		整车型号		生产年月	
发动机型号		发动机排量		行驶里程	
车辆识别代码					

2. 检查制动液

检查项目	记录		检查项目	记录	
查询制动液型号			制动液沸点		异常□ 正常□
制动液液位		异常□ 正常□	制动液含水率		异常□ 正常□

3. 检查制动管路

检查项目	检查情况	维修措施
制动主缸	破损□ 变形□ 老化□ 松动□ 泄漏□ 正常□	调整□ 维修□ 更换□
制动管路	破损□ 变形□ 老化□ 松动□ 泄漏□ 正常□	调整□ 维修□ 更换□
左前制动管和软管	破损□ 变形□ 老化□ 松动□ 泄漏□ 正常□	调整□ 维修□ 更换□
右前制动管和软管	破损□ 变形□ 老化□ 松动□ 泄漏□ 正常□	调整□ 维修□ 更换□
左后制动管和软管	破损□ 变形□ 老化□ 松动□ 泄漏□ 正常□	调整□ 维修□ 更换□
右后制动管和软管	破损□ 变形□ 老化□ 松动□ 泄漏□ 正常□	调整□ 维修□ 更换□

随堂笔记

4. 更换制动液并排气

作业项目	作业情况	判定
添加制动液	已执行□ 否□	异常□ 正常□
右后制动分泵排气	已执行□ 否□	异常□ 正常□
左后制动分泵排气	已执行□ 否□	异常□ 正常□
左前制动分泵排气	已执行□ 否□	异常□ 正常□
右前制动分泵排气	已执行□ 否□	异常□ 正常□

5. 测量制动踏板行程

检查项目	记录	规格	判定
制动踏板高度			异常□ 正常□
制动踏板自由行程			异常□ 正常□
制动踏板行程余量			异常□ 正常□
调整后制动踏板高度			异常□ 正常□

汽车制动系统部件的检查与保养		实习日期：	
姓名：	班级：	学号：	导师签名：
自评：□熟练 □不熟练	互评：□熟练 □不熟练	师评：□合格 □不合格	
日期：	日期：	日期：	

液压制动系统的检查与保养【评分细则】

序号	评分项	得分条件	分值	评分要求	自评	互评	师评
1	安全/7S/态度	□1. 能进行工位7S操作 □2. 能进行设备和工具安全检查 □3. 能进行车辆安全防护操作 □4. 能进行工具清洁、校准、存放操作 □5. 能进行三不落地操作	15	未完成1项扣3分	□熟练 □不熟练	□熟练 □不熟练	□合格 □不合格
2	专业技能能力	□1. 能正确地检查制动液液位 □2. 能正确地检查制动系统泄漏情况 □3. 能正确地检测制动液含水率 □4. 能正确地检测制动液沸点 □5. 能正确地测量制动踏板高度 □6. 能正确地测量制动踏板自由行程 □7. 能正确地测量制动踏板制动行程余量 □8. 能正确地调整制动踏板高度 □9. 能正确地检查真空助力器的助力功能 □10. 能正确地检查真空助力器的密封性能 □11. 能正确地给制动器排气	50	未完成1项扣5分，扣分不得超过50分	□熟练 □不熟练	□熟练 □不熟练	□合格 □不合格
3	工具及设备的使用能力	□1. 能正确地使用维修工具 □2. 能正确地使用沸点分析仪 □3. 能正确地使用含水率检测仪	10	未完成1项扣3分	□熟练 □不熟练	□熟练 □不熟练	□合格 □不合格
4	资料、信息查询能力	□1. 能正确地查询制动液型号 □2. 能正确地使用维修手册查询资料 □3. 能正确地记录查询资料章节及页码 □4. 能正确地记录所需维修信息	10	未完成1项扣3分，扣分不得超过10分	□熟练 □不熟练	□熟练 □不熟练	□合格 □不合格
5	数据判断和分析能力	□1. 能判断制动液液位是否正常 □2. 能判断制动液含水率是否正常 □3. 能判断制动液沸点是否正常 □4. 能判断制动踏板行程是否正常	10	未完成1项扣3分，扣分不得超过10分	□熟练 □不熟练	□熟练 □不熟练	□合格 □不合格
6	表单填写与报告的撰写能力	□1. 字迹清晰 □2. 语句通顺 □3. 无错别字 □4. 无涂改 □5. 无抄袭	5	未完成1项扣1分	□熟练 □不熟练	□熟练 □不熟练	□合格 □不合格
总分：							

随堂笔记

实训任务 2 鼓式制动器的检查与保养

实训器材

通用科鲁兹轿车、预制式扭力扳手、风动扳手、游标卡尺（0～300mm）、钢直尺、常用工具、维修手册和相关维修资料。

作业准备

检查举升机，车辆在工位停放周正，铺好车内和车外护套。

扫一扫

鼓式制动器的拆卸

操作步骤

1. 拆卸鼓式制动器

1）牢靠地举升车辆到中间位置。

2）正确地拆卸后车轮。

3）选用合适的工具拆卸制动鼓定位螺钉。

4）取下后制动鼓。如制动鼓较紧，可用橡胶锤边转动边敲击，待松动后再取出。

5）用一字螺钉旋具撬下制动蹄回位弹簧，取下回位弹簧和制动间隙调整杆。

拆下制动蹄回位弹簧

6）用平口钳分别拆下两块制动蹄的定位钉和弹簧。

拆下制动蹄限位装置

7）分离后制动蹄摩擦片与驻车制动拉线。

8）取下前后制动蹄。

2. 检查鼓式制动器

1）取下制动轮缸（分泵）防尘套，检查制动轮缸是否漏油。

2）用手指往复推动制动轮缸推杆，检查制动轮缸活塞是否卡滞。

扫一扫

鼓式制动器的检查

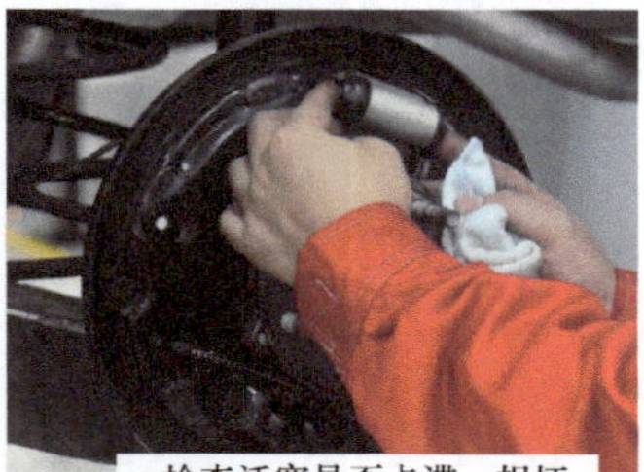

检查活塞是否卡滞、损坏

随堂笔记

3）检查制动蹄回位弹簧是否腐蚀或其他损坏。

4）检查制动间隙调整杆是否损坏。

5）用抹布清洁制动蹄。

6）选用钢直尺测量前、后制动蹄摩擦片的厚度，再查询维修手册，找到最低厚度值，确认是否需要更换制动蹄摩擦片。

7）用抹布清洁制动鼓。

8）目视检查制动鼓是否存在严重磨损或裂纹等。

9）用游标卡尺测量制动鼓内径。再查询维修手册，找到标准值，确认是否需要更换制动鼓。

分别测量前、后摩擦片厚度

测量制动鼓内径

3. 安装鼓式制动器

1）安装前制动蹄摩擦片到制动底板上。

2）安装前制动蹄摩擦片定位钉与定位弹簧。

3）选用平口钳压下定位钉锁片。

4）连接后制动蹄摩擦片与驻车制动拉索，再安装制动蹄下回位弹簧到前、后制动蹄上。

5）选用平口钳安装后制动蹄摩擦片定位钉。

6）安装制动间隙调整杆。

7）选用平口钳将制动蹄回位弹簧安装到位。

安装制动蹄及其限位装置

随堂笔记

小提示

回位弹簧弹力较大，需要较大的力才能安装到位，要防止平口钳打滑造成手指受伤。

8）选用游标卡尺测量制动蹄的外径，并与制动鼓内径对比，计算间隙值，如间隙明显偏大或偏小，可用一字螺钉旋具转动间隙调整杆进行调整。

9）对正制动鼓固定螺钉孔，并安装制动鼓。

10）选用合适的工具拧紧制动鼓固定螺钉。

11）正确地安装车轮，并按规定转矩拧紧轮胎螺母。

测量制动蹄直径，并和制动鼓直径对比，计算出配合间隙

实训任务总结：

鼓式制动器的检查与保养	工作任务单	班级：
		姓名：

1. 记录车辆信息

品牌		整车型号		生产年月	
发动机型号		发动机排量		行驶里程	
车辆识别代码					

2. 检查、测量鼓式制动器

项目名称	记录			
制动鼓直径	位置 1		位置 3	
	位置 2		位置 4	
制动蹄外径				
制动蹄与制动鼓间隙	标准值		计算值	
	判定结果 □正常 □异常			
制动蹄摩擦衬片厚度	实测值		使用极限	
	判定结果 □正常 □异常			

随堂笔记

3. 清洁与润滑

作业项目	记录	作业项目	记录
清洁制动蹄摩擦片	执行□ 否□	清洁制动鼓	执行□ 否□
清洁润滑轮毂轴承	执行□ 否□	清洁润滑制动底板	执行□ 否□

4. 查阅维修手册

序号	部件名称	章节及页码	规格（米制）
1		第 章 节	
2		第 章 节	
3		第 章 节	

汽车制动系统部件的检查与保养		实习日期：	
姓名：	班级：	学号：	导师签名：
自评：□熟练 □不熟练	互评：□熟练 □不熟练	师评：□合格 □不合格	
日期：	日期：	日期：	

鼓式制动器的检查与保养【评分细则】

序号	评分项	得分条件	分值	评分要求	自　评	互　评	师　评
1	安全/7S/态度	□1. 能进行工位7S操作 □2. 能进行设备和工具安全检查 □3. 能进行车辆安全防护操作 □4. 能进行工具清洁、校准、存放操作 □5. 能进行三不落地操作	15	未完成1项扣3分	□熟练 □不熟练	□熟练 □不熟练	□合格 □不合格
2	专业技能能力	□1. 能正确地拆卸后车轮 □2. 能正确地拆卸制动鼓 □3. 能正确地拆卸制动蹄 □4. 能正确地检查与测量制动鼓 □5. 能正确地检查与测量制动蹄 □6. 能正确地检查制动轮缸 □7. 能正确地安装制动蹄与回位弹簧 □8. 能正确地测量制动蹄外径 □9. 能正确地安装制动鼓 □10. 能正确地安装车轮	50	未完成1项扣5分	□熟练 □不熟练	□熟练 □不熟练	□合格 □不合格
3	工具及设备的使用能力	□1. 能正确地使用游标卡尺 □2. 能正确地使用维修工具 □3. 能正确地使用制动鼓专用工具	10	未完成1项扣5分，扣分不得超过10分	□熟练 □不熟练	□熟练 □不熟练	□合格 □不合格
4	资料、信息查询能力	□1. 能正确地查询制动鼓标准直径 □2. 能正确地识读维修手册查询资料 □3. 能正确地记录查询资料章节及页码 □4. 能正确地记录所需维修信息	10	未完成1项扣5分，扣分不得超过10分	□熟练 □不熟练	□熟练 □不熟练	□合格 □不合格
5	数据判断和分析能力	□1. 能判断制动鼓磨损情况是否正常 □2. 能判断制动蹄摩擦片磨损情况是否正常	10	未完成1项扣5分	□熟练 □不熟练	□熟练 □不熟练	□合格 □不合格
6	表单填写与报告的撰写能力	□1. 字迹清晰 □2. 语句通顺 □3. 无错别字 □4. 无涂改 □5. 无抄袭	5	未完成1项扣1分	□熟练 □不熟练	□熟练 □不熟练	□合格 □不合格
总分：							

随堂笔记

实训任务 3 盘式制动器的检查与保养

实训器材

丰田卡罗拉轿车、预制式扭力扳手、风动扳手、千分尺、钢直尺、磁性表座、百分表、常用工具、维修手册和相关维修资料。

作业准备

检查举升机，车辆在工位停放周正，铺好车内和车外护套。

扫一扫

盘式制动器的拆卸

操作步骤

1. 拆卸盘式制动器

1）牢靠地举升车辆到中间位置。

2）正确地拆卸前车轮。

3）选用梅花扳手和呆扳手拆下制动卡钳下导销固定螺栓。

4）掀起制动卡钳，并用 S 型挂钩将卡钳挂到减振弹簧下座上。

5）取下内、外制动蹄摩擦片。

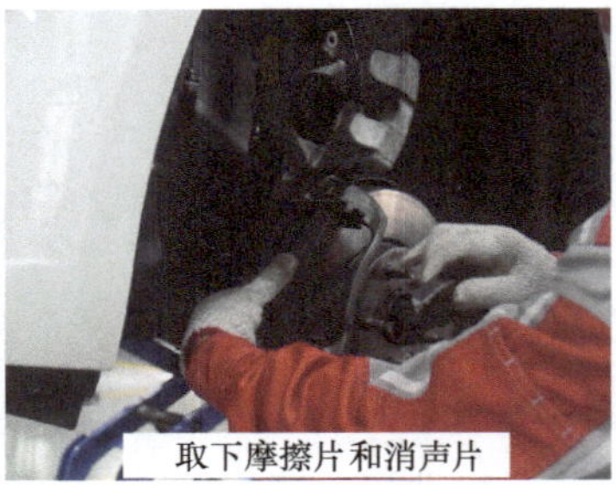

取下摩擦片和消声片

6）取下上、下消声片。

随堂笔记

2. 检查盘式制动器

1）用抹布清洁内、外制动蹄摩擦片。

2）对比内、外制动蹄摩擦片的厚度是否一致，判断制动蹄摩擦片是否存在偏磨现象。

3）选用钢直尺测量内、外制动蹄摩擦片的厚度，查询维修手册，确认制动蹄厚度是否低于规定值。

4）目视检查制动卡钳活塞是否漏油。

5）用双手里、外推动和上、下晃动制动卡钳，检查卡钳上导销是否松旷和卡滞，防尘套是否裂纹。

6）用手拉动和晃动卡钳下导销，检查是否松旷和卡滞，防尘套是否裂纹。

7）用抹布清洁制动盘的内侧与外侧。

8）目视检查制动盘内、外侧是否存在严重磨损、沟槽、烧蚀和裂纹等。

9）选用千分尺测量制动盘的厚度，沿制动盘周围均匀地测量 4 个点，查询维修手册，确认制动盘厚度是否低于规定值。

小提示

测量前先对千分尺校零，测量时直接读数，不能拿下千分尺读取数值。

10）先安装5个轮胎螺栓，再用螺钉旋具固定制动盘，选用转矩扳手将螺栓拧紧到固定转矩。

11）组装磁性表座与百分表。

12）将组装好的磁性表座与百分表总成安装到减振器的下座上，调整好位置，使百分表测头与制动盘垂直，并距边沿约10mm，预压百分表1～2mm，再拧紧磁性表座各手柄。

13）缓慢均匀地转动制动盘1圈以上，读取百分表指针的摆动量，该摆动量即为制动盘的跳动量，查询维修手册，确认制动盘跳动量是否大于规定值。

14）取下磁性表座与百分表总成。

15）用风炮拆下5个轮胎螺栓。

3. 安装盘式制动器

1）分别拆下卡钳上、下导销，用抹布清洁干净，再涂抹适量新的润滑脂并装回。

2）在消声片上涂抹润滑脂，并安装上、下消声片。

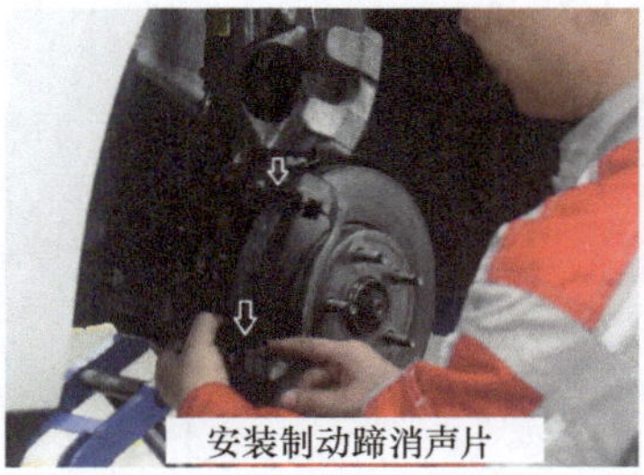

安装制动蹄消声片

3）确认内、外制动蹄（带消声指示器的为内侧制动蹄），先安装内侧制动蹄，再安装外侧制动蹄。

4）从S型钩上取下卡钳，并安放到位。

小提示

如果无法安放到位，可先用卡钳活塞回位工具将活塞顶回位，再安装。

扫一扫

盘式制动器的安装

随堂笔记

放下制动卡钳

5）安装卡钳下固定螺栓，并按规定转矩拧紧。

6）安装前车轮，并将轮胎螺栓按规定转矩拧紧。

实训任务总结：____________________

盘式制动器的检查与保养	工作任务单	班级： 姓名：

1. 记录车辆信息

品牌		整车型号		生产年月	
发动机型号		发动机排量		行驶里程	
车辆识别代码					

2. 检查、测量盘式制动器

测量项目	实测值	规格	判定	维修措施
外摩擦片厚度			正常□　异常□	更换□　修整□
内摩擦片厚度			正常□　异常□	更换□　修整□
制动盘跳动量			正常□　异常□	更换□　修整□
制动盘厚度	mm mm mm		正常□　异常□	更换□　修整□

3. 清洁与润滑

作业项目	记录	作业项目	记录
清洁摩擦片	执行□　否□	清洁制动盘	执行□　否□
润滑消声片	执行□　否□	清洁润滑制动钳导销	执行□　否□

4. 查阅维修手册

序号	部件名称	章节及页码	规格（米制）
1		第　　章　　节	
2		第　　章　　节	
3		第　　章　　节	

随堂笔记

<table>
<tr><td colspan="3">汽车制动系统部件的检查与保养</td><td colspan="5">实习日期：</td></tr>
<tr><td colspan="2">姓名：</td><td>班级：</td><td colspan="2">学号：</td><td colspan="3" rowspan="3">导师签名：</td></tr>
<tr><td colspan="2">自评：□熟练 □不熟练</td><td>互评：□熟练 □不熟练</td><td colspan="2">师评：□合格 □不合格</td></tr>
<tr><td colspan="2">日期：</td><td>日期：</td><td colspan="2">日期：</td></tr>
<tr><td colspan="8">盘式制动器的检查与保养【评分细则】</td></tr>
<tr><td>序号</td><td>评分项</td><td>得分条件</td><td>分值</td><td>评分要求</td><td>自　评</td><td>互　评</td><td>师　评</td></tr>
<tr><td>1</td><td>安全/7S/态度</td><td>□1. 能进行工位7S操作
□2. 能进行设备和工具安全检查
□3. 能进行车辆安全防护操作
□4. 能进行工具清洁、校准、存放操作
□5. 能进行三不落地操作</td><td>15</td><td>未完成1项扣3分</td><td>□熟练
□不熟练</td><td>□熟练
□不熟练</td><td>□合格
□不合格</td></tr>
<tr><td>2</td><td>专业技能能力</td><td>□1. 能正确地拆卸前车轮
□2. 能正确地拆卸制动卡钳与制动蹄
□3. 能正确地检查与测量制动蹄
□4. 能正确地清洁与检查制动盘
□5. 能正确地测量制动盘的厚度
□6. 能正确地组装磁性表座与百分表
□7. 能正确地测量制动盘的跳动量
□8. 能正确地检查制动卡钳导销
□9. 能正确地安装制动蹄
□10. 能正确地安装制动钳
□11. 能正确地安装车轮</td><td>50</td><td>未完成1项扣5分，扣分不得超过50分</td><td>□熟练
□不熟练</td><td>□熟练
□不熟练</td><td>□合格
□不合格</td></tr>
<tr><td>3</td><td>工具及设备的使用能力</td><td>□1. 能正确地使用千分尺
□2. 能正确地使用钢直尺、百分表
□3. 能正确地使用维修工具</td><td>10</td><td>未完成1项扣3分</td><td>□熟练
□不熟练</td><td>□熟练
□不熟练</td><td>□合格
□不合格</td></tr>
<tr><td>4</td><td>资料、信息查询能力</td><td>□1. 能正确地查询摩擦片的拆装步骤
□2. 能正确地使用维修手册查询资料
□3. 能正确地记录查询资料章节及页码
□4. 能正确地记录所需维修信息</td><td>10</td><td>未完成1项扣2分</td><td>□熟练
□不熟练</td><td>□熟练
□不熟练</td><td>□合格
□不合格</td></tr>
<tr><td>5</td><td>数据判断和分析能力</td><td>□1. 能判断摩擦片是否需要更换
□2. 能判断制动盘是否正常
□3. 能判断制动盘跳动量是否正常</td><td>10</td><td>未完成1项扣5分，扣分不得超过10分</td><td>□熟练
□不熟练</td><td>□熟练
□不熟练</td><td>□合格
□不合格</td></tr>
<tr><td>6</td><td>表单填写与报告的撰写能力</td><td>□1. 字迹清晰
□2. 语句通顺
□3. 无错别字
□4. 无涂改
□5. 无抄袭</td><td>5</td><td>未完成1项扣1分</td><td>□熟练
□不熟练</td><td>□熟练
□不熟练</td><td>□合格
□不合格</td></tr>
<tr><td colspan="8">总分：</td></tr>
</table>

随堂笔记

任务二　驻车制动系统的检查与保养

学习目标

知识目标

1）掌握驻车制动系统的作用、类型与组成。

2）掌握驻车制动部件的拆卸和更换流程及安全措施。

技能目标

1）会检查与调整驻车制动系统各部件。

2）会对驻车制动系统各部件进行实车拆装。

3）熟练使用维修手册查询驻车制动系统各部件规格。

素养目标

1）能够在工作过程中与小组其他成员合作、交流，养成团队合作意识，锻炼沟通能力。

2）养成 7S 的工作习惯。

3）养成服从管理、规范作业的良好工作习惯。

任务描述

一辆丰田卡罗拉轿车用户反映：驻车制动手柄拉起时行程很长，而且驻车制动效果也不如以前，需要对驻车制动进行检查，确定故障部位并进行修理。

相关知识

随堂笔记

一、驻车制动的作用与组成

驻车制动系统俗称手刹，其组成如图 3-25 所示，它是由操纵机构（手刹手柄）、锁止装置、拉索、驻车制动器（一般与行车制动器共用）等组成。其作用是保证汽车在原地可靠驻车，便于汽车在上坡坡道上起步，在行车制动器失效后应急制动。

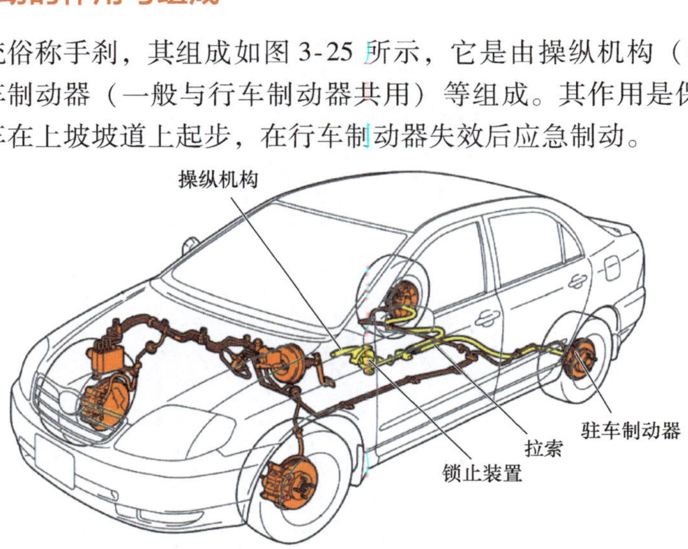

图 3-25　驻车制动系统的组成

二、驻车制动的类型

1. 按操作方式分类

现在轿车上按驻车制动的操作方式不同可以分为手制动式、脚制动式和电子式三种。

(1) 手制动式 虽然驻车制动的操作方式变得多样化，但是传统式的“手刹”仍是使用最为广泛的，操作手柄一般安装在变速杆附近，如图3-26所示。其操作方式也很简单，直接拉起即可起作用；按住手柄端部的按钮稍微向上一提，然后推回原位即可释放。

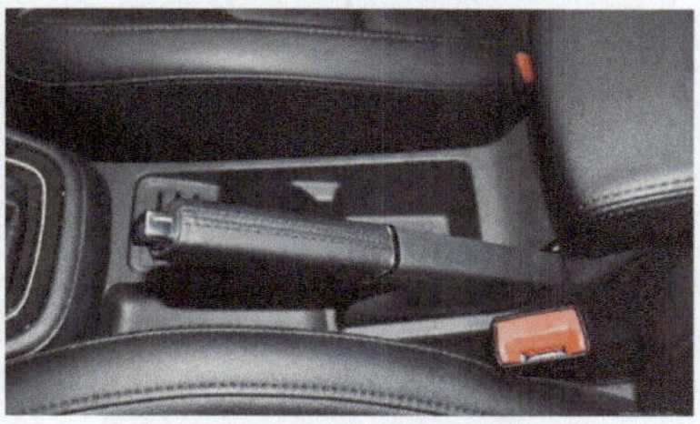

图3-26 手制动式驻车制动手柄

(2) 脚制动式 脚制动式驻车制动，顾名思义，用脚来操作的驻车制动，多见于较高档的车型。因为手制动式驻车制动用手来操作，操作力达200N（相当于20公斤力），对于一些女士来说，这种操作很不友好，常常会因为用力太小而使驻车制动力不足，发生溜车现象。脚制动式驻车制动很好地解决了这一问题。它采用脚踩驻车，如图3-27所示。它的操作方式是左脚一脚将踏板踩到底，即可起效；左脚再用力一踩，然后松开，即可释放。

(3) 电子式 电子式驻车制动控制方式是将机械式手柄或驻车制动踏板变成了电子按钮，如图3-28所示，再通过电动机来驻车，使驻车操纵更轻松、更方便。

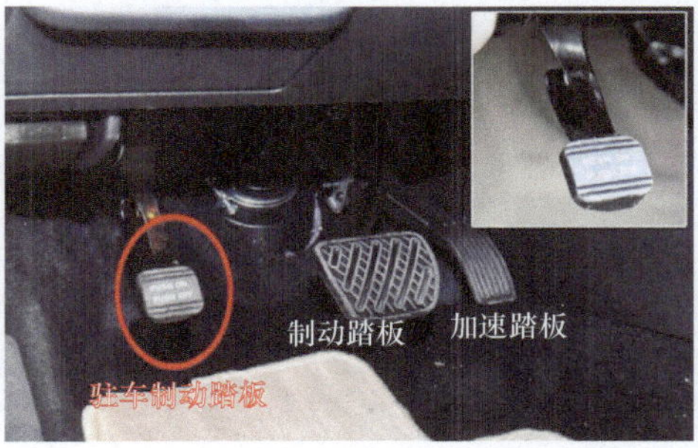

图3-27 脚制动式驻车制动踏板

图3-28 电子式驻车制动按钮

2. 按制动器的安装位置分类

驻车制动器按照安装位置不同，可分为车轮驻车制动器和中央驻车制动器，如图3-29所示，轿车一般采用安装于后轮的车轮驻车制动器，重型货车一般采用中央驻车制动器，它一般安装在变速器与传动轴之间。

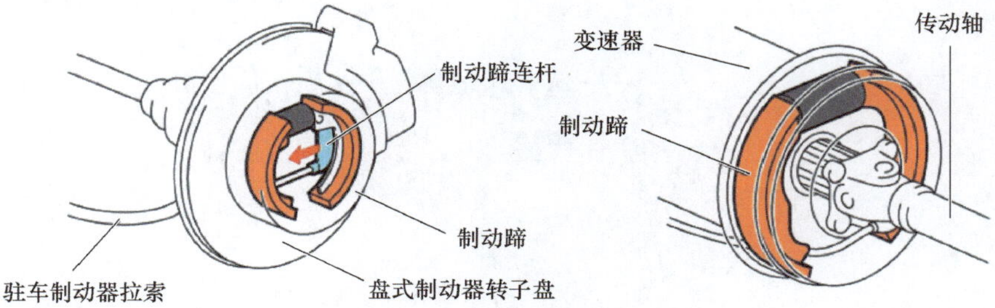

图3-29 车轮驻车制动器与中央驻车制动器结构图

3. 按驻车制动器的结构分类

驻车制动器按照结构不同，可分为鼓式驻车制动器和盘式驻车制动器，它们一般与行车制动器共用，其中盘式驻车制动器在轿车上应用较广泛。

三、驻车制动手柄与拉索

驻车制动手柄与拉索的连接如图 3-30 所示。驻车制动手柄内有锁止装置和驻车指示灯开关。当拉起手柄时，锁止装置的棘轮会发出“咔、咔”的响声，当松开手时，棘轮就将手柄锁止。释放时，用手提起手柄同时按住手柄释放按钮，即可放下手柄。驻车指示灯开关当棘轮发出第一声“咔”时，就应该接通，同时点亮仪表内的驻车指示灯，驻车指示灯如图 3-31 所示，当完全放下驻车制动手柄后，指示灯熄灭。

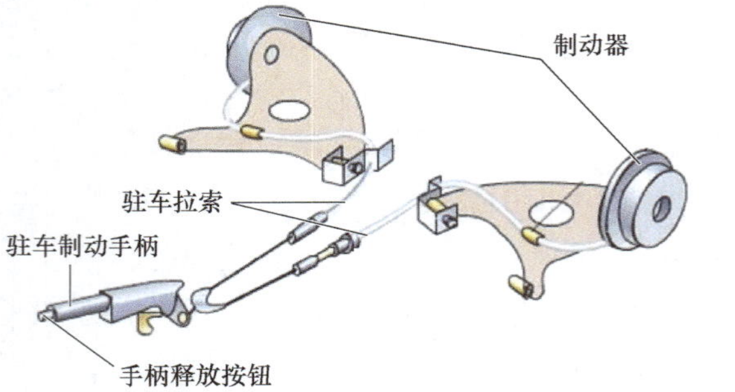

图 3-30　驻车制动手柄与拉索结构图

驻车制动手柄与拉索连接处有可以调整驻车制动行程的调整螺母，如图 3-32 所示。用两个呆扳手松开锁止螺母，再拧紧或拧松调整螺母即可调整驻车制动手柄行程的高低。

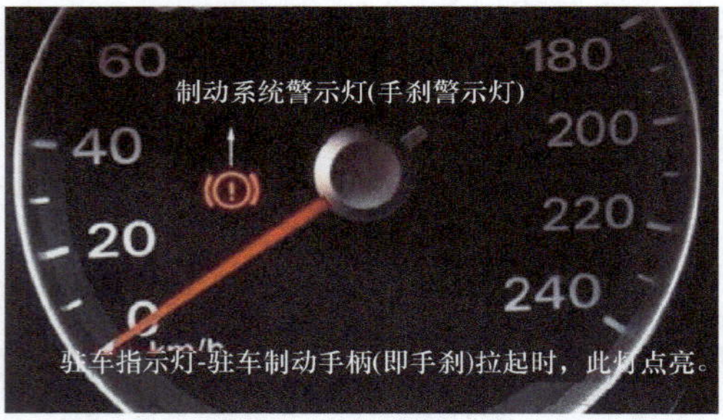

图 3-31　驻车指示灯

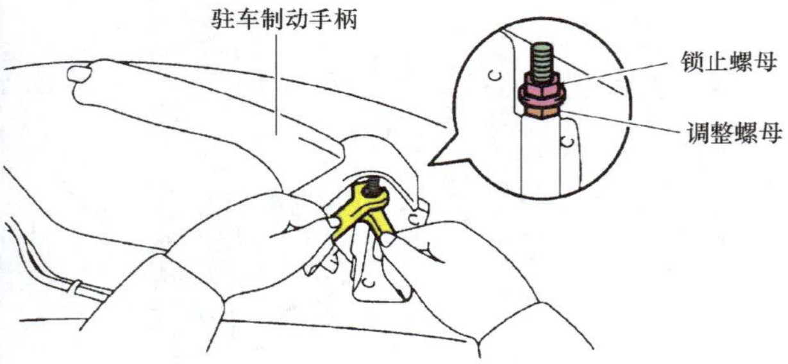

图 3-32　驻车制动行程调整装置

四、盘式驻车制动器的结构

盘式驻车制动器主要应用在后轮采用盘式制动器的轿车上。它的结构如图 3-33 所示，当驻车制动时，驻车拉索通过制动蹄连杆推动活塞，再推动摩擦片压靠制动盘，完成驻车制动。

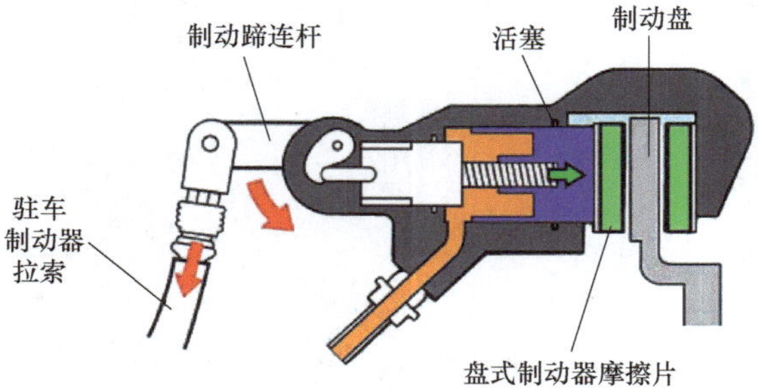

图 3-33　盘式驻车制动器的结构图

五、鼓式驻车制动器的结构

鼓式驻车制动器结构如图 3-34 所示，当进行驻车制动时，驻车拉索将制动蹄连杆往前拉，利用制动间隙调整推杆使前、后制动蹄相继压靠到制动鼓上，实现驻车制动。

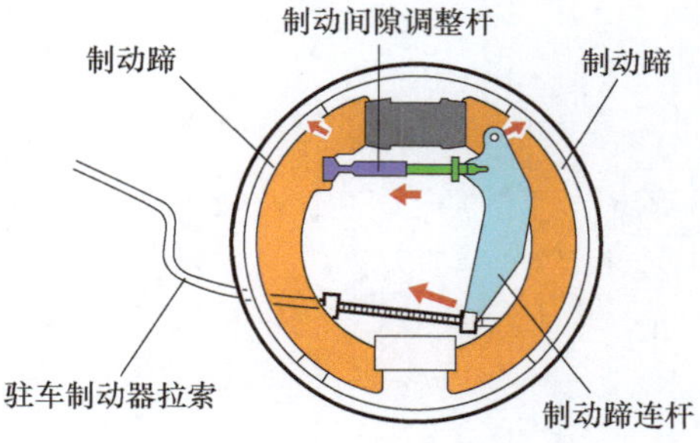

图 3-34　鼓式驻车制动器结构图

扫一扫

鼓式驻车制动的工作原理

六、电子式驻车制动系统

1. 组成

电子式驻车制动系统结构如图 3-35 所示，它主要由驻车制动按键、带驻车制动电动机的制动器和 ECU（一般是车身 ECU 或 ABS ECU）等组成。电子式驻车制动系统除了一般驻车制动系统所具有的驻车制动、紧急制动功能外，还有自适应辅助起步功能，防止车辆在上坡起步时车辆向后溜车。

2. 制动器的结构

电子式驻车制动器的结构如图 3-36 所示，它是在常规盘式制动器的基础上增加了直流电机、旋转螺杆和顶杆等机构。

图 3-35　电子式驻车制动系统结构

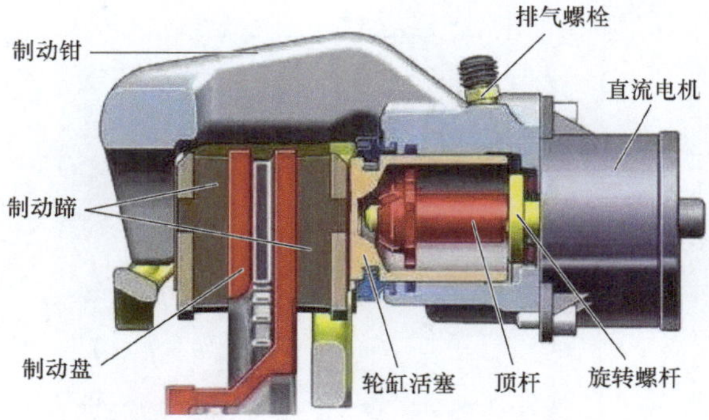

图 3-36　电子式驻车制动器的结构

3. 工作原理与电路图

当需要驻车制动时，驾驶人提起驻车制动按键，按键开关信号输送给电控单元（ABS ECU），电控单元控制左、右后轮直流电机旋转，通过旋转螺杆和顶杆推动轮缸活塞，对左、右后轮实施制动。释放驻车制动时，驾驶人按下驻车制动按键，电控单元控制左、右后轮直流电机反向旋转，即释放驻车制动。通用威朗轿车驻车制动系统电路如图 3-37 所示。

随堂笔记

随堂笔记

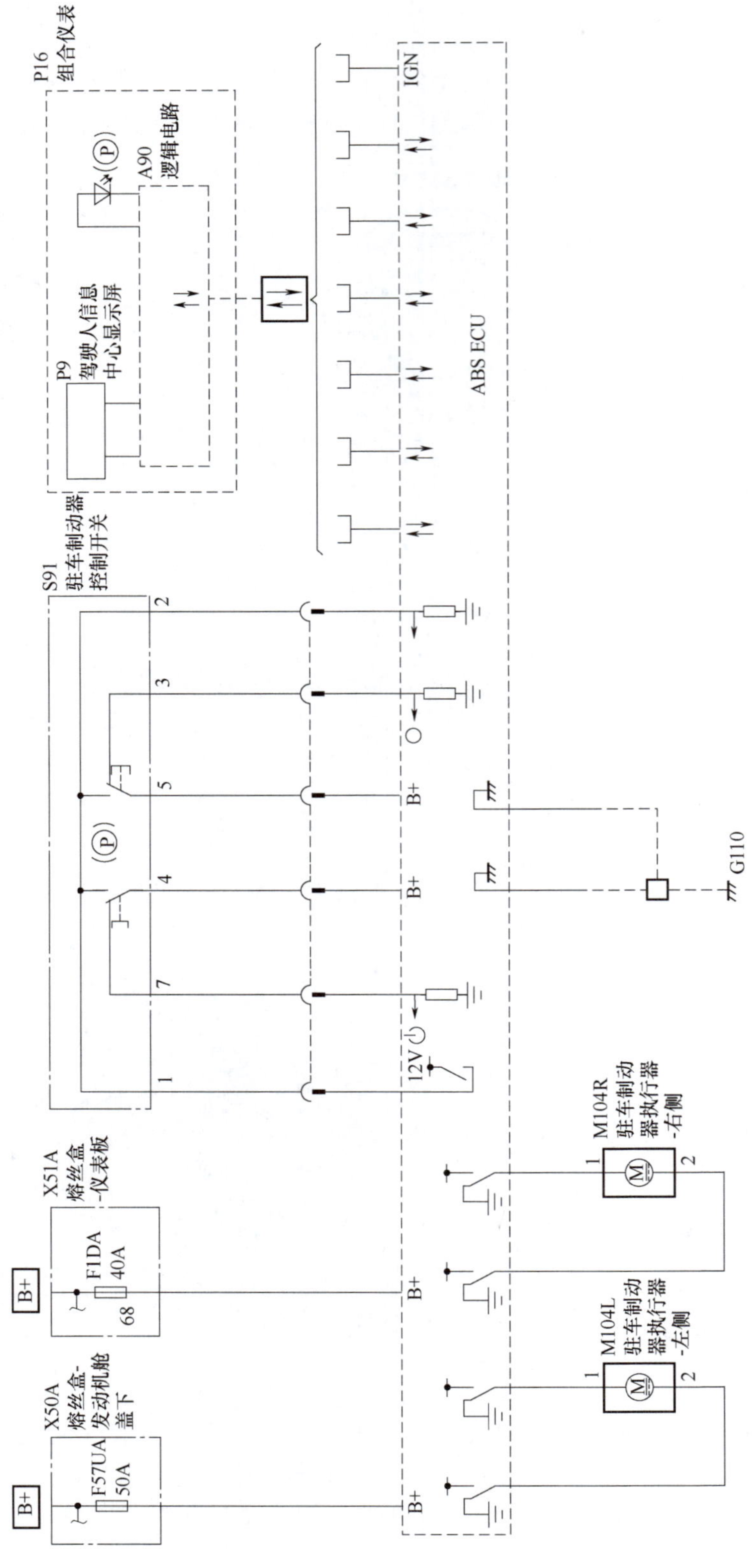

图 3-37 通用威朗轿车驻车制动系统电路图

驻车制动系统的检查与保养	学习任务单	班级：
		姓名：

1. 驻车制动系统俗称__________，其作用是保证汽车在原地可靠__________，便于汽车在上坡坡道上起步，在行车制动器失效后应急制动。

2. 驻车制动系统按操作方式不同可以分为__________式、脚制动式和__________式三种，其中操纵最轻松、最方便的是__________式。

3. 仪表板内(P)灯，在驻车手柄拉起，棘轮发出第__________声“咔”时应该点亮，手柄__________时，该灯熄灭。

4. 写出图中数字所指零件的名称。

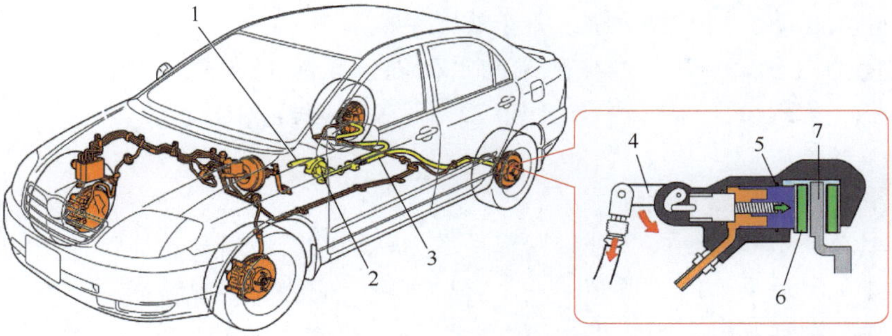

1. __________　2. __________　3. __________　4. __________

5. __________　6. __________　7. __________

5. 电子驻车制动器是在常规盘式制动器的基础上增加了__________、旋转螺杆和顶杆等机构。它是通过驻车制动按键将驻车信号传输给 ECU，再由 ECU 控制__________的正、反转即可完成驻车与释放。

随堂笔记

实训任务 驻车制动系统的检查与保养

实训器材

丰田卡罗拉轿车、钢直尺、常用工具和维修手册。

作业准备

检查举升机，车辆在工位停放周正，铺好车内和车外护套。

操作步骤

1. 驻车制动手柄及指示灯的检查

1）稍用力拉起驻车制动手柄。

2）按下驻车制动手柄释放按钮，完全放下手柄。

3）缓慢用力（约200N）将驻车制动手柄向上拉到底，并数“咔、咔”声的次数，查询维修手册，找到标准咔嗒声的次数，如不在标准范围内，应调整驻车制动手柄的行程。

4）举升车辆使轮胎离开地面。

5）将驻车制动手柄拉到底，分别用双手尽力转动左、右后车轮应保持不动。

6）释放驻车制动手柄后，再转动左、右后车轮，应能够自由转动。

7）拉起驻车制动手柄，当响第一声“咔”时，仪表上的驻车指示灯点亮，否则调整驻车制动开关位置或更换驻车制动开关。

8）完全释放驻车手柄时，驻车指示灯才熄灭。

2. 驻车制动拉索的更换

随堂笔记

1）拆下后地板控制台总成。

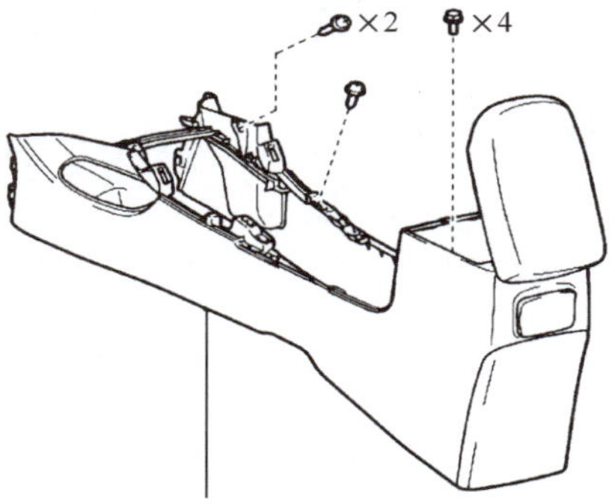

后地板控制台总成

2）拆卸后排座椅和相关内饰件。

3）拆下手柄上的拉索锁紧螺母和调整螺母，并分离拉索与手柄。

4）将左、右驻车拉索从驻车制动平衡器上拆下。

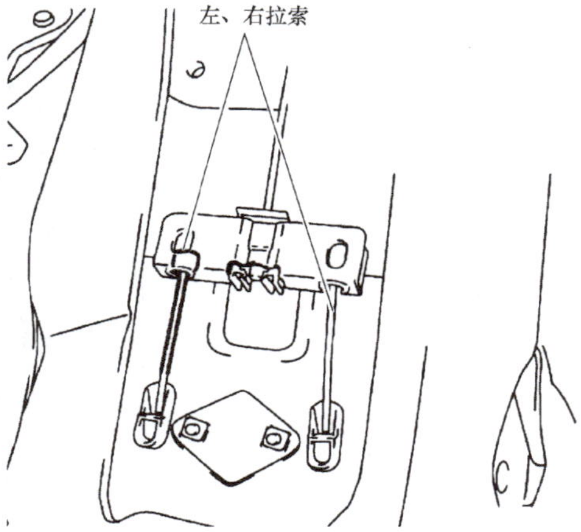

5）牢靠地举升车辆到较高位置。

6）拆下车底部相关挡板和部件。

7）拆下多个左、右驻车拉索卡夹固定螺栓。

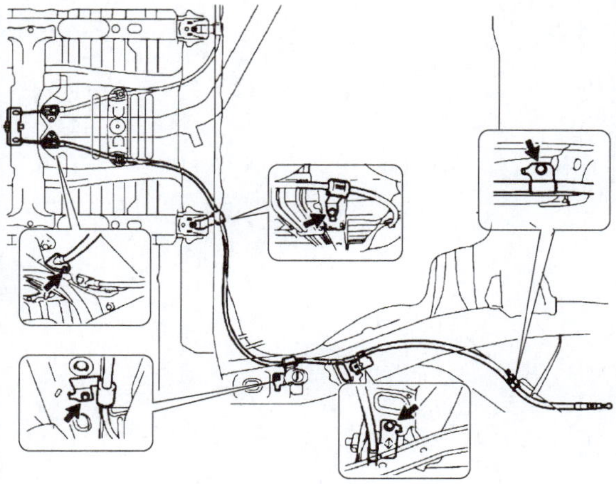

8）将左、右拉索分别从后轮盘式制动器轮缸上拆下。

9）比对新的驻车拉索规格型号是否正确。

10）按与拆卸相反的顺序安装驻车拉索，并按规定转矩拧紧螺栓。

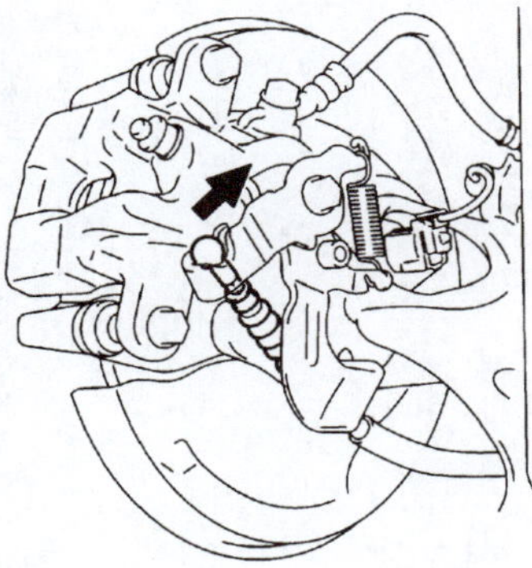

3. 驻车制动手柄行程的调整

小提示

在执行驻车制动器调整之前，确保制动管路已排气且不含有空气。

1）拆下后地板控制台总成。

2）完全释放驻车制动手柄。

3）选用两个呆扳手松开锁紧螺母和调整螺母，以完全松开驻车制动器拉索。

4）发动机停机时，完全踩下制动踏板3～5次。

5）转动调整螺母，直到驻车制动手柄行程至规定范围内。

6）紧固锁紧螺母（转矩：6.0N·m）。

7）操作驻车制动杠杆3～4次，并检查驻车制动杠杆行程。

8）检查驻车制动器是否卡滞。

9）安装后地板控制台总成。

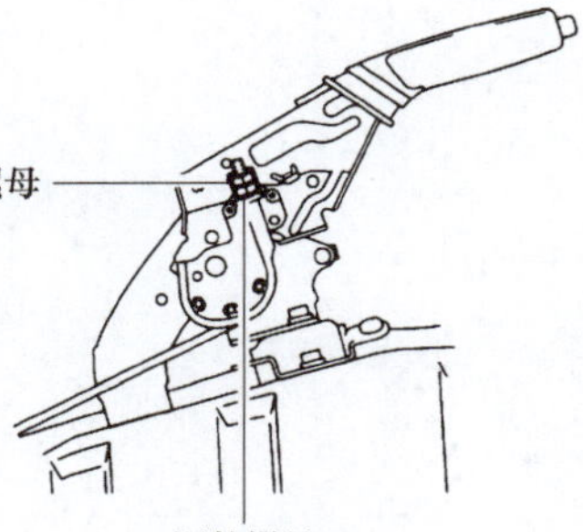

随堂笔记

实训任务总结：______

驻车制动系统的检查与保养	工作任务单	班级： 姓名：

1. 记录车辆信息

品牌		整车型号		生产年月	
发动机型号		发动机排量		行驶里程	
车辆识别代码					

2. 检查驻车制动

项目名称	检查情况	判定	维修措施
驻车指示灯		正常□ 异常□	更换□ 修整□ 无□
驻车行程（牙数）		正常□ 异常□	更换□ 修整□ 无□

3. 检查驻车制动效果

项目名称	驻车	未驻车	判定	维修措施
左后车轮	转动□ 不可转动□	转动□ 不可转动□	正常□ 异常□	更换□ 修整□ 无□
右后车轮	转动□ 不可转动□	转动□ 不可转动□	正常□ 异常□	更换□ 修整□ 无□

4. 更换驻车拉索

项目名称	记录	判定
更换左后驻车拉索	执行□ 否□	正常□ 异常□
更换右后驻车拉索	执行□ 否□	正常□ 异常□

5. 调整驻车制动手柄行程

项目名称	记录	判定	维修措施
调整后驻车行程（牙数）		正常□ 异常□	更换□ 修整□

6. 查询维修手册

序号	部件名称	章节及页码	规格（米制）
1		第 章 页	
2		第 章 页	
3		第 章 页	

随堂笔记

汽车制动系统部件的检查与保养		实习日期：	
姓名：	班级：	学号：	导师签名：
自评：□熟练 □不熟练	互评：□熟练 □不熟练	师评：□合格 □不合格	
日期：	日期：	日期：	

驻车制动系统的检查与保养【评分细则】

序号	评分项	得分条件	分值	评分要求	自　评	互　评	师　评
1	安全/7S/态度	□1. 能进行工位 7S 操作 □2. 能进行设备和工具安全检查 □3. 能进行车辆安全防护操作 □4. 能进行工具清洁、校准、存放操作 □5. 能进行三不落地操作	15	未完成 1 项扣 3 分	□熟练 □不熟练	□熟练 □不熟练	□合格 □不合格
2	专业技术能力	作业 1 □1. 能正确地检查驻车制动指示灯 □2. 能正确地检查驻车行程 □3. 能正确地检查驻车棘爪锁止功能 □4. 能正确地检查驻车制动效果 作业 2 □1. 能正确地拆卸左后驻车拉索 □2. 能正确地更换左后驻车拉索 □3. 能正确地拆卸右后驻车拉索 □4. 能正确地更换右后驻车拉索 □5. 能正确地拆装后地板控制台 作业 3 □1. 能正确地调整驻车制动杆行程 □2. 能正确地检查驻车制动杆调整情况	50	未完成 1 项扣 5 分，扣分不得超过 50 分	□熟练 □不熟练	□熟练 □不熟练	□合格 □不合格
3	工具及设备的使用能力	□1. 能正确地使用维修工具 □2. 能正确地使用专业工具	10	未完成 1 项扣 5 分	□熟练 □不熟练	□熟练 □不熟练	□合格 □不合格
4	资料、信息查询能力	□1. 能正确地查询驻车制动调整步骤 □2. 能正确地识读维修手册查询资料 □3. 能正确地记录、查询资料章节及页码 □4. 能正确地记录所需维修信息	10	未完成 1 项扣 2 分	□熟练 □不熟练	□熟练 □不熟练	□合格 □不合格
5	数据判断和分析能力	□1. 能判断驻车制动是否正常 □2. 能判断驻车制动杆行程是否正常	10	未完成 1 项扣 5 分	□熟练 □不熟练	□熟练 □不熟练	□合格 □不合格
6	表单填写与报告的撰写能力	□1. 字迹清晰 □2. 语句通顺 □3. 无错别字 □4. 无涂改 □5. 无抄袭	5	未完成 1 项扣 1 分	□熟练 □不熟练	□熟练 □不熟练	□合格 □不合格
总分：							

随堂笔记

任务三　电子制动系统的检查

学习目标

知识目标

1）掌握防抱死制动系统的作用与组成。

2）掌握防抱死制动系统的工作过程。

3）掌握轮速传感器的作用与类型。

技能目标

1）会读取防抱死制动系统的故障码与数据流。

2）会拆装与检测轮速传感器。

素养目标

1）能够在工作过程中与小组其他成员合作、交流，养成团队合作意识，锻炼沟通能力。

2）养成7S的工作习惯。

3）养成服从管理、规范作业的良好工作习惯。

任务描述

一辆丰田卡罗拉轿车用户反映：仪表上有一个“ABS”字样的指示灯常亮，需要对它进行检查，确定故障部位并进行修理。

相关知识

随堂笔记

汽车防抱死制动系统，英文名称是Anti-Lock Brake System，简称ABS，是一种安全控制制动系统，目前已经成为汽车的标准配置。ABS既有普通制动系统的制动功能，又能防止车轮制动时抱死。因为在紧急制动时，制动力过大会使轮胎抱死后滑动，使制动距离变长且汽车不受控制。ABS可使汽车在紧急制动过程中车轮滑移率保持在20%左右，此时轮胎处于边滚边滑状态，制动力最大，保证了制动时汽车的转向稳定性，防止发生侧滑和跑偏。

一、ABS的基本组成

ABS的基本组成如图3-38所示，它通常由4个轮速传感器、制动压力调节器（制动执行器）、ABS ECU、制动开关和警告指示灯等组成。

二、ABS的工作原理

汽车制动时，轮速传感器将各车轮的转速信号输入ECU，ECU根据每个车轮轮速传感器输入的信号对车轮的运动状态进行监测和判定，并形成相应的控制指令，再适时地发出控制指令给制动压力调节器，使制动压力调节器对制动器油压高速地进行“增压—保压—减压”的循环调节过程，使车轮的滑移率始终维持在10%～30%，防止制动时车轮完全抱死，如图3-39所示。

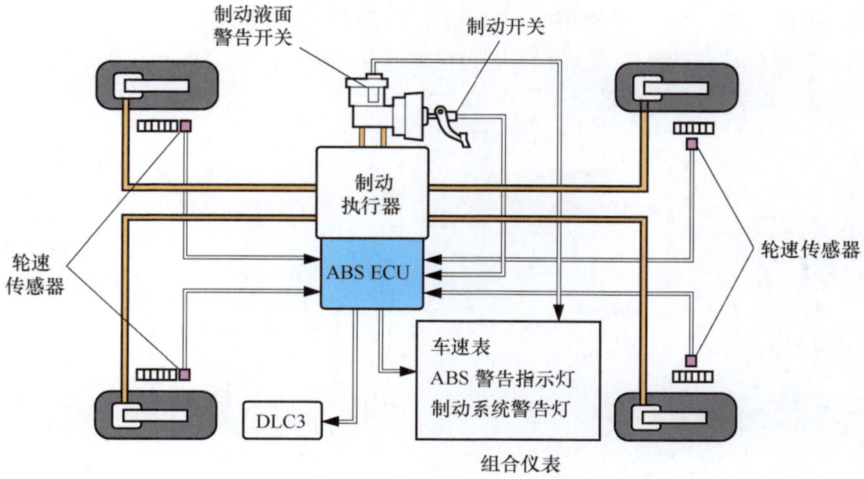

图 3-38 ABS 的基本组成

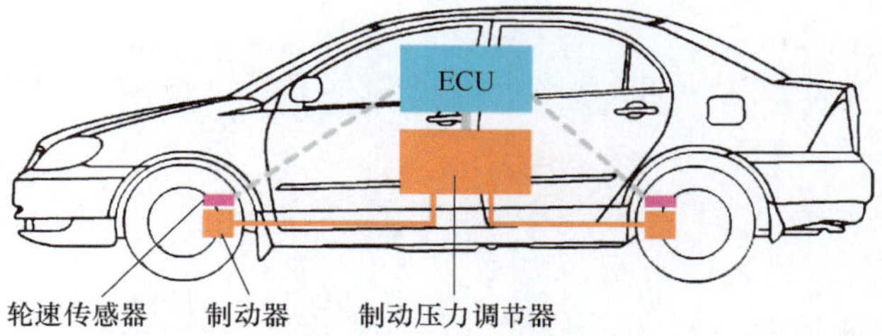

图 3-39 ABS 工作原理

三、轮速传感器

轮速传感器的作用是检测车轮的旋转速度，并将速度信号转变为电信号再输入到 ABS ECU，四个车轮的轮毂处都安装有轮速传感器，安装位置如图 3-40 所示。目前，常用的轮速传感器主要有电磁式轮速传感器、霍尔式轮速传感器和可变磁阻式轮速传感器三种。

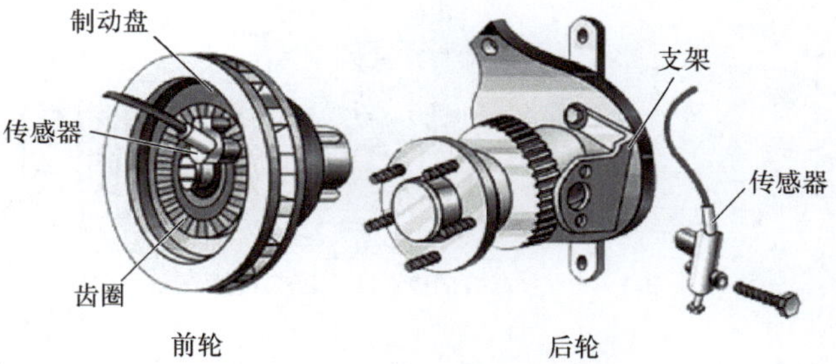

图 3-40 轮速传感器的安装位置

1. 电磁式轮速传感器

电磁式轮速传感器主要由传感器头和齿圈两部分组成，如图 3-41 所示。传感器头内部主要由永久磁铁和感应线圈等组成；齿圈一般安装在轮毂或轴座上，对于后驱动车辆，也可安装在差速器或传动轴上，它随车轮一起旋转。传感器头通过固定在车身上的支架安装在齿圈附近。当齿圈随车轮旋转时，传感器头通过磁通量的变化产生感应电压，然后输入到 ABS ECU，输出的信号如图 3-42 所示。

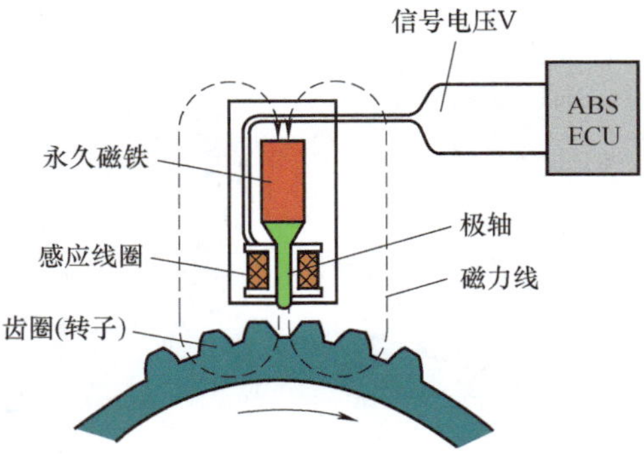

图 3-41　电磁式轮速传感器结构

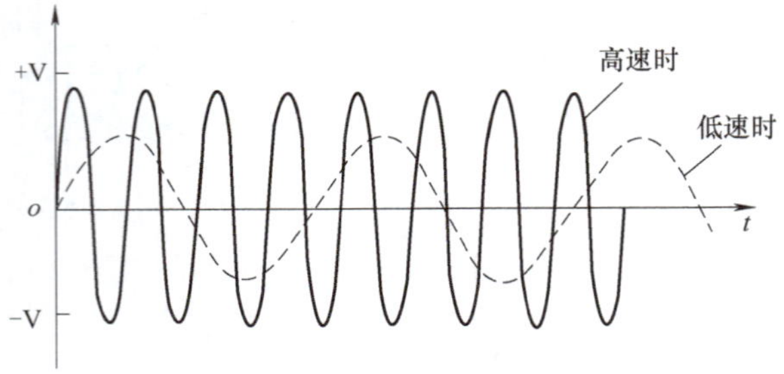

图 3-42　电磁式轮速传感器输出信号

2. 霍尔式轮速传感器

霍尔式轮速传感器是由传感器头和齿圈（脉冲发生轮）组成。传感器头由永久磁铁和霍尔元件等组成，如图 3-43 所示。永久磁铁的磁力线穿过霍尔元件通向齿圈，齿圈随车轮一起旋转，当齿顶对正霍尔元件时，通过霍尔元件的磁力线最密，磁场相对较强；当齿隙对正霍尔元件时，磁力线较疏，磁场强度较小。齿圈连续旋转，使得穿过霍尔元件的磁力线密度发生变化，因而引起霍尔电压的变化，霍尔元件将输出一个毫伏级的准正弦波电压，如图 3-44 所示。

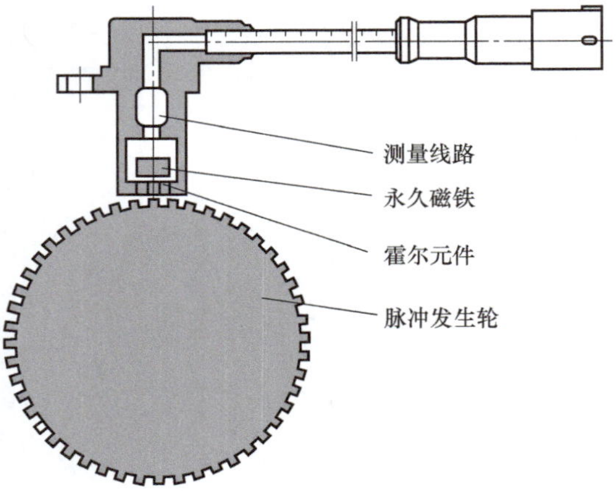

图 3-43　霍尔式轮速传感器结构

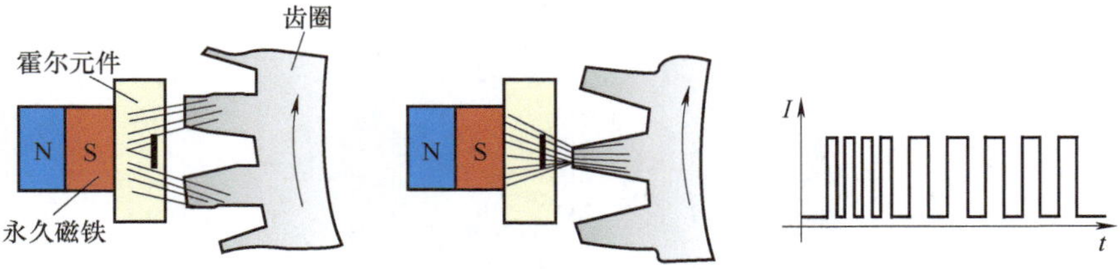

图 3-44　霍尔式轮速传感器输出信号

3. 可变磁阻式轮速传感器

可变磁阻式轮速传感器由传感器头和磁铁型转子组成，如图 3-45 所示。传感器头由两个磁阻元件（MREA、B）的传感器集成电路组成。磁铁型转子由排列成圆形的 N、S 磁极构成，并与轮毂轴承内座圈集成为一体。随着转子的转动，转子的 N 和 S 磁极交替通过传感器头的感测部分附近。传感器头将磁通量作为电流值输出，ECU 检测输出电流的变化以判定车轮转速。

随堂笔记

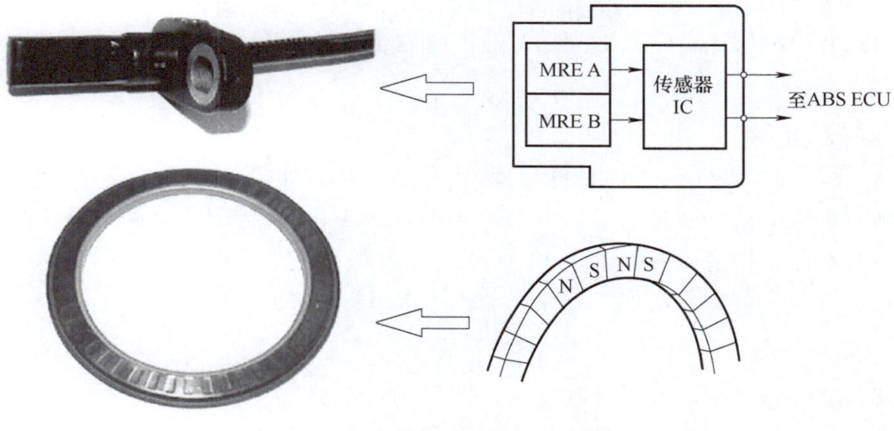

图 3-45　可变磁阻式轮速传感器

丰田卡罗拉轮速传感器（左、右前轮）与 ABS ECU 的连接电路如图 3-46 所示。

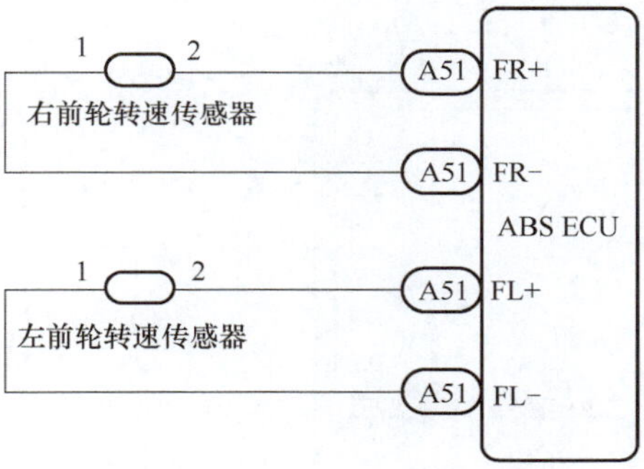

图 3-46　丰田卡罗拉轮速传感器连接电路

随堂笔记

四、制动压力调节器

制动压力调节器俗称 ABS 泵，安装在制动主缸和制动轮缸之间，一般与 ABS ECU 制成一体，如图 3-47 所示。它根据 ABS ECU 发出的控制信号，自动调节制动轮缸（制动分泵）的制动压力。它主要包括泵直流电动机、蓄压器、压力开关和电磁阀等相关部件。

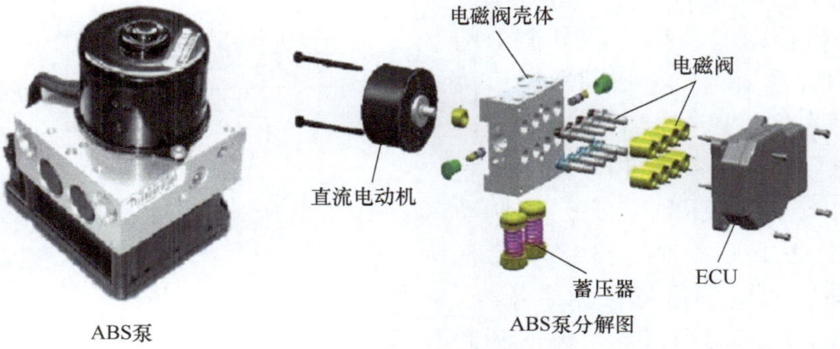

图 3-47　制动压力调节器结构图

ABS ECU 通过控制电磁阀的通电与断电来实现升压状态、保压状态和减压状态。电磁阀分为进油阀和出油阀，其中进油阀在未通电时处于打开状态，出油阀在未通电时处于关闭状态。

1. 升压控制过程

当驾驶人踩下制动踏板，制动主缸的压力升高，此时如果 ABS ECU 根据轮速传感器传来的信号判断车轮滑移率较低（小于 10%），ABS ECU 控制制动压力调节器中的进油阀与出油阀都不通电，制动液流向如图 3-48 所示，来自制动主缸的制动液直接进入轮缸，制动轮缸压力随主缸压力增加而增加。此时制动压力调节器的液压泵不工作。

2. 保压控制过程

当驾驶人继续踩住制动踏板，制动主缸的压力继续升高，此时如果 ABS ECU 根据轮速传感器传来的信号判断车轮有抱死的趋势（滑移率 10% ~30%），开始控制制动压力调节器中的进油阀通电，进油阀通电后关闭，出油阀未通电继续关闭，位置如图 3-49 所示，来自制动主缸的制动液不能进入轮缸，即使制动主缸的压力继续增加，但制动轮缸压力保持不变。此时制动压力调节器的液压泵不工作。

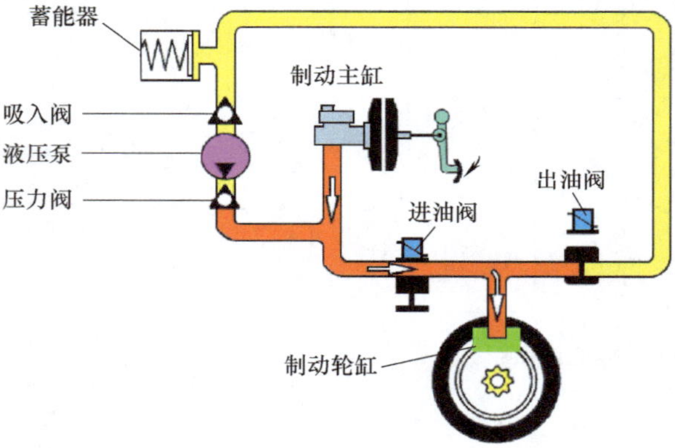

图 3-48　升压时液压油路

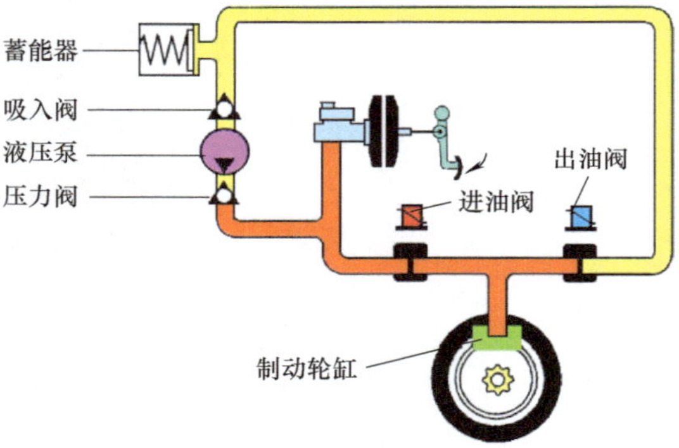

图 3-49　保压控制液压油路

3. 减压控制过程

当 ABS ECU 根据轮速传感器传来的信号判断车轮仍然有抱死的趋势（滑移率大于 30%），开始控制制动压力调节器中的进油阀与出油阀都通电，进油阀通电后关闭，切断制动主缸过来的制动液，同时出油阀通电后打开，位置如图 3-50 所示，来自制动轮缸的制动液由液压泵送回制动主缸，制动轮缸压力减小，防止车轮抱死。此时制动压力调节器的液压泵工作，它将制动轮缸流出的制动液加压输送到制动主缸。

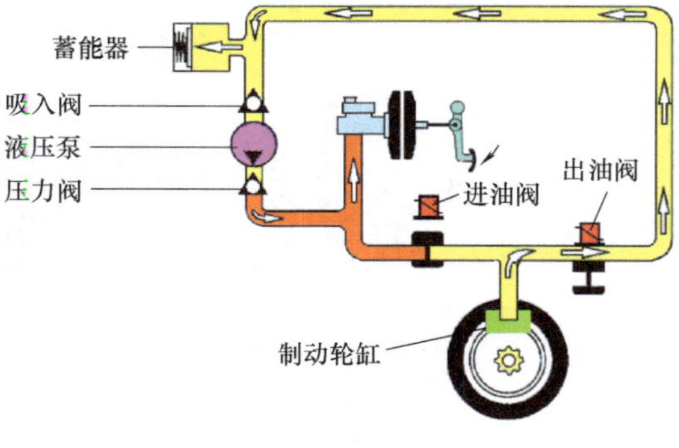

图 3-50　减压控制液压油路

五、ABS ECU

ABS ECU 根据来自轮速传感器的信号，计算车轮与路面之间的滑移率实现控制。此外，它还监控整个 ABS 的工作情况，如果有故障，将 ABS 关闭，并存储相应的故障码。目前，ABS 都是将控制单元和制动压力调节器做成一体。

六、ABS 警告灯

ABS 警告灯位于组合仪表板内，图标如图 3-51 所示，当 ABS ECU 检测到 ABS 有故障时，该灯就处于长亮的状态，提醒驾驶人系统中有故障。

图 3-51　ABS 警告灯

七、故障诊断接口

故障诊断接口位于仪表板的左下方，如图 3-52 所示。它用于连接汽车诊断仪器，使诊断仪器直接与 ABS ECU 沟通，读取 ABS 故障码或对传感器功能进行检查。

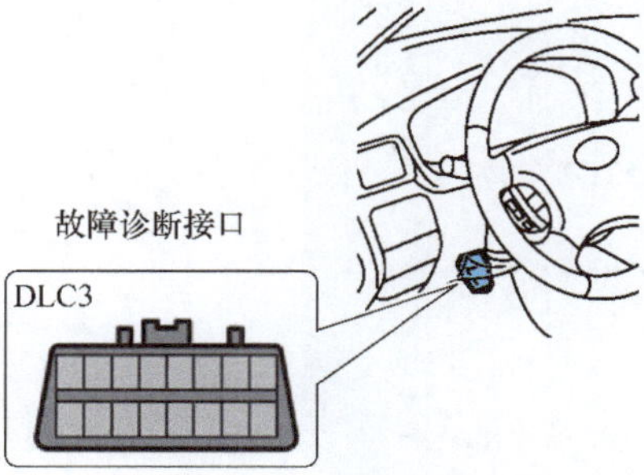

图 3-52　故障诊断接口位置图

随堂笔记

八、ABS 电路图

丰田卡罗拉汽车 ABS 电路图如图 3-53 所示。

随堂笔记

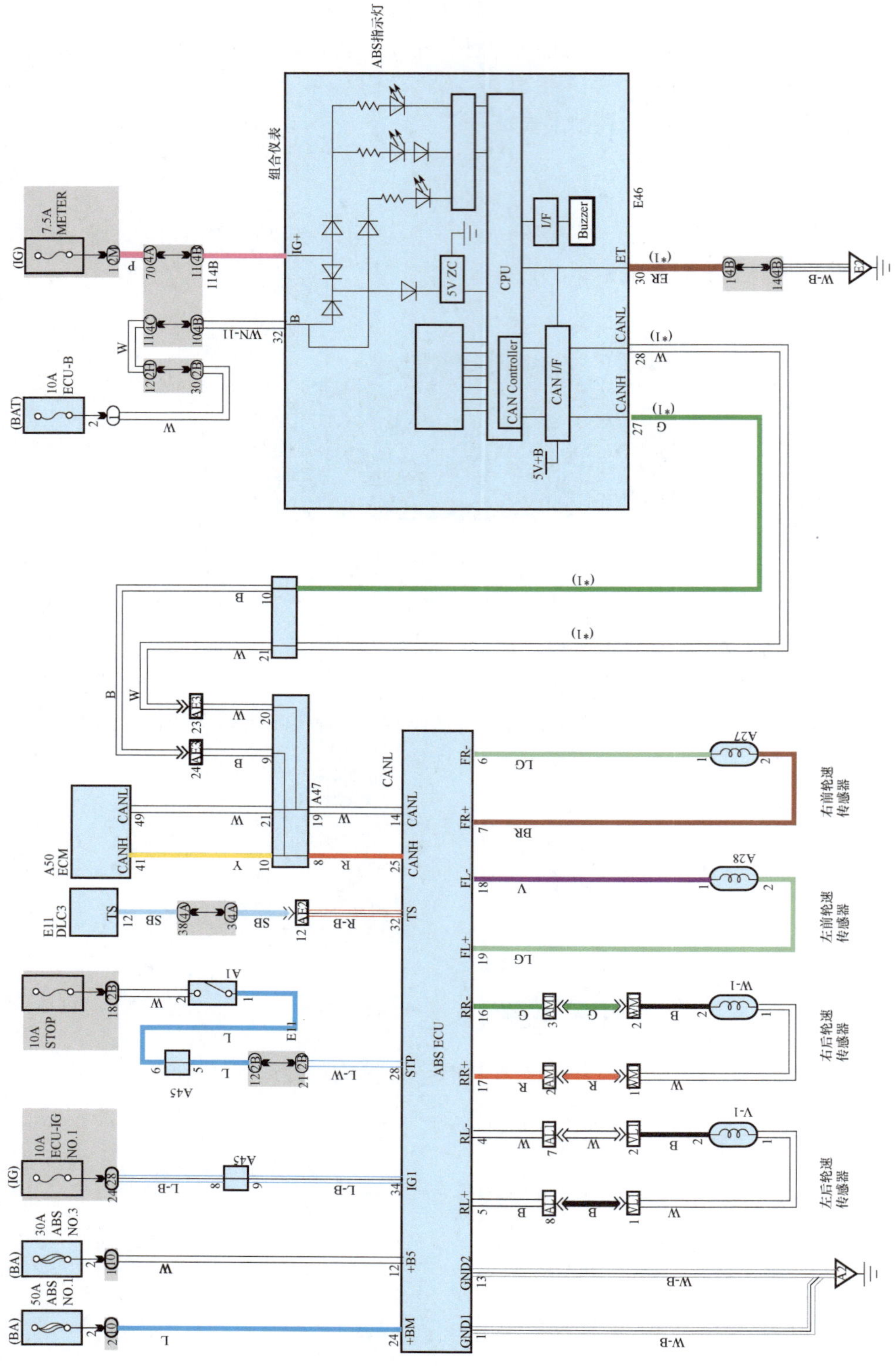

图 3-53　丰田卡罗拉汽车 ABS 电路图

电子制动系统的检查	学习任务单	班级：
		姓名：

1. ABS 的作用是防止紧急制动时车轮__________，从而保证了汽车在制动时的转向稳定性，防止发生侧滑和跑偏。

2. 写出图中数字所指零件的名称：

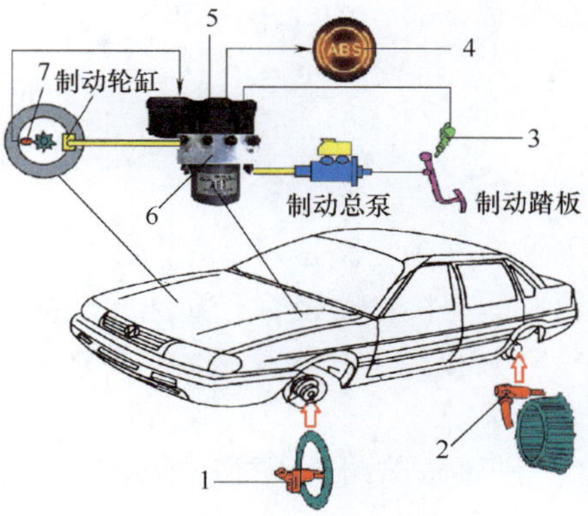

1. ________　2. ________　3. ________　4. ________

5. ________　6. ________　7. ________

3. ABS 简单工作原理就是汽车制动时 ABS ECU 通过轮速传感器的信号进行分析，当计算车轮滑移率小于 10% 时，对该轮进行________模式控制；当计算车轮滑移率 10% ~30% 时，对该轮进行________模式控制；当计算车轮滑移率大于 30% 时，对该轮进行________模式控制；从而使车轮在紧急制动时滑移率始终维持在 10% ~30%，防止车轮抱死。

随堂笔记

4. 常见的轮速传感器主要有________、________和________式三种，它们安装在每个车轮的轮毂处，从外观上看都是由________和________组成。

5. 当汽车正常行驶时仪表内的指示灯突然亮起，说明__________可能存在故障。

实训任务　电子制动系统的检查

实训器材

丰田卡罗拉轿车、汽车故障诊断仪、万用表、常用工具和维修手册。

作业准备

检查举升机，车辆在工位停放周正，铺好车内和车外护套。

操作步骤

1. 基本检查

1）检查制动主缸上的储油罐液面是否正常。

2）检查 ABS 泵与制动主缸的连接管路是否有漏油或严重腐蚀。

3）检查 ABS 泵与四个轮缸的连接管路是否有漏油或严重腐蚀。

4）用手稍许晃动 ABS ECU 连接插头和各轮速传感器连接插头，检查是否存在脱落或松动现象。

5）检查刹车灯，当踩下制动踏板时是否点亮；当松开制动踏板时是否熄灭。

2. 读取故障码与数据流

1）选取 OBD-Ⅱ的故障诊断插头，并连接好数据线与诊断仪。

2）将故障诊断仪与仪表板左下方的故障诊断座连接。

3）打开点火开关，再按下故障诊断仪的电源键。

4）选择车型，选择 ABS。

5）选择读取故障码，并记录故障码。

6）清除故障码。

7）再次读取故障码。

8）举升车辆到轮胎离开地面。

9）读取四个车轮的静态数据流。

10）起动发动机，挂入 D 档，松开制动踏板，读取两个前轮的动态数据流，检查数据流是否随车轮转速的变化而变化。

11）协助人员快速转动后车轮，读取两个后轮的动态数据流，检查数据流是否随车轮转速的变化而变化。

3. 检查电源故障

1）如果用故障诊断仪能进入车辆其他系统，而无法进入 ABS 读取故障码，就有可能是 ABS 电源存在故障，造成 ABS ECU 不工作而无法与诊断仪进行通信连接。

2）找到发动机舱熔丝与继电器盒。

3）查询维修手册或查看熔丝盒背面标识，找到 ABS 熔丝。

4）拔下熔丝，用万用表测量阻值，阻值应小于 1Ω。

5）更换新的熔丝。

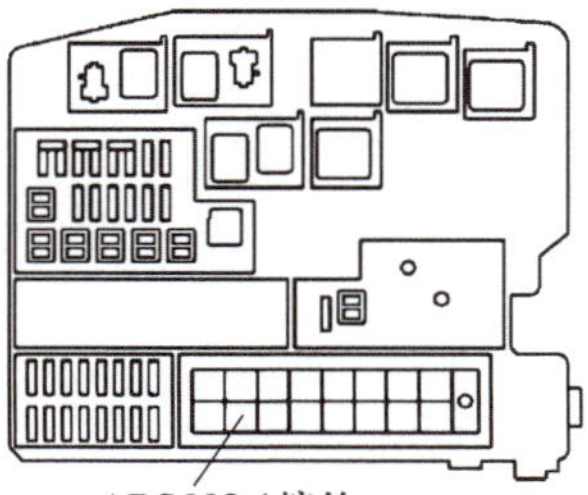

随堂笔记

4. 更换轮速传感器

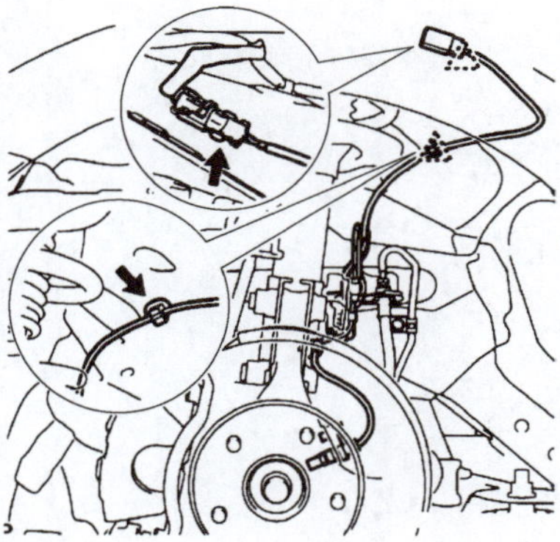

1）举升车辆到轮胎离开地面。

2）正确地拆下左前车轮。

3）拆下左前车轮侧挡泥板和内衬。

4）拔下左前轮速传感器的插头，拆下线束固定夹。

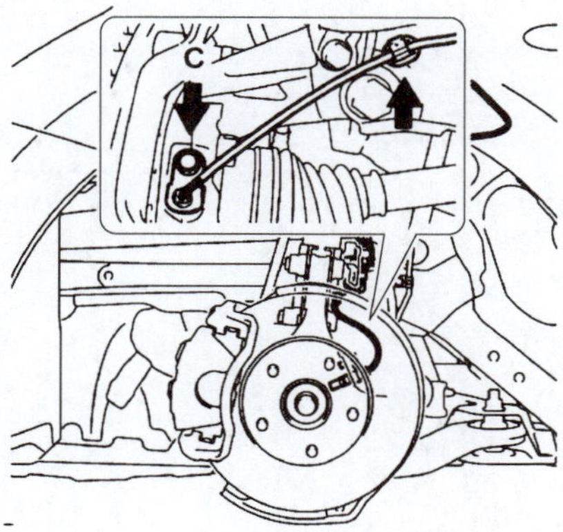

5）拆下左前轮速传感器线束夹固定螺栓。

6）选用合适的工具拆下轮速传感器固定螺栓，并取下轮速传感器。

7）查询维修手册，确认该轮速传感器的类型。

8）通过维修手册得知该车装用可变磁阻式轮速传感器。选用万用表电阻档测量轮速传感器，分别测量轮速传感器的两个端子与外壳铁心处，阻值应为无穷大，否则更换轮速传感器。

随堂笔记

小提示

对于电磁式轮速传感器，可以测量轮速传感器两端子的阻值（感应线圈的阻值）来判断传感器的好坏。而可变磁阻式与霍尔式由于内部有集成电路，因此，测量两端子的阻值则无意义。

9）选用新的轮速传感器，并用万用表测量新的传感器是否正常。

10）与拆装相反的顺序安装轮速传感器，并按规定的转矩拧紧各螺栓。

实训任务总结：

电子制动系统的检查	工作任务单	班级： 姓名：

1. 记录车辆信息

品牌		整车型号		生产年月	
发动机型号		发动机排量		行驶里程	
车辆识别代码					

2. 基本检查

作业项目	检查情况	作业项目	记录
ABS 警告指示灯	正常□ 异常□	储液罐液位	
制动管路泄漏		ABS 插接器连接情况	

3. 检查电源故障

ABS 熔丝	电阻： Ω	正常□ 异常□	维修□ 调整□ 更换□

4. 读取故障码及数据流

故障码	
清除故障码后再次读取	

项目名称	静态数据流	动态数据流	判定	维修措施
左前轮轮速传感器			正常□ 异常□	维修□ 调整□ 更换□
右前轮轮速传感器			正常□ 异常□	维修□ 调整□ 更换□
左后轮轮速传感器			正常□ 异常□	维修□ 调整□ 更换□
右后轮轮速传感器			正常□ 异常□	维修□ 调整□ 更换□

5. 拆卸测量轮速传感器

左前轮速传感器（可变磁阻式）	电阻： Ω	正常□ 异常□	维修□ 调整□ 更换□

6. 查阅维修手册

序号	部件名称	章节及页码	规格（米制）
1		第 章 页	
2		第 章 页	
3		第 章 页	

随堂笔记

汽车制动系统部件的检查与保养		实习日期：	
姓名：	班级：	学号：	导师签名：
自评：□熟练 □不熟练	互评：□熟练 □不熟练	师评：□合格 □不合格	
日期：	日期：	日期：	

电子制动系统的检查【评分细则】

序号	评分项	得分条件	分值	评分要求	自评	互评	师评
1	安全/7S/态度	□1. 能进行工位 7S 操作 □2. 能进行设备和工具安全检查 □3. 能进行车辆安全防护操作 □4. 能进行工具清洁、校准、存放操作 □5. 能进行三不落地操作	15	未完成 1 项扣 3 分	□熟练 □不熟练	□熟练 □不熟练	□合格 □不合格
2	专业技能能力	作业 1 □1. 能正确地检查 ABS 警告指示灯 □2. 能正确地检查制动液液位 作业 2 □1. 能正确地检查制动总泵管路泄漏情况 □2. 能正确地检查各制动管路泄漏情况 □3. 能正确地检查插接器连接情况 □4. 能正确地测量 ABS 熔丝电阻 □5. 能正确地拆装轮速传感器 □6. 能正确地检测轮速传感器 作业 3 □1. 能正确地读取 ABS 故障码 □2. 能正确地读取 ABS 静态数据流 □3. 能正确地读取 ABS 动态数据流 □4. 能正确地分析数据流判定维修措施	50	未完成 1 项扣 5 分，扣分不得超过 50 分	□熟练 □不熟练	□熟练 □不熟练	□合格 □不合格
3	工具及设备的使用能力	□1. 能正确地使用维修工具 □2. 能正确地使用维修诊断仪 □3. 能正确地使用万用表	10	未完成 1 项扣 3 分	□熟练 □不熟练	□熟练 □不熟练	□合格 □不合格
4	资料、信息查询能力	□1. 能正确地使用维修手册查询资料 □2. 能正确地记录查询资料的章节及页码 □3. 能正确地记录所需维修信息	10	未完成 1 项扣 3 分	□熟练 □不熟练	□熟练 □不熟练	□合格 □不合格
5	数据判断和分析能力	□1. 能判断 ABS 熔丝阻值是否正常 □2. 能判断轮速传感器是否正常 □3. 能判断 ABS 数据流是否正常	10	未完成 1 项扣 3 分	□熟练 □不熟练	□熟练 □不熟练	□合格 □不合格
6	表单填写与报告的撰写能力	□1. 字迹清晰 □2. 语句通顺 □3. 无错别字 □4. 无涂改 □5. 无抄袭	5	未完成 1 项扣 1 分	□熟练 □不熟练	□熟练 □不熟练	□合格 □不合格
总分：							

随堂笔记

模块四

汽车安全系统部件的检查

任务一　安全气囊系统的检查

学习目标

知识目标

1）掌握安全气囊的作用与组成。

2）掌握安全气囊的工作过程。

技能目标

1）会实车拆装安全气囊系统各部件。

2）会使用故障诊断仪读取安全气囊系统故障码与数据流。

素养目标

1）能够在工作过程中与小组其他成员合作、交流，养成团队合作意识，锻炼沟通能力。

2）养成7S的工作习惯。

3）养成服从管理、规范作业的良好工作习惯。

随堂笔记

任务描述

一辆丰田卡罗拉轿车用户反映：仪表板内的SRS指示灯常亮，需要对该系统进行检查，确定故障部位并进行修理。

相关知识

汽车上的安全系统可分为主动安全系统和被动安全系统，如制动系统属于主动安全系统，而安全气囊系统和安全带则属于被动安全系统。安全气囊（Air Bag）系统又称为辅助约束系统（Supplemental Restraint System，简称SRS）。

一、安全气囊系统的作用

当汽车发生碰撞时，汽车与汽车或汽车与障碍物之间的碰撞称为一次碰撞（图4-1a）。当一次碰撞后，汽车的速度将急剧变化，驾驶人和乘员就会受到惯性力的作用而向前运动，并与车内的转向盘、风窗玻璃或仪表台等发生碰撞，这种碰撞称为二次碰撞（图4-1b）。一般在车辆事故中，导致驾驶人和乘员受伤的主要是二次碰撞。为了减轻二次碰撞对驾乘人员的伤害，在现代汽车上，车身设有撞击吸收结构、安全气囊、座椅安全带等，如图4-2所示。

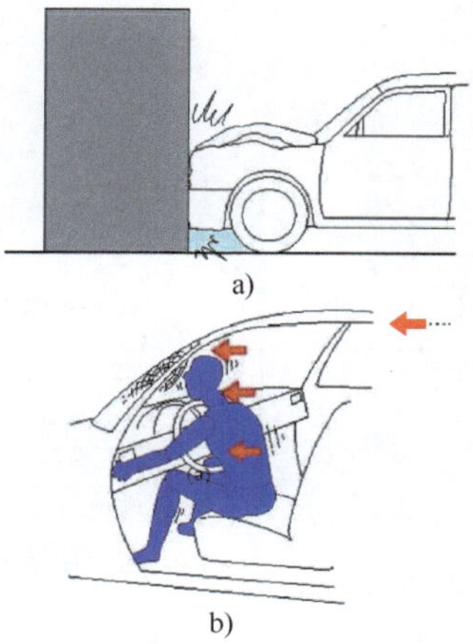

图4-1　汽车碰撞损伤

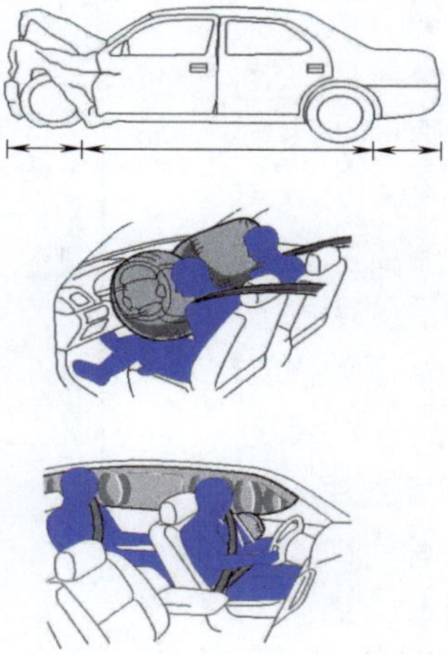

图4-2　汽车碰撞保护

现代汽车普遍在驾驶人和前乘员座椅前方分别安装有安全气囊，在交通事故时以减少汽车发生正面碰撞对驾驶人和前乘员所造成的伤害。还有些汽车同时装有侧面安全气囊，在汽车发生侧向碰撞时，以减少侧向碰撞对驾乘人员的伤害。

二、安全气囊系统的组成

安全气囊系统主要部件在车辆上的位置如图4-3所示，它主要由碰撞传感器（前安全气囊碰撞传感器、侧安全气囊碰撞传感器）、安全气囊控制单元（ECU）、执行器（驾驶侧安全气囊总成、前乘员安全气囊总成、帘式安全气囊总成、侧面安全气囊总成、座椅安全带预张紧器等）、螺旋电缆和安全气囊警告灯等组成。

随堂笔记

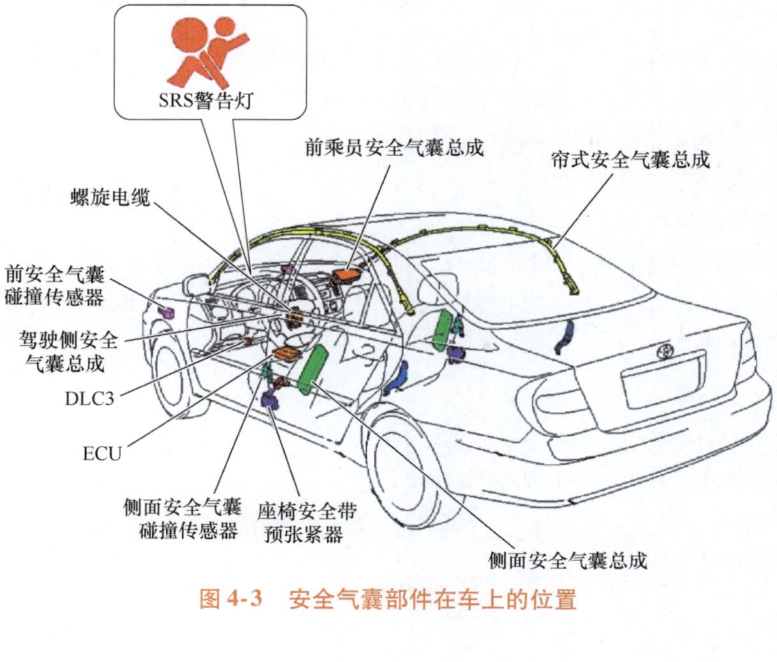

图4-3　安全气囊部件在车上的位置

1. 碰撞传感器

碰撞传感器有两种类型：一种型号由半导体制成，另一种为机械类型。

前安全气囊碰撞传感器一般安装在左右前侧梁上，它相当于一只控制开关，其工作状态取决于车辆碰撞时减速度的大小。图 4-4 为机械式碰撞传感器，静止状态时滚球在永久磁铁的吸引下位于最右侧，左侧触点未接通；当汽车发生碰撞且惯性力大于永久磁铁的吸引力时，滚球瞬间向左侧运动并推动触点接通，信号被传输到 ECU。

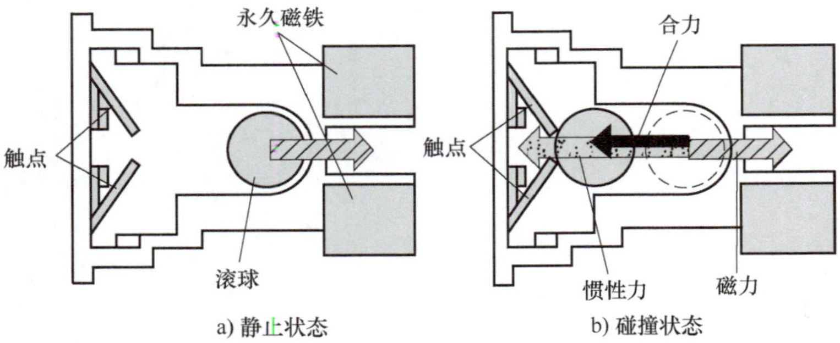

图 4-4　机械式碰撞传感器

侧面安全气囊碰撞传感器一般安装在左和右中柱上，帘式安全气囊碰撞传感器一般安装在左、右后柱上。

2. ECU

ECU 一般安装在变速杆下方的车身上，它是安全气囊系统关键的部件之一。其作用是，接收碰撞传感器及其他相关传感器的信号（如车速传感器等），经过计算分析，以确定是否引爆安全气囊，当判断结果为汽车发生碰撞时，发出引爆指令，同时，它还对本系统进行故障自诊断。ECU 内有备用电源，它是利用电容储存电能。备用电源的作用是，当车辆发生碰撞导致蓄电池或发电机与 ECU 之间的电路切断时，能在一定的时间内，提供足够的点火能量来引爆点火剂。ECU 内还有安全传感器，如果碰撞产生的减速力大于预设值时才导通，防止外部碰撞传感器故障而误工作。

随堂笔记

3. 螺旋电缆

螺旋电缆也称时钟弹簧，如图 4-5 所示，它安装在转向柱上，位于转向盘的下部，它的作用是连接驾驶侧安全气囊导线插接器和转向柱上的导线插接器，其内部结构与钢卷尺相似。它往往和喇叭线束以及自动巡航控制线束做成一体。它是本系统中最易损坏的部件之一，属于机械式导线装置。在检修转向柱或转向器时，特别是在将转向盘与转向柱拆开时，禁止转动转向，以免拉断或折断锁簧。

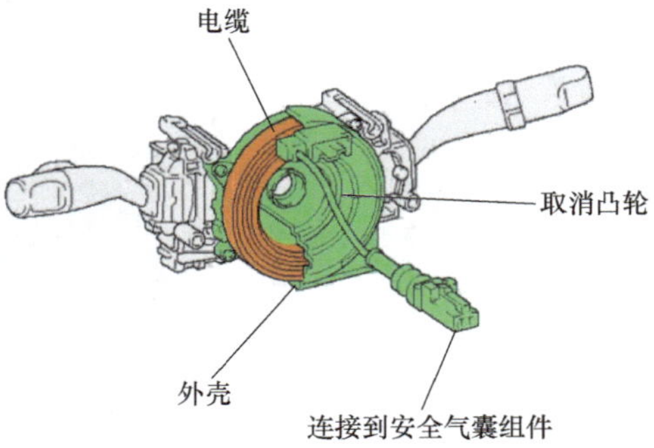

图 4-5　螺旋电缆

4. 安全气囊组件

安全气囊组件主要由驾驶侧安全气囊组件、乘员侧安全气囊组件、侧安全气囊组件等组成，每个安全气囊组件内都有一个气体发生器和安全气囊袋，它们的外形结构虽然有较大的区别，但工作原理相同。

(1) 气体发生器 它的结构如图4-6所示，在金属容器内装有引燃器和气体发生剂等。它的作用是：当车辆发生碰撞时，引燃器通电产生高温，使增强剂燃烧，气体发生剂在高温作用下发生化学反应瞬间生成大量氮气送入安全气囊袋内，使安全气囊袋展开。

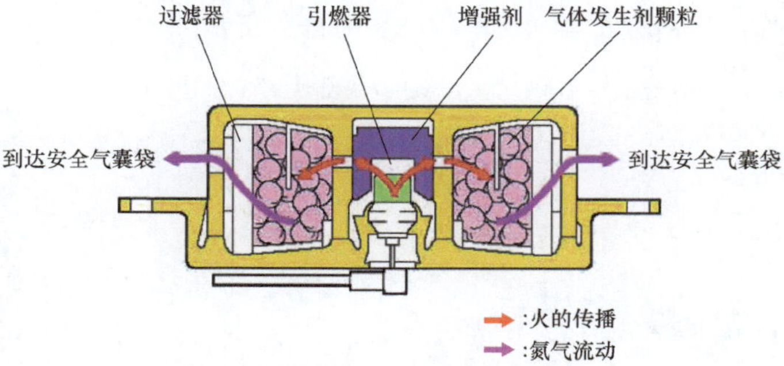

图4-6 气体发生器的结构

(2) 驾驶侧安全气囊组件

又称主安全气囊，它安装在转向盘的中央，如图4-7所示。当车辆发生碰撞时，安全气囊ECU控制气体发生器向安全气囊袋内充气，安全气囊袋迅速膨胀在驾驶人的前方，形成一个缓冲软垫保护层，从而保护驾驶人的安全。在安全气囊袋织物的上面开有几个小孔，目的是在安全气囊工作后，气体能够迅速释放，如图4-8所示，如果安全气囊内的气体不能即时释放，将会挤压驾驶人，导致驾驶人在车辆发生碰撞后无法离开座位。

图4-7 主安全气囊、副安全气囊与侧安全气囊

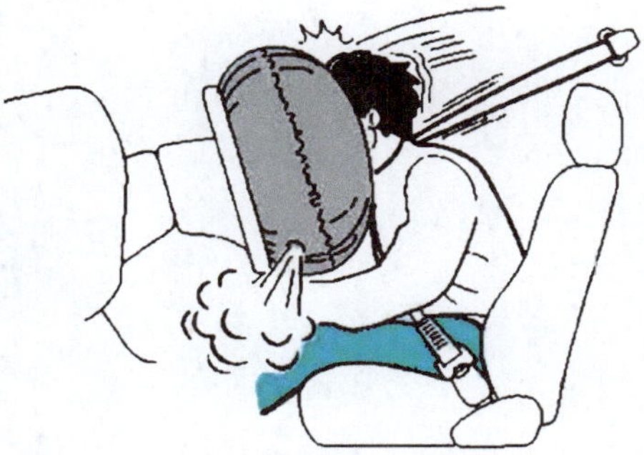

图4-8 安全气囊袋充气后并迅速释放

随堂笔记

(3) 前乘员侧安全气囊组件 又称副安全气囊，如图4-7所示。它的外形虽然和主安全气囊有很大区别，但工作原理相同，有些车辆的副安全气囊装饰盖和仪表台面板总成制成一体，所以在副安全气囊爆炸后，往往需要更换仪表台面板总成，现在许多车辆的副安全气囊在乘员侧座椅下面有一个传感器，当前乘员座椅上有人时，副安全气囊才会引爆，否则，副安全气囊在车辆发生碰撞时不会引爆。

(4) 侧安全气囊组件 如图4-7所示，当车辆发生侧面碰撞时，侧安全气囊工作，在驾驶人或前乘员的侧面形成一个软保护层。侧安全气囊和座椅靠背做成一体，因而更换侧安全气囊时需要连同座椅靠背一起更换。

(5) 安全带拉紧器 也称为预紧式安全带，如图4-9所示，在车辆发生碰撞时，安全气囊控制模块在引爆安全气囊的同时，也引爆安全带拉紧机构，使安全带瞬间收缩，能够更加有效地保护驾乘人员的安全。

5. 安全气囊警告灯

安全气囊警告灯的符号通常用“SRS”“AIR BAG”或如图4-10所示的图标等表示。它的作用是指示安全气囊系统的功能是否正常。

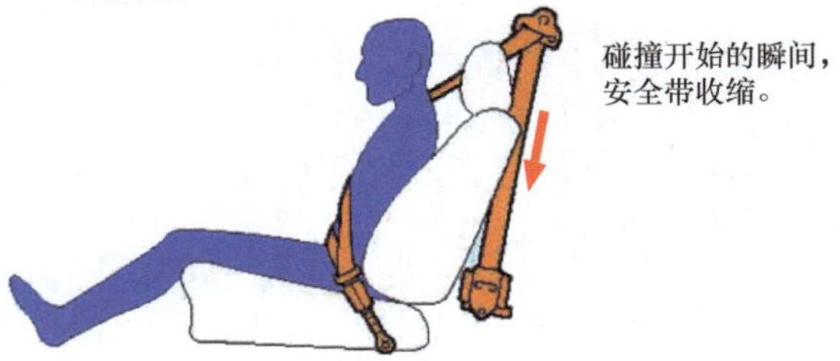

图 4-9　预紧式安全带

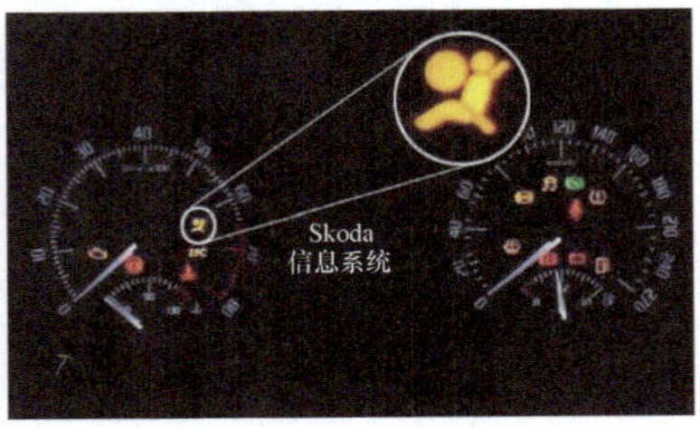

图 4-10　安全气囊警告灯

6. 短路弹簧片和双锁装置

（1）短路弹簧片　当分离安全气囊控制模块导线插接器时，安全气囊警告灯应亮起。当分离安全气囊系统各导线插接器时，电路有可能与电源和搭铁短路，造成安全气囊意外被引爆，为了防止此类事故的发生，在导线插接器上安装了短路弹簧片。在分离各安全气囊组件导线插接器时，短路弹簧片自动地连接安全气囊组件的正（+）端子和负（-）端子而短路，使安全气囊组件的点火电路失效，预防安全气囊意外展开，如图 4-11 所示。

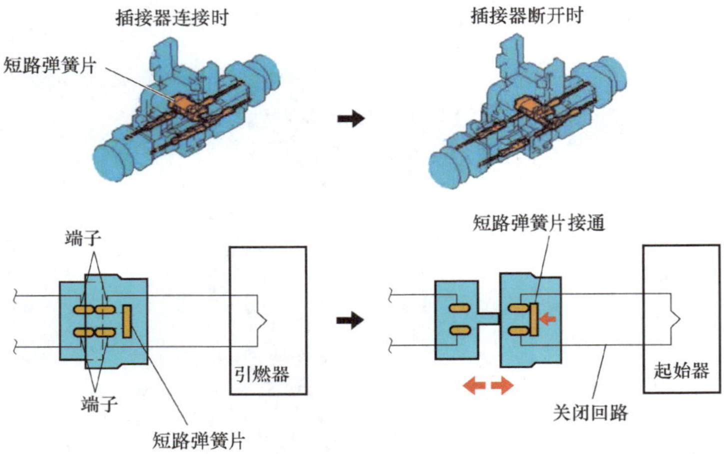

图 4-11　短路弹簧片

（2）双锁装置　在安全气囊系统中，导线插接器接触不良和异常分离，会对系统造成很大的影响，还无法保护车内乘员的安全。为了保证导线插接器在任何恶劣条件下都能保持良好的连接状态，插入插接器时为一次锁住，按下插接器上部盖进行二次锁住，以防插接器接触不良和异常分离，如图 4-12 所示。

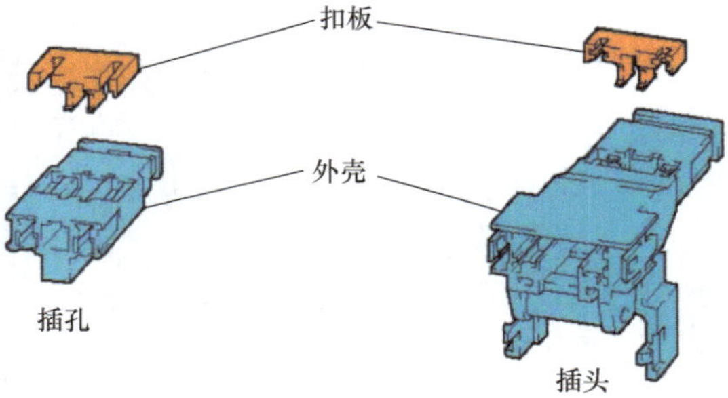

图 4-12　安全气囊双锁装置

三、安全气囊系统电路

丰田卡罗拉安全气囊系统电路图如图 4-13 所示。为了区分安全气囊线路与其他电器线路，在实车上安全气囊线束是单独的，而且用橙色线束套包裹。

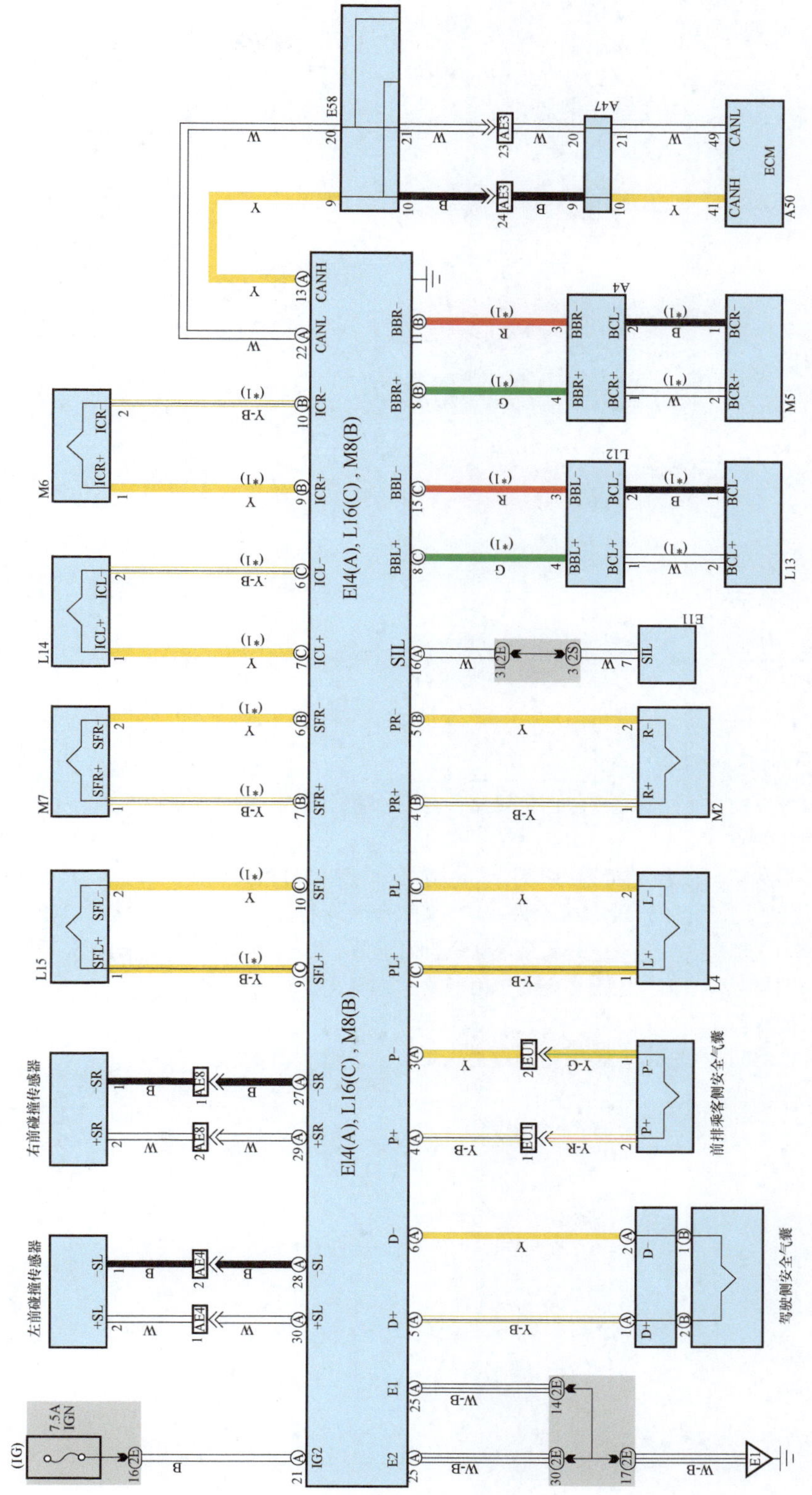

图 4-13　丰田卡罗拉安全气囊系统电路图

随堂笔记

安全气囊系统的检查	学习任务单	班级：
		姓名：

1. 安全气囊简称__________，它的作用是减轻__________对驾乘人员的伤害。

2. 写出图中数字所指零件的名称：

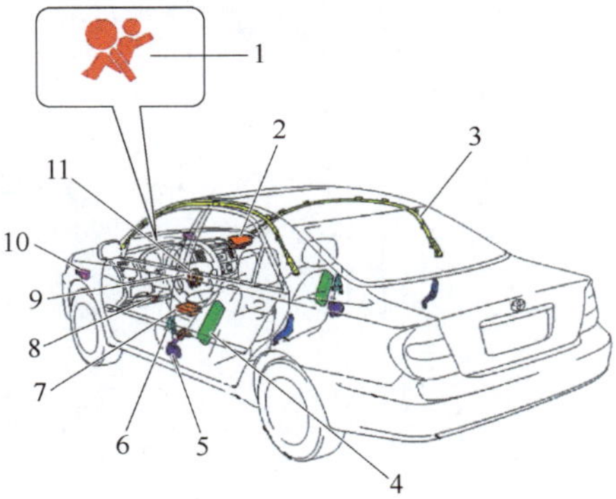

1. __________ 2. __________ 3. __________ 4. __________

5. __________ 6. __________ 7. __________ 8. __________

9. __________ 10. __________ 11. __________

3. 前安全气囊碰撞传感器一般安装在____________________上，它相当于一只控制开关，其工作状态取决于车辆碰撞时减速度的大小，并将碰撞信号转变为电信号输送给 ECU。

4. 螺旋电缆也称时钟弹簧，它安装在转向柱上，位于________________的下部，它的作用是连接驾驶侧安全气囊导线插接器和转向柱上的导线插接器，其内部结构与钢卷尺相似。

随堂笔记

5. 安全气囊组件主要由驾驶侧安全气囊组件、乘员侧安全气囊组件、侧安全气囊组件等组成，每个安全气囊组件内都有一个________________和安全气囊袋，当车辆发生碰撞时，安全气囊 ECU 通过引燃器通电产生高温，使增强剂燃烧，气体发生剂在高温作用下发生化学反应生成大量________________送入安全气囊袋内，使气囊袋展开。

6. 当仪表内的“SRS”或“AIR BAG”指示灯常亮时，你想到的原因是：____

实训任务　安全气囊系统的检查

实训器材

丰田卡罗拉轿车、故障诊断仪、常用维修工具和维修手册等。

作业准备

车辆在工位停放周正，铺好车内和车外护套。

操作步骤

1. 检查安全带与指示灯

1）打开点火开关，仪表板内的安全带未系指示灯应点亮。拉出驾驶人侧安全带插入安全带座孔，指示灯应立即熄灭。

2）缓慢拉出安全带应无卡滞；快速拉出安全带应能瞬间卡住；松开安全带应能自动完全收缩，否则说明安全带损坏，需更换。

2. 读取故障码和数据流

1）将点火开关置于 ON（IG）位时，仪表内的 SRS 指示灯应点亮约 5s，然后熄灭；如果不熄灭，说明安全气囊自诊断系统检测到故障，此时首先应读取故障码。

2）将点火开关置于 OFF 位，然后将故障诊断仪连接到故障诊断座。

3）将点火开关置于 ON（IG）位，并按下诊断仪电源键。

4）选择要检测的车型，进入安全气囊系统。

5）选择读取故障码，并记录故障码。

6）清除故障码，再重新读取故障码。

7）根据故障码，查找维修手册，再根据维修手册流程查找故障原因。

3. 更换主安全气囊

1）将两前轮转向正前位置。

2）选用合适的扳手拆下蓄电池负极接头，并等待 90s 以上。

3）用一字螺钉旋具缠好胶带或用内饰撬板拆下转向盘左、右侧装饰盖。

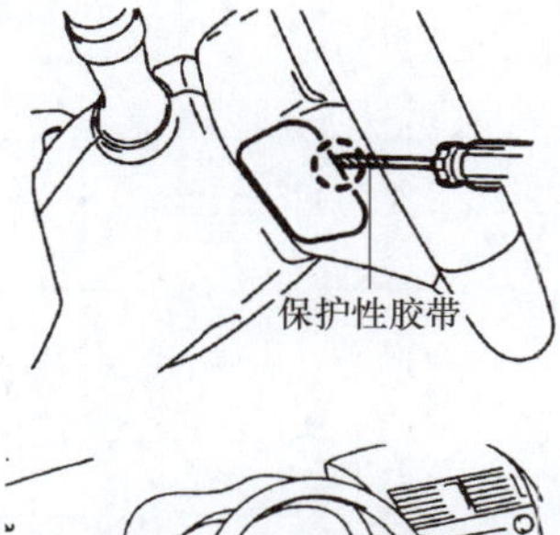

4）选用合适的工具拆下主安全气囊的两个固定螺栓。

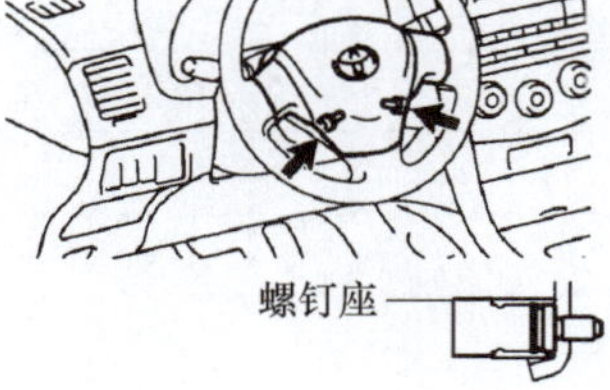

随堂笔记

5）断开主安全气囊线束插接器和喇叭线束插接器。

6）拆下主安全气囊并放置到安全的位置。

小提示

放置时主安全气囊正面一定朝上，严禁主安全气囊正面朝下放置，严禁用万用表测量安全气囊的阻值。

7）比对新主安全气囊的规格型号，按与拆卸相反的顺序安装新主安全气囊，并按规定转矩拧紧螺栓。

4. 更换碰撞传感器

1）用合适的工具拆下蓄电池负极端子。

2）拆卸散热器格栅防护罩。

3）拆卸前保险杠总成（查找维修手册，按维修手册流程拆卸）。

4）拆卸前照灯总成（查找维修手册，按维修手册流程拆卸）。

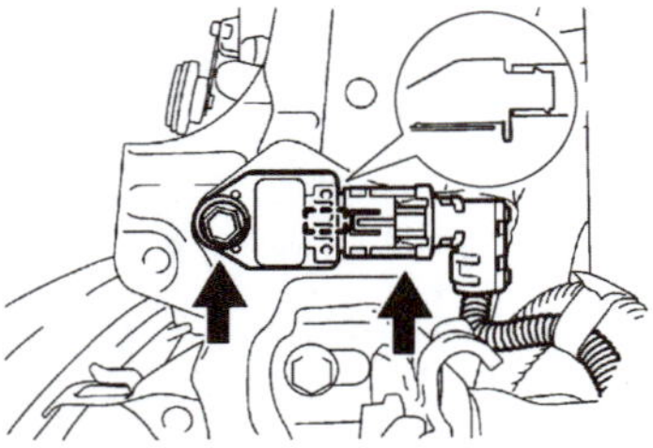

5）选用合适的工具拆卸前安全气囊传感器固定螺栓。

6）比对新碰撞传感器的规格型号，按与拆卸相反的顺序安装新碰撞传感器，并按规定转矩拧紧螺栓。

实训任务总结：

随堂笔记

安全气囊系统的检查	工作任务单	班级： 姓名：

1. 记录车辆信息

品牌		整车型号		生产年月	
发动机型号		发动机排量		行驶里程	
车辆识别代码					

2. 检查安全带

作业项目	检查情况	作业项目	记录
安全气囊指示灯	正常□ 异常□	安全带拉伸与锁止功能	正常□ 异常□
安全带指示灯	正常□ 异常□	安全带收缩功能	正常□ 异常□

3. 读取故障码和数据流

故障码	
清除故障码后再读取	

数据流

4. 更换碰撞传感器

更换碰撞传感器	执行□ 否□
碰撞传感器零件号	

5. 更换主安全气囊

更换主安全气囊	执行□ 否□
主安全气囊零件号	

6. 查阅维修手册

序号	部件名称	章节及页码	规格（米制）
1		第 章 页	
2		第 章 页	
3		第 章 页	

随堂笔记

汽车安全系统部件的检查		实习日期：	
姓名：	班级：	学号：	导师签名：
自评：□熟练 □不熟练	互评：□熟练 □不熟练	师评：□合格 □不合格	
日期：	日期：	日期：	

安全气囊系统的检查【评分细则】

序号	评分项	得分条件	分值	评分要求	自评	互评	师评
1	安全/7S/态度	□1. 能进行工位7S操作 □2. 能进行设备和工具安全检查 □3. 能进行车辆安全防护操作 □4. 能进行工具清洁、校准、存放操作 □5. 能进行三不落地操作	15	未完成1项扣3分	□熟练 □不熟练	□熟练 □不熟练	□合格 □不合格
2	专业技能能力	作业1 □1. 能正确地检查安全气囊指示灯 □2. 能正确地检查安全带指示灯 □3. 能正确地检查安全带 作业2 □1. 能正确地读取安全气囊系统故障码 □2. 能正确地读取安全气囊系统数据流 作业3 □1. 能正确地更换碰撞传感器 □2. 能正确地更换主安全气囊	50	未完成1项扣8分，扣分不得超过50分	□熟练 □不熟练	□熟练 □不熟练	□合格 □不合格
3	工具设备的使用能力	□1. 能正确地使用维修工具 □2. 能正确地使用解码器	10	未完成1项扣5分	□熟练 □不熟练	□熟练 □不熟练	□合格 □不合格
4	资料、信息查询能力	□1. 能正确地查询安全气囊的拆装步骤 □2. 能正确地查询碰撞传感器的拆装步骤 □3. 能正确地使用维修手册查询资料 □4. 能正确地记录查询资料章节及页码 □5. 能正确地记录所需维修信息	10	未完成1项扣2分	□熟练 □不熟练	□熟练 □不熟练	□合格 □不合格
5	数据判断和分析能力	□1. 能判断安全气囊指示灯是否正常 □2. 能判断安全气囊数据流是否正常 □3. 能判断安全带是否正常	10	未完成1项扣4分，扣分不得超过10分	□熟练 □不熟练	□熟练 □不熟练	□合格 □不合格
6	表单填写与报告的撰写能力	□1. 字迹清晰 □2. 语句通顺 □3. 无错别字 □4. 无涂改 □5. 无抄袭	5	未完成1项扣1分	□熟练 □不熟练	□熟练 □不熟练	□合格 □不合格
总分：							

随堂笔记

任务二　安全防盗系统的检查

学习目标

知识目标

1）掌握中控门锁的组成与工作过程。

2）掌握防盗系统的组成与工作过程。

技能目标

1）会实车拆装车门锁。

2）会更换钥匙电池。

3）会使用故障诊断仪读取中控门锁和防盗系统的故障码与数据流。

素养目标

1）能够在工作过程中与小组其他成员合作、交流，养成团队合作意识，锻炼沟通能力。

2）养成7S的工作习惯。

3）养成服从管理、规范作业的良好工作习惯。

任务描述

一辆丰田卡罗拉轿车用户反映：无法用钥匙遥控器锁止和解锁车门，需要对门锁系统进行检查，确定故障部位并进行修理。

相关知识

随堂笔记

一、中控门锁

为了方便驾驶人和乘客开关车门，现在大部分汽车中都安装了中央控制门锁系统，简称中控门锁。安装了中控门锁后，驾驶人可以在锁住或打开自己车门的同时锁住或打开其他车门，而除了中控门锁控制外，乘客也可以利用各车门的机械式弹簧锁来开关车门。

1. 中控门锁的组成

中控门锁的组成如图4-14所示，主要由门锁控制开关、钥匙操纵开关、门锁总成、门锁电动机、行李舱开启器及门锁控制器等组成。

（1）门锁控制开关　门锁控制开关一般安装在驾驶人侧车门内的扶手上，通过门锁控制开关可以同时锁上和打开所有的车门。图4-15为丰田汽车门锁控制开关的位置。

（2）钥匙操纵开关　钥匙操纵开关装在驾驶人侧车门的钥匙插孔背面或驾驶人侧车门门锁总成上，当从车外用钥匙开锁和锁定车门时，钥匙控制开关便发出开门或锁门的信号给门锁控制ECU。钥匙操纵开关的位置如图4-16所示。

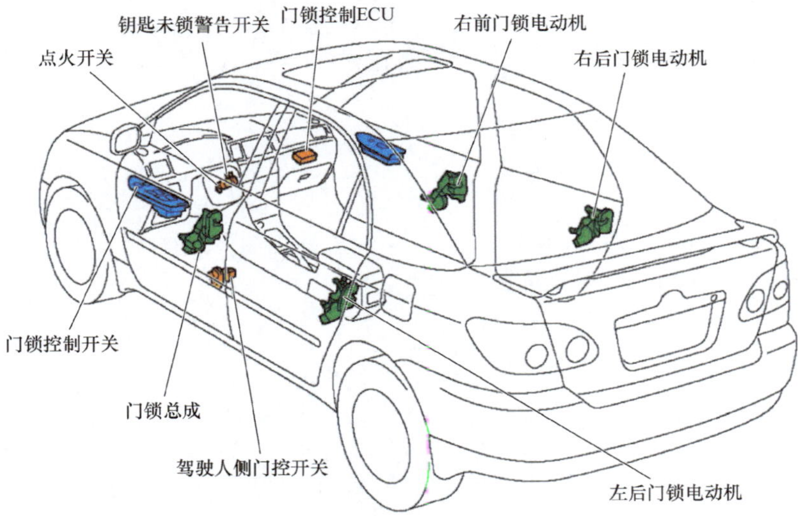

图 4-14　中控门锁的组成

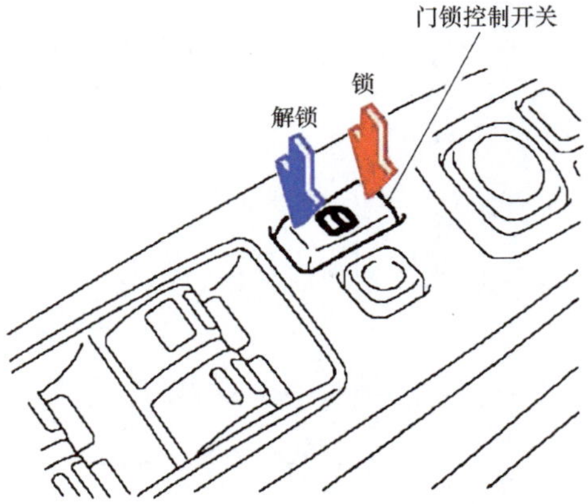

图 4-15　门锁控制开关

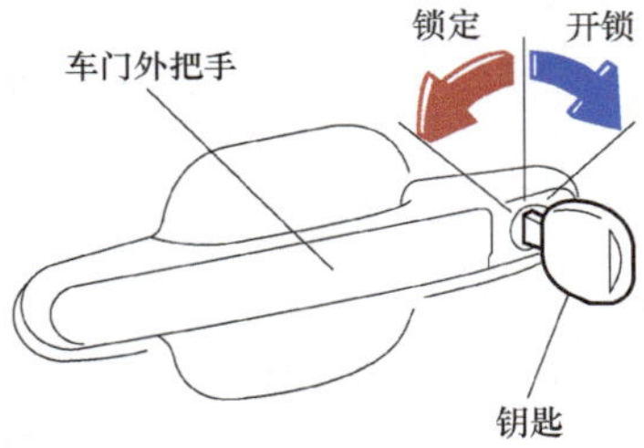

图 4-16　钥匙操纵开关

随堂笔记

（3）门锁总成　门锁总成（图 4-17）主要由门锁电动机、蜗轮齿轮组、门锁位置开关、外壳和连接各位置把手的拉杆等组成。

车门锁内部结构如图 4-18 所示。图 4-18 中门锁电动机是门锁的执行器，当门锁电动机转动时，蜗杆带动蜗轮转动，蜗轮推动锁拉杆，车门被锁上或打开，然后蜗轮在复位弹簧的作用下返回原位置。

门锁位置开关位于门锁总成

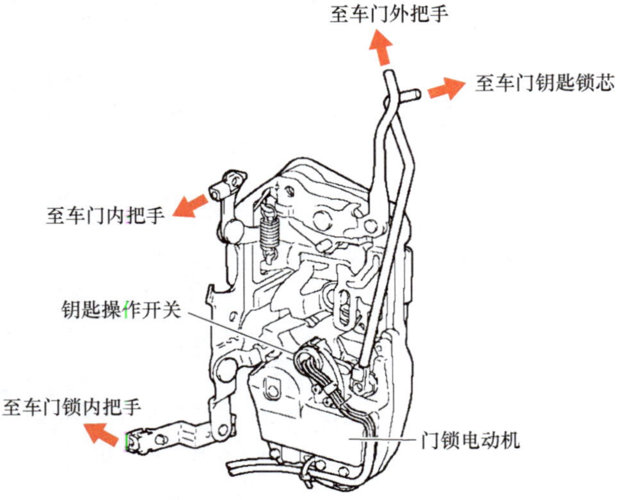

图 4-17　车门锁总成

内，用来检测车门的锁紧状态，它由一个触点片和一个开关基础组成。当车门关闭时，此开关断开；当车门打开时，此开关接通。

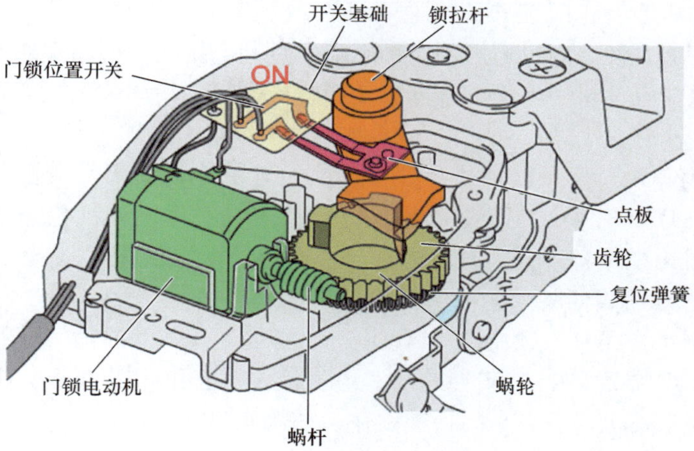

图 4-18　车门锁内部结构

2. 中控门锁的工作原理

中控门锁控制的常见形式有继电器控制式和电子控制单元（ECU）控制式等，其中继电器式中控门锁虽然结构简单，但功能也较单一，因此在现代汽车上应用得越来越少。

（1）继电器控制式中控门锁控制电路　图 4-19 为继电器控制式中控门锁控制电路。

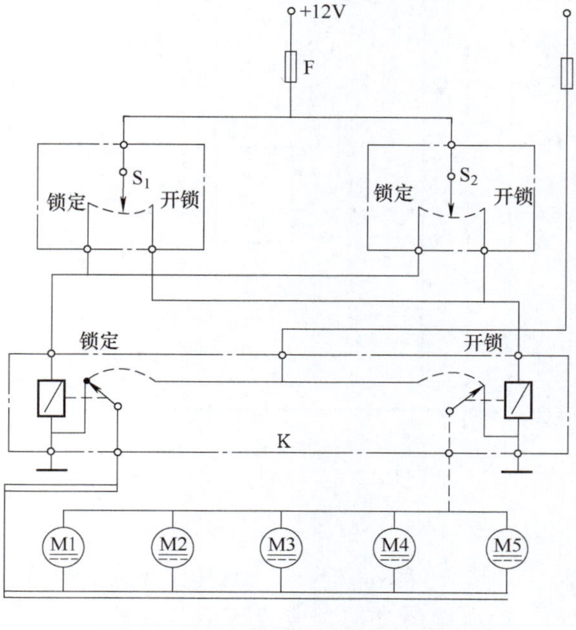

图 4-19　继电器控制式中控门锁电路

S_1—左前门锁开关　S_2—右前门锁开关　K—门锁继电器　M1—尾门锁电动机　M2—左后门锁电动机　M3—左前门锁电动机　M4—右前门锁电动机　M5—右后门锁电动机　F—熔断器

随堂笔记

当用钥匙转动驾驶人（或副驾驶）侧的门锁开关时，它就可以接通或断开门锁继电器，门锁继电器包括锁定和开锁两个继电器。门锁开关都不接通时，所有电动机两端都通过继电器直接搭铁，电动机不转；门锁开关接通（开锁或锁定）一个继电器时，电动机一端不再搭铁而是与电源接通，使电动机通过两个继电器触点和电源构成回路而通电运转。不同的继电器工作，可以改变电动机中电流的方向，使门锁电动机的转向改变，实现五个车门同时开锁和锁定。

（2）电子控制单元（ECU）控制式中控门锁　电子控制单元控制式中控门锁的门锁电子控制单元由一块 CPU、两个晶体管（VT1、VT2）和两个继电器（锁止继电器、解锁继电器）组成，CPU 可以根据各种开关发出的信号来控制晶体管，进而控制两个继电器的工作。电路中的 D 和 P 分别代表驾驶人侧和副驾驶人侧。

当将门锁控制开关推向“锁门”（LOCK）一侧时，开关上的锁门导线通过门锁控制开关搭铁，CPU 将 VT1 导通。当 VT1 导通时，电流流过锁止继电器线圈，锁止继电器触点闭合，电流流至门锁电动机，所有车门均被锁住，如图 4-20 所示。

随堂笔记

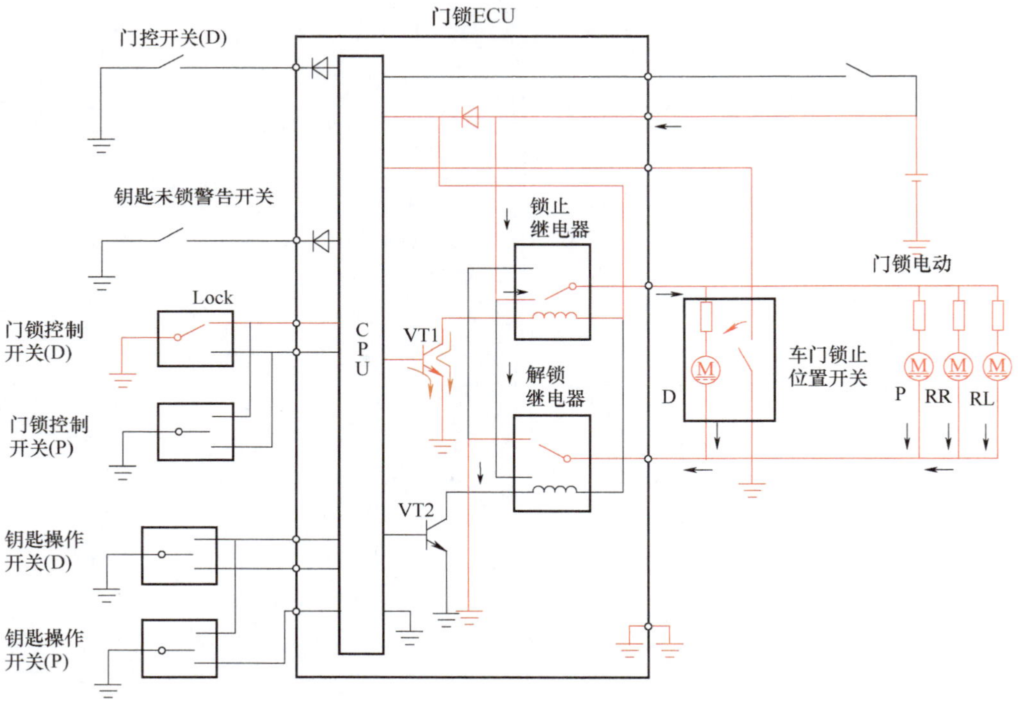

图 4-20　电子控制单元控制式中控门锁控制电路

（门锁控制开关锁门时）

当门锁控制开关推向“开锁”（UNLOCK）一侧时，开关上的开锁导线通过门锁控制开关搭铁，CPU 将 VT2 导通。当 VT2 导通时，电流流至解锁继电器线圈，解锁继电器触点闭合，如图 4-21 所示，此时电流反向通过门锁电动机，所有的车门打开。

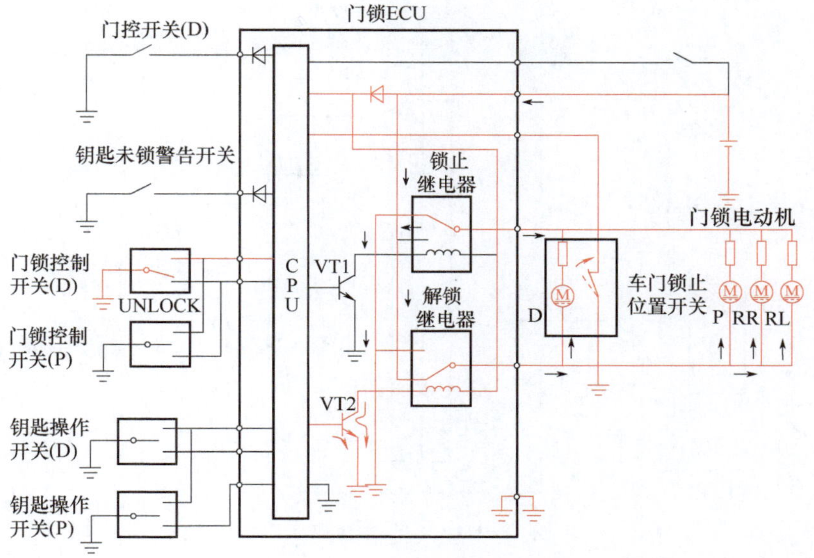

图 4-21 电子控制单元控制式中控门锁控制电路（门锁控制开关开锁时）

3. 遥控门锁

为了便于操作，现在很多汽车的中控门锁均配备了遥控发射器来实现锁门和开门功能。图 4-22 为遥控门锁的组成。它的基本原理是通过遥控门锁的发射器（钥匙）发出微弱电波，此电波由汽车天线接收后送至车门控制接收器进行识别对比，若识别对比后的代码一致，车门控制接收器将信号输送给门锁控制 ECU，由门锁控制 ECU 再把信号送至执行器来完成相应的动作，电路如图 4-23 所示。

发射器内有锂电池，电池的设计寿命一般为 2 年以上，当电量用完后可以更换电池。

随堂笔记

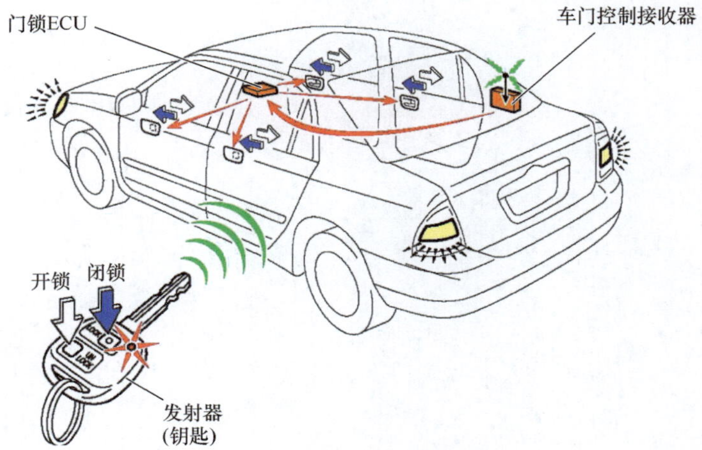

图 4-22 遥控门锁的组成

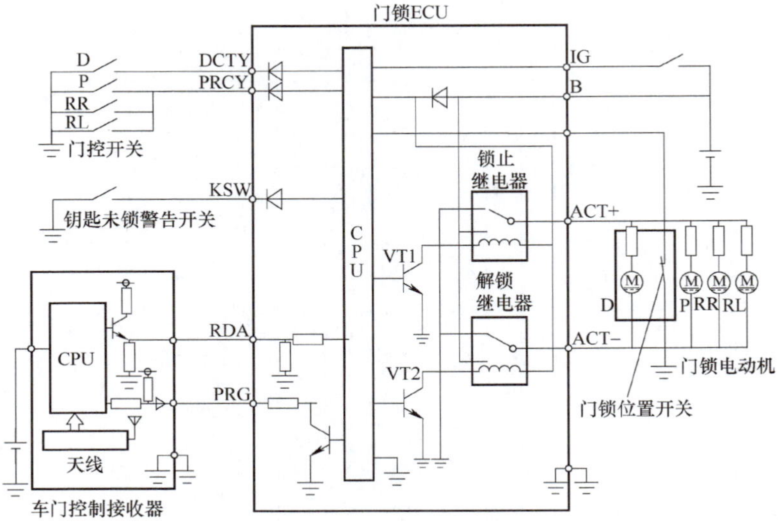

图 4-23　遥控门锁控制电路

二、汽车防盗系统

汽车防盗器可分为机械式防盗器和电子式防盗器，机械式防盗器是用机械的方法对变速杆或转向盘进行锁定，使其不能移动。但现代汽车上增加了很多电子式防盗器，如果非法移动车辆、打开车门、打开行李舱盖或打开燃油箱加注盖等，防盗器就会立刻报警，还有使起动机无法起动、使发动机电子控制单元处于非工作状态等。

1. 车身电子防盗系统

随堂笔记

（1）组成　车身电子防盗系统的组成主要有开关和传感器、防盗 ECU 和执行机构，图 4-24 为车身电子防盗系统的组成。

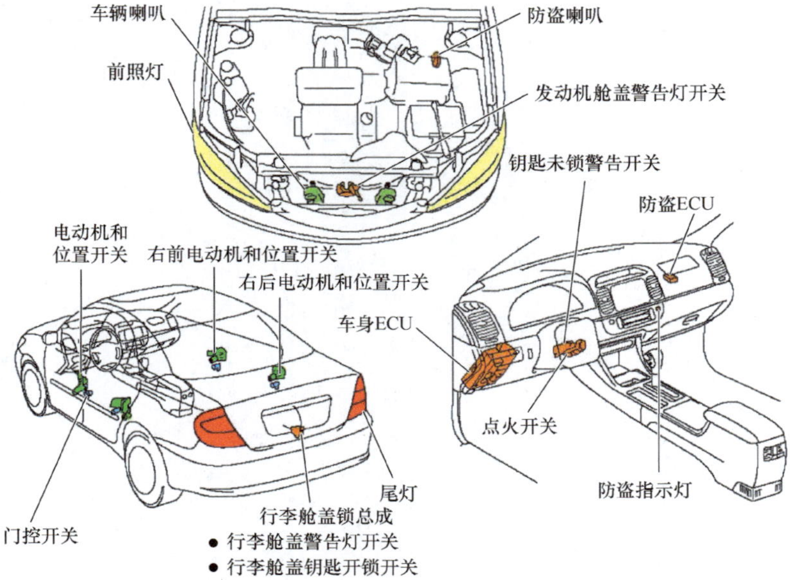

图 4-24　车身电子防盗系统的组成

（2）工作原理　当驾驶人用遥控器锁好车门时，系统进行自检，防盗灯点亮，约30s后防盗灯开始闪烁，表明防盗系统起动进入警戒状态，此时防盗ECU和车身ECU接收各开关的信号。若有人非法开启车门或行李舱，门控开关或位于车门锁内的位置开关就会接通并将此信号送给车身ECU，而遥控模块或车门锁芯开关并没有将开门信号送给防盗ECU，所以防盗ECU即判断为非法进入，于是接通安全喇叭和前照灯或警告灯的电路，从而起到警示的作用，当然它还可以使发动机无法工作，阻止车辆被开走。

2. 发动机锁定系统

发动机锁定是最常见的一种汽车防盗形式，发动机锁定系统与车身电子防盗系统共同装配在汽车上，就能起到非常好的防盗效果。

（1）组成　发动机锁定系统主要由应答器芯片、应答器钥匙线圈、应答器钥匙放大器、应答器钥匙ECU和发动机ECU等组成，如图4-25所示。应答器芯片位于点火钥匙内。应答器钥匙ECU有些车型独立安装，有些车型集成在发动机ECU内部。

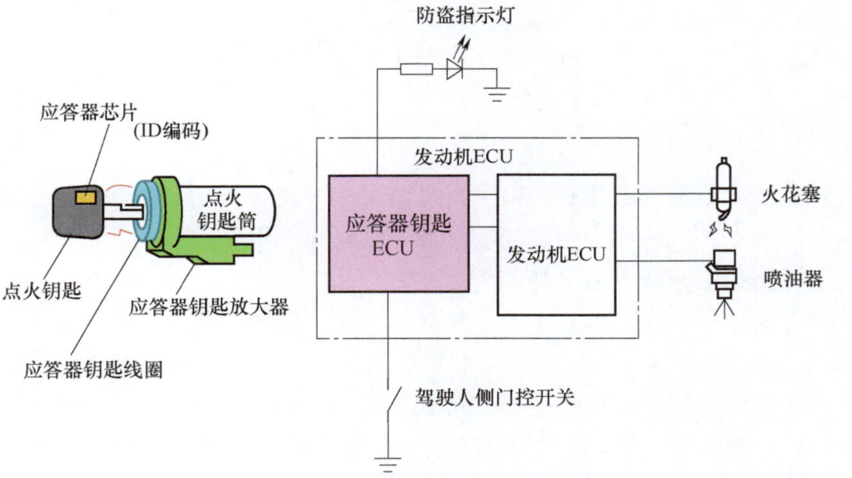

图4-25　发动机锁定系统的组成

（2）工作原理　如图4-26所示，当点火钥匙插入点火开关锁时，钥匙开锁警告开关接通。应答器钥匙ECU的KSW端子检测到此信号后，通过端子VC5向应答器钥匙放大器供电，并且通过TXCT端子发送操作信号。此时，电流被允许流进应答器钥匙线圈并产生围绕锁芯的磁场。再通过围绕锁芯磁场，钥匙内装的应答器芯片中注册的ID代码信号被发送到应答器线圈。应答器钥匙放大器发送此信号到应答器钥匙ECU的端子CODE。应答器钥匙ECU用注册的ID代码检验收到的钥匙侧的ID代码。如果ECU判断这些信号相配，它使用专门的通信线（端子EFIO和端子EFII）发送与接收信号，向发动机ECU指示“发动机起动许可”，发动机锁定器系统解除，发动机可以起动。反之，发动机无法起动。

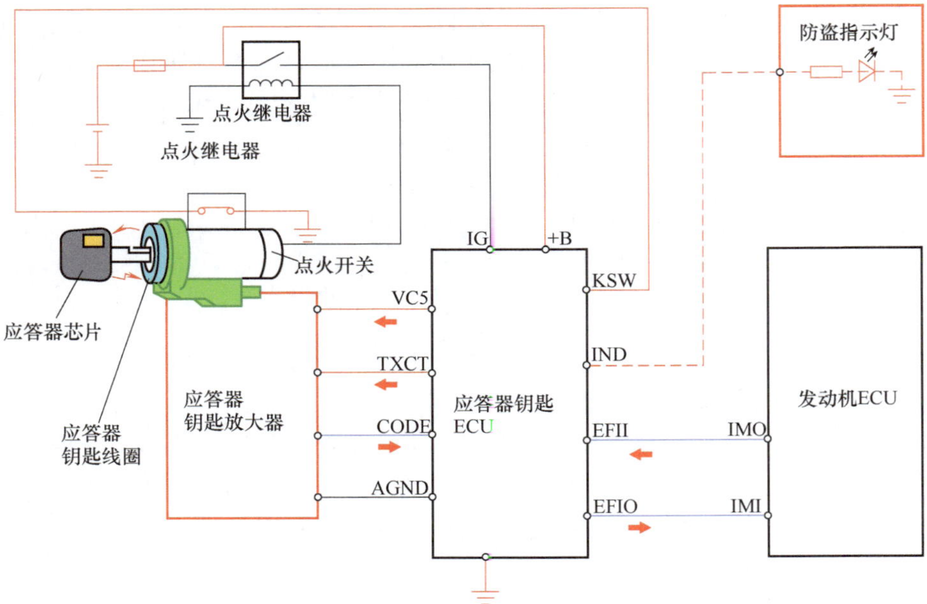

图 4-26　发动机锁定系统控制原理图

三、智能进入与起动系统

为最大限度地为车主提供便利和安全，目前很多中高级轿车上配置了智能进入与起动系统，也称为无钥匙进入系统和无钥匙起动系统。此时车主携带的不是一个传统的带遥控的钥匙，而是一个智能钥匙，或者说是智能卡。

当车主携带钥匙靠近汽车时，车辆自身就可以在一定的距离内感应到钥匙。钥匙芯片的 ID 会自动与发动机的 ID 进行匹配，成功配对后汽车车门自动开启或触摸到车门把手后自动开启，无须再拿钥匙进行手动操作。当智能钥匙离开车体 3～5m 时，车门会自动上锁进入防盗警戒状态。一般装备无钥匙进入系统的车辆，其车门把手上有感应按钮，同时也有钥匙孔，以保证智能卡损坏或没电时车主仍可用普通方式开启车门。

当车主进入车内时，车内的检测系统会马上识别到智能卡，经过确认后车内的电控系统进入工作状态，这时驾驶人只需踩下制动踏板，然后轻轻按下车内的起动按钮，就可以正常起动车辆了，如图 4-27 所示。

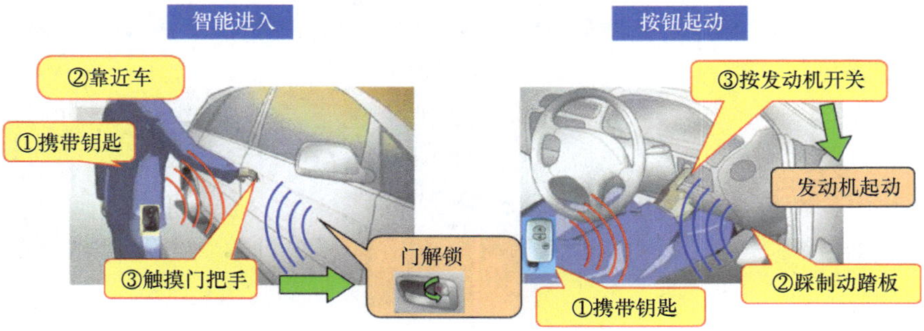

图 4-27　智能进入与起动系统操作过程图

安全防盗系统的检查	学习任务单	班级：
		姓名：

1. 所谓中控门锁是指驾驶人可以在__________自己车门的同时锁住或打开其他车门。

2. 写出图中数字所指零件的名称：

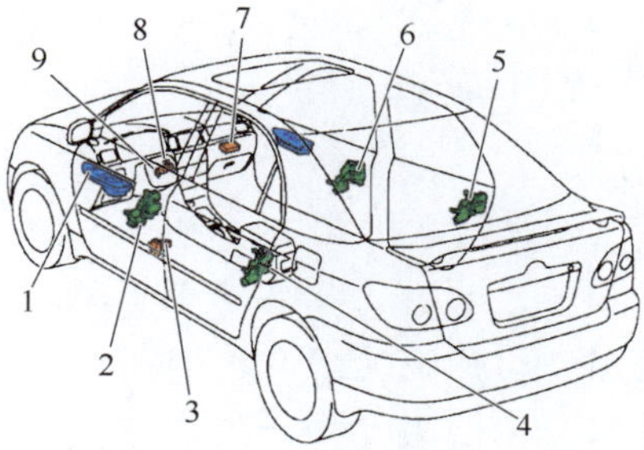

1. __________　2. __________　3. __________　4. __________

5. __________　6. __________　7. __________　8. __________

9. __________

3. 在下图中用红色描绘当用钥匙解锁车门时电流的回路。

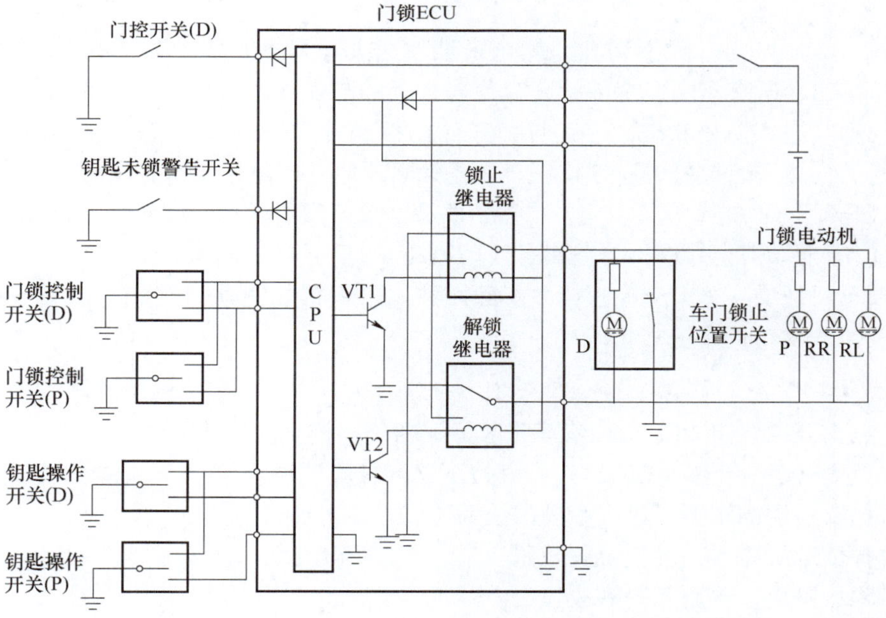

4. 发动机锁定防盗系统主要由应答器芯片、__________、应答器钥匙放大器、应答器钥匙 ECU 和发动机 ECU 等组成，其中应答器芯片位于______________内。

5. 当用遥控器无法解锁和锁止车门时，最可能的原因是____________________。

实训任务 安全防盗系统的检查

实训器材

丰田卡罗拉轿车、故障诊断仪、万用表、常用维修工具和维修手册等。

作业准备

车辆在工位停放周正，铺好车内和车外护套。

操作步骤

1. 检查中控门锁与防盗系统的功能

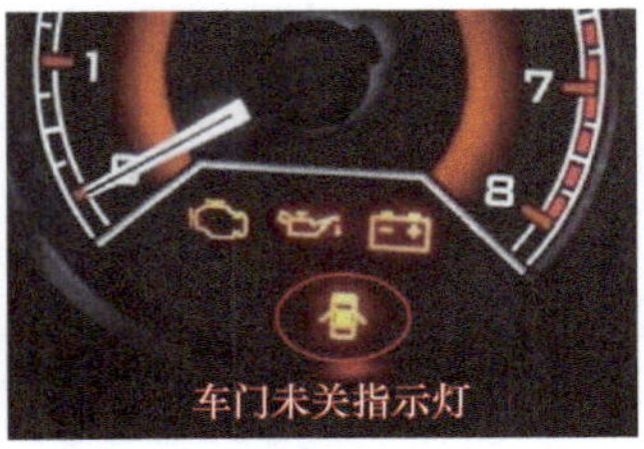

（1）车门未关提示功能的检查　打开点火开关，关闭所有车门，仪表上的车门未关指示灯应熄灭，然后再逐个打开和关闭车门，当某个车门打开时，车门未关指示灯点亮；当车门关闭时，车门未关指示灯应熄灭。否则，应检查该门门控开关是否损坏。

（2）检查门锁中控功能　降下驾驶人侧车窗玻璃，关闭点火开关，关好所有车门，按下门锁控制开关的锁止按钮，检查所有车门外把手都应无法打开车门；当按下门锁控制开关的解锁按键时，所有车门的外把手都能打开各自车门。再用钥匙插入门锁孔，旋转钥匙锁止和解锁车门，各车门也都能同时锁止和解锁。若某个车门无法锁止和解锁，则可能是门锁损坏。

（3）检查防盗功能　降下驾驶人侧车窗玻璃，关闭点火开关，关好所有车门，按下遥控器的锁止按钮，所有车门应全部锁止，仪表板上的防盗指示灯应常亮，稍等约30s，防盗指示灯应闪烁（进入防盗状态）。此时用车门内侧拉手打开车门，防盗蜂鸣器（防盗喇叭）应立即响起。再按下遥控器的解锁按钮，防盗蜂鸣器应立即停止，所有车门也解锁。

随堂笔记

（4）检查无钥匙进入与起动功能　关闭电源，关好所有车门，将智能钥匙拿离车门3～5m后，车门应全部锁止并进入防盗状态（防盗指示灯闪烁）；将智能钥匙靠近车门约1.5m左右，触摸车门把手，车门应能解锁并解除防盗。再将智能钥匙带入车内，踩下制动踏板，按下起动按钮，发动机能正常起动。

2. 读取中控门锁与防盗系统故障码和数据流

1）将点火开关置于OFF位，然后将故障诊断仪连接到故障诊断座。

2）将点火开关置于ON（IG）位，并按下诊断仪电源键。

3）选择要检测的车型，进入中控门锁系统。

4）选择读取故障码，并记录故障码。

5）清除故障码，再重新读取故障码。

6）选择读取数据流，当按下各开关锁止和解锁按钮时，看各开关数据流是否活动，再查询维修手册与标准参数对比，检查数据流是否正常。

7）根据故障码或异常数据流，再查找维修手册，根据维修手册流程查找故障原因。

3. 更换中控门锁总成

1）用内饰撬板撬下车窗玻璃开关盖板。

2）断开车窗玻璃开关线束插头。

3）拧下车门饰板的固定螺钉。

4）用内饰撬板撬下车门内拉手固定螺钉的装饰盖板。

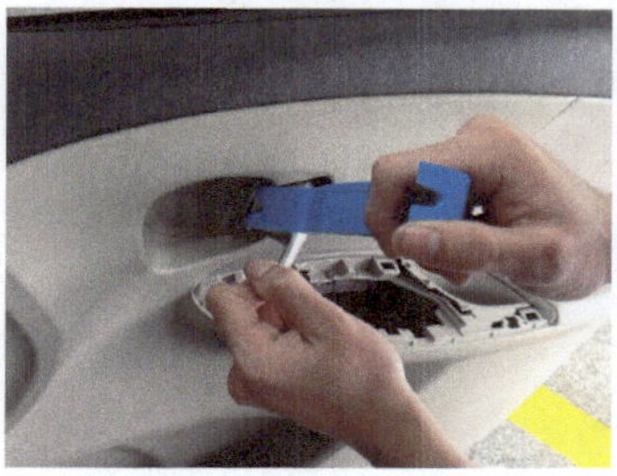

5）拧下车门内拉手固定螺钉。

6）用内饰撬板撬开车门饰板。

7）取下车门饰板，并断开车内拉手拉索。

8）拔下门锁总成线束插接器，断开门锁总成与各拉手的连接杆。

9）选用合适的工具拆下门锁总成的三个固定螺栓，并取下门锁总成。

10）更换新的门锁总成，并按拆卸相反的顺序安装门锁总成。

4. 更换智能钥匙电池

（1）检查电池电量　连续三次按下 LOCK 或 UNLOCK 按钮，检查每次 LED 灯是否都点亮，如果三次都点亮，说明电量正常；否则说明电量过低，需要更换电池。

（2）更换电池　用螺钉旋具稍许用力撬开外壳，然后拆卸发射器电池；使正极侧朝上，将电池安装在发射器中，并盖好外壳。

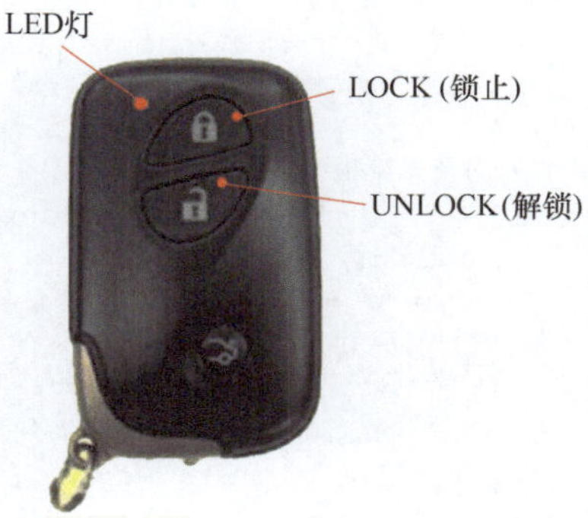

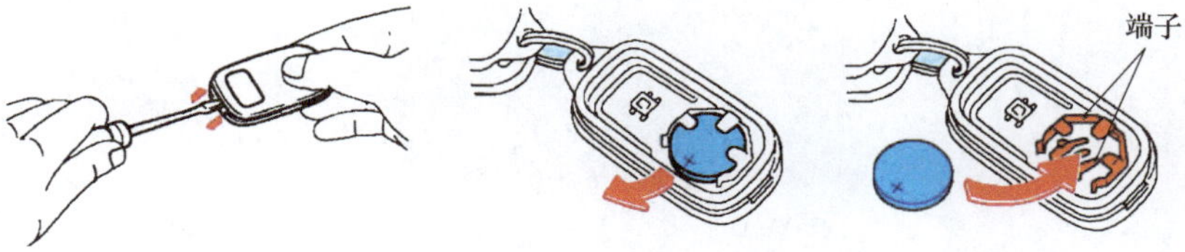

随堂笔记

实训任务总结：____

____

安全防盗系统的检查	工作任务单	班级： 姓名：

1. 记录车辆信息

品牌		整车型号		生产年月	
发动机型号		发动机排量		行驶里程	
车辆识别代码					

2. 检查中控门锁与防盗系统的功能

检查项目	记　录	检查项目	记　录
车门未关提示功能	正常☐　异常☐	防盗功能检查	正常☐　异常☐
中控门锁功能	正常☐　异常☐	无钥匙进入与起动功能	正常☐　异常☐

3. 读取中控门锁与防盗系统故障码和数据流

当前故障码		
清除故障码后		
参数名称	未触动	触动
左前中控门锁电动机		
右前中控门锁电动机		
左后中控门锁电动机		
右后中控门锁电动机		
车内物品防盗系统报警状态		
安全防盗系统自动读入计算器		

4. 更换中控门锁总成及智能钥匙电池

更换中控门锁总成	已执行☐　否☐
更换智能钥匙电池	电池型号：　　　　已执行☐　否☐

5. 查阅维修手册

序号	部件名称	章节及页码	规格（米制）
1		第　　章　　页	
2		第　　章　　页	
3		第　　章　　页	

随堂笔记

汽车安全系统部件的检查		实习日期：	
姓名：	班级：	学号：	导师签名：
自评：□合格 □不合格	互评：□合格 □不合格	师评：□合格 □不合格	
日期：	日期：	日期：	

安全防盗系统的检查【评分细则】

序号	评分项	得分条件	分值	评分要求	自评	互评	师评
1	安全/7S/态度	□1. 能进行工位7S操作 □2. 能进行设备和工具安全检查 □3. 能进行车辆安全防护操作 □4. 能进行工具清洁、校准、存放操作 □5. 能进行三不落地操作	15	未完成1项扣3分	□熟练 □不熟练	□熟练 □不熟练	□合格 □不合格
2	专业技能能力	作业1 □1. 能正确地检查车门未关提示功能 □2. 能正确地检查中控门锁功能工作情况 □3. 能正确地检查防盗系统功能 □4. 能正确地检查无钥匙起动功能工作情况 作业2 □1. 能正确地读取防盗系统故障码 □2. 能正确地读取中控门锁与防盗系统数据流 作业3 □1. 能正确地拆装中控门锁开关 □2. 能正确地拆装车门饰板 □3. 能正确地拆装拉手拉索 □4. 能正确地更换中控门锁总成 □5. 能正确地检查智能钥匙电量 □6. 能正确地更换智能钥匙的电池	50	未完成1项扣5分，扣分不得超过50分	□熟练 □不熟练	□熟练 □不熟练	□合格 □不合格
3	工具及设备的使用能力	□1. 能正确地选用维修工具 □2. 能正确地使用解码器 □3. 能正确地选用专用维修工具	10	未完成1项扣3分	□熟练 □不熟练	□熟练 □不熟练	□合格 □不合格
4	资料、信息查询能力	□1. 能正确地查询中控门锁总成拆装步骤 □2. 能正确地查询智能钥匙电池拆装步骤 □3. 能正确地识读维修手册查询资料 □4. 能正确地记录查询资料的章节及页码 □5. 能正确地记录所需维修信息	10	未完成1项扣2分	□熟练 □不熟练	□熟练 □不熟练	□合格 □不合格
5	数据判断和分析能力	□1. 能判断防盗功能是否正常 □2. 能判断防盗系统数据流是否正常 □3. 能判断智能钥匙工作是否正常	10	未完成1项扣3分	□熟练 □不熟练	□熟练 □不熟练	□合格 □不合格
6	表单填写与报告的撰写能力	□1. 字迹清晰 □2. 语句通顺 □3. 无错别字 □4. 无涂改 □5. 无抄袭	5	未完成1项扣1分	□熟练 □不熟练	□熟练 □不熟练	□合格 □不合格
总分：							

随堂笔记

参 考 文 献

[1] 谭本忠. 汽车底盘构造与维修 [M]. 济南：山东科学技术出版社，2010.
[2] 李守纪，李傲寒. 汽车底盘维修 [M]. 北京：人民交通出版社股份有限公司，2014.
[3] 冷传广. 汽车底盘构造与维修 [M]. 北京：中国劳动社会保障出版社，2008.
[4] 武华，何才. 汽车底盘构造与拆装工作页 [M]. 3 版. 北京：人民交通出版社股份有限公司，2019.
[5] 上汽通用汽车有限公司. 汽车转向与悬架系统及检修 [M]. 北京：高等教育出版社，2017.
[6] 北京中车行高新技术有限公司. 汽车专业领域职业技能等级证书汽车运用与维修职业技能考核培训方案准则 [M]. 北京：高等教育出版社，2019.